U0560405

二〇二一年度國家古籍整理出版專項經費資助項目

尚書辨解

〔明〕郝敬 撰
陳佑真 點校

長江出版傳媒
崇文書局

圖書在版編目(CIP)數據

尚書辨解 /(明)郝敬撰 ; 陳佑真點校. -- 武漢 :
崇文書局, 2022.12
(九部經解)
ISBN 978-7-5403-7119-7

Ⅰ. ①尚… Ⅱ. ①郝… ②陳… Ⅲ. ①《尚書》—研
究 Ⅳ. ①K221.04

中國國家版本館 CIP 數據核字(2023)第 021380 號

出 品 人 韓 敏
選題策劃 李豔麗
責任編輯 薛緒勒 鄭小華
責任校對 董 穎
責任印刷 李佳超

尚書辨解

出版發行 長江出版傳媒 崇文書局
地 址 武漢市雄楚大街 268 號 C 座 11 層
電 話 (027)87677133 郵政編碼 430070
印 刷 湖北新華印務有限公司
開 本 880mm×1230mm 1/32
印 張 10
字 數 200 千
版 次 2022 年 12 月第 1 版
印 次 2022 年 12 月第 1 次印刷
定 價 98.00 圓
(如發現印裝品質問題，影響閱讀，由本社負責調換)

整理前言

郝敬字仲輿，號楚望，湖廣承天府京山縣（今屬湖北省）人。嘉靖三十七年（一五五八）出生，萬曆十七年（一五八九）中進士第，官至户科給事中。因在萬曆朝政治黨争中諫諍不已，被朝廷高官敵視，終於辭官歸鄉，閉門著述，崇禎十二年（一六三九）逝世。

《尚書辨解》十卷，爲郝敬的代表性著作《九部經解》之一。關於其書名，四庫館臣云：「是編前八卷解伏書二十八篇，後二卷辨孔書，故曰辨解。」我們一讀之下，不難發現郝敬在此書中屢屢指出《古文尚書》與伏生《今文尚書》二十八篇之間的差别，强調《古文尚書》之淺陋。懷疑《古文尚書》，始於南宋朱熹、王柏，盛於元朝吴澄。明朝中後期出現了梅鷟的《尚書譜》《尚書考異》，清朝有閻若璩的《尚書古文疏證》、惠棟的《古文尚書考》，古文僞造之迹大白於天下。郝敬此書，時間上稍微晚於梅鷟。關於梅鷟的辨僞，劉起釪先生有如下概述：

文獻證據方面，揭露了二十五篇都是雜取先秦文獻中語句寫成的。……歷史事實證據方面，例如瀍水原出穀城縣，晉代始省穀城入河南，而《孔傳》竟注「今河南城」。又如積石山在西南羌中，漢昭帝時始置金城郡，事在孔安國身後，而《孔傳》竟注「積石山在金城西南」。這些都

足爲判定《孔傳》之僞的鐵證。〔一〕

梅鷟是正德八年（一五一三）的舉人，可謂是郝敬的前輩學者。可是梅鷟所撰之書，流傳不廣，我們應該判斷郝敬是獨立對《尚書》進行注釋、辨僞，未必受到梅鷟的影響。此二人各自獨立撰寫的《尚書》注解，居然都以辨僞爲主要内容，這到底是爲什麽呢？討論這一現象發生的原因，也許不能忽視明代後期陽明學的流行這一因素。

明末的姚舜牧治學勤奮過人，著述等身，有《四書疑問》十一卷、《五經疑問》六十卷。萬曆四十一年（一六一三），其《五經疑問》告成，可謂其畢生大業。姚舜牧自己説明其撰述動機云：「堯舜其心，至今在也。惡乎在？在吾心之同耳。吾心誠見得是，即堯舜猶可印證。何不可疑而思問以自決哉？」（《來恩堂草》卷一《尚書疑問序》）可見他注解經典的依據是自己的「心」。

姚舜牧的這個思路，可以認爲是當時受到陽明學影響的經學家共同具有的。如上所述，懷疑《古文尚書》的思考不是明代末期才出現的。但是，陽明學流行以前的辨僞和以後的辨僞在其根本態度上有所不同。日本學者井上進先生認爲，朱熹也與郝敬一樣，没法盲目地相信、愛好所有的經書。朱熹認爲《今文尚書》中也有全然没有道理的部分，可是，「《書》中可疑諸篇，若一齊不信，恐倒了六經」

〔一〕劉起釪《尚書學史》（訂補修訂本），中華書局，二〇一七年，第三三七頁。

（《朱子語類》卷七九）。這一説法反映了朱熹對一部分經典的懷疑到了相當深刻的程度。

但是，朱熹認爲絶對不能出現「倒了六經」的情況。他對《古文尚書》的懷疑，最終也止於不能理解。聖經賢傳與朱熹自己的一致關係，對他來説是很難拋棄的。例如，雖然《孝經》無疑是後人所編纂的書，但是既然聖賢的義理刊載其中，朱熹即使加以改編，也必須恢復其與自己一致的狀態。《大學》也是按同樣的思路改編出來的。並且對朱熹來説，那些改訂增補並不是出於他一人之私見，而是根據先儒的見解來進行的（《晦庵集》卷六六《孝經刊誤》）。這樣，朱熹不斷一邊主張自己的改編不是不知妄作，一邊却是不今不古的東西。

到了郝敬，像朱熹那樣對聖賢與自己一致的固執、對不知妄作的恐怖已經不見了。既然他擁有與聖人一樣的心靈，哪怕古人和自己之間産生矛盾，這又有什麽問題呢?經書的真僞當然是個重要的問題，但畢竟是圍繞「事」的辯論。在自己的責任範圍内發表自己之所信，毋庸感到不安。郝敬和朱熹之間的不同，不應從他們二人的個性差異方面來處理。他們之間的不同，表明朱熹的「自信」經過四百年歲月，發展到使其内面空洞無物的地步。〔一〕

和梅鷟的兩部著作不同的是，郝敬的《尚書辨解》是對《尚書》全書的解釋。他首先以《讀書》

〔一〕〔日〕井上進《明清學術變遷史：出版與傳統學術的臨界點》（原題：《明清學術變遷史：出版と傳統學術の臨界點》），平凡社，二〇一一年，第二四六頁。

一篇闡述其對《尚書》觀點的綱領，之後注解《今文尚書》二十八篇，最後對《古文尚書》經文一一指出其僞造之迹，其中不乏郝敬獨到的見解。

郝敬解釋古文《旅獒》序「惟克商，遂通道于九夷、八蠻。西旅底貢厥獒，大保乃作《旅獒》，用訓于王」時，説：「伏書底字，與抵通。或訓定，或訓致。孔書底字專訓致。」郝敬研究《尚書》各篇的訓詁，發現了「底」字《古文尚書》只訓「致」，《今文尚書》則有「定」「致」兩種意思的現象。他發現古文和今文之間存在着語言上的區别，這可謂是《古文尚書》僞造説的重要理論依據之一。從這裏，我們可以看出郝敬的經學具有用小學重新解經的特點，不妨認爲是清代考據學式的解經方法的先導。

郝敬從考據學的角度來看《尚書》經文的同時，咀嚼《尚書》文章的意義，提出獨特的看法，其中最明顯的是郝敬對周公心情的深刻理解。《康誥》《酒誥》《梓材》三篇，周公替「王」敬告康叔。蔡沉《書集傳》根據篇中周公自稱「弟」的不自然，認爲「王」應該指武王，反駁《書序》之説，主張移置於武王生前的《金縢》篇前。郝敬對蔡説有如下批評：

若使武王尚在，人心慴服，奄、徐未敢動，何至費辭若此。今讀三誥，憂患懲毖之意宛然。武王初封，兄弟之國十五，何獨于康叔呶呶爾？使東土當武王時，早得牧伯如康叔者，何至有管叔、武庚之事。説者不深思，議改舊章，非也。

郝敬承認篇中「王」指的是武王，他說：「成王幼冲，未宜致訓，公以人臣代言，不敢專制。而兄弟之國，分封自武王，故公述武王之志，呼康叔告之，亦示成王以承先之孝也。」但郝敬認爲，篇中周公的言辭中充滿對武王死後發生的三監之亂的反思，就是不得不誅殺其兄弟管叔的苦衷，所以保持反對蔡沉移置到《金縢》前面之説的立場。郝敬將《康誥》的箴言分成十三部分，對其中第十個部分「王曰：封，予惟不可不監，告汝德之説于罰之行。今惟民不静，未戾厥心，迪屢未同，爽惟天其罰殛我，我其不怨。惟厥罪無在大，亦無在多，矧曰其尚顯聞于天」作如下解説：

> 勿曰無罪，罪豈必大必多，但一事少差，天監在兹，况今罪尚顯聞于天乎？蓋深有憾于管叔之事，而痛自懲毖也。觀此節之意，周公代言甚明。若武王存日，自命康叔，則此言皆無謂矣。

讀者詳之。

蔡説來自蘇軾《東坡書傳》，其説之是非到後世一直紛紛，聚訟不已。郝敬深入文中周公的心情來討論前儒立説之是非，值得留意。

一般來説，清代人對明代學者的評價不高，四庫館臣有言：「明自萬曆以後，經學彌荒。篤實者局於文句，無所發明；高明者騖於玄虚，流爲恣肆。」（《欽定四庫全書總目》卷五《經部五·易義

古象通》）

郝敬這部書，因爲根據的是自己擁有和聖人一樣的心靈的前提來討論經典，所以受到錢謙益的批評。可是也有部分觀點類似於顧炎武以後的考據學，所以清代有些學者注意到其中有用的經說。清代初期的考據學泰斗閻若璩對其今古文《尚書》的考據有如下評價：

近代郝氏敬始大暢厥旨，底蘊畢露，《讀書》三十條，朱子復起，亦不得不歎如積薪，余故詳録其三之二於後。……或問：牧齋云「近代經學之繆，遠若季本，近則郝敬」，子向推其知言，兹何復取乎郝氏之書？余曰：郝氏之可誅絶在好妄，其不可磨滅處，的非庸人。且讀得古今文字，分析如燭照物，如刃劈朽木，如衡不爽錙銖，如絲紬繹不盡，當屬其《九經》中一絶。（《尚書古文疏證》卷八第一百十六條，參見上述井上先生研究）

之後，到了清代後期，方東樹將郝敬視爲清代考據學先導之一人：

又考異説之興，……其後如黄震、王柏等，則信之不及，疑所不當疑，不探本實，爲説粗疏。迄於楊慎、郝敬、李塨、毛奇齡等，器識益浮淺，偏見顛倒，極口詆毁，徒欲自絶。惟顧亭林以忠信之質，濟之以博辨之學，又以有激於時，而務立説以矯敝，論近理實，而人始尊信之。雖不專主漢學，而抑揚太過，竟成禍胎。迨閻、惠繼起，墮本勤末，罝遡效眹。而漢學考證，遂於義理之外，巍然别爲一宗主。（《漢學商兑》卷下，參見上述井上先生研究）

還有一個值得注意的事實是，郝敬經學的影響範圍不限於中國，還遠及域外。關於日本江户時代學者對郝敬的看法，井上進先生有如下整理：

關於「考證之學」的成立，一直注視中國學界的動向，並受到其影響，且保持各種意義上旁觀人立場的日本學者，其中之一人大田錦城如此論述道：「字句考證之學，是清人所長也。明學空疏，考據荒廢，至其叔世，郝敬諸公始務考證，清初胡（顧）絳（顧炎武）從而靡之，海内靡然。自朱彝尊、毛奇齡，以至近世諸家，雖有異同，要皆考證之學也。」（大田元貞《九經談》卷一）他認爲，雖然清代漢學的奠基人是顧炎武，可是顧炎武出現的前提條件就是郝敬的存在。

大田錦城將郝敬視爲清代考據學的先行者，在當時的日本並不是例外的、特殊的見解。例如，自稱護持《古文尚書》的「勤王師」的山本北山説：「至清儒……謂伏生今文，即孔氏真古文。（原注：按此説出乎明郝敬《尚書辨解》，云《尚書》以伏生二十八篇爲真古文。）清人不辨其謬，掠取以爲己説，可醜。」（山本信有《古文尚書勤王師》卷一）

又，齋藤拙堂説：「《古文尚書》之僞，朱子、吴才老始疑之，至明郝敬、梅鷟，清閻若璩、王鳴盛等，研覈摘出，無復餘藴。」（齋藤正謙《文話》卷二）由此可見，他也認爲正式對《古文尚書》進行辨僞研究始於郝敬。當然，從年代上的前後關係來説，需要把梅鷟放在郝敬的前面。但是，在齋藤的評價裏，至少在他的印象中，形成了郝敬在先，梅鷟在後的圖式。

對於江户時代文化、文政年間（一八〇四—一八三〇）的日本儒者來説，認爲郝敬是明代末期經學家、考據學家第一人的觀點相當普遍。賴山陽説：「京山説經，非西河輩比，然與朱子爲難，不覺成僻者同，《詩》《易》是已，《書》説平允，三《禮》解尤有補。」（賴襄《山陽先生書後》卷中《書郝京山〈談經〉後》）又，譏諷「近世諸儒」（即江户時代的儒者），極力標榜「考證」的小南栗齋如此説：「近世諸儒以博學考證爲己任，雖極口罵詈先儒之孤陋寡聞，然觀其所著，皆嘗明清諸儒之餘唾，以爲己説，更無忸怩，何厚顔之甚也！於是乎郝京山《九經解》、顧炎武《日知録》、毛奇齡《西河合集》、朱彝尊《經義考》，凡明清諸儒之書名、人名滿簡帙。」（小南寬《四書談》卷一）

本居宣長總結説，大抵宋代人，「他們的壞處，總説道理……都是無用空論」，到了明代人，「見識稍廣，知道宋人講道理不行，又有不少人發現了古來學者的錯誤，認識到那些學説可以忽略。明代人的這一進步值得稱讚」（本居榮貞《玉勝間》卷一四《宋代、明代》，原題：《宋の代、明の代》），

這可謂是十分尖鋭的觀察。〔一〕

關於《尚書辨解》的經説内容，江鎏渤先生注意到郝敬對《尚書》中「古史官精神」的提及，並有如下的概括：

> 郝敬以價值取捨爲準繩，對前儒誤説進行梳理，判斷其正誤，在晚明儒學陣營中具有權威的地位。其意義在於，它從側面反映了明代士人建構自身人格的努力以及經書闡釋爲依託的「内聖外王」實踐路徑，在此過程中又融入時代思想，爲經世致用提供了堅固的思想陣地。〔二〕

《尚書辨解》版本種類不多。郝敬二子千秋、千石彙刻其父所著《九部經解》，萬曆四十七年（一六一九）畢工，此爲京山郝氏家刻本。後來，光緒十七年（一八九一）三餘草堂刊《湖北叢書》收録《九部經解》，此爲京山郝氏家刻本的翻刻本。此外，中外均有大量的鈔本，點校者所見有京都大學文學研究科圖書館藏本、東京大學東洋文化研究所藏本、滋賀大學圖書館藏本，均出自京山郝氏

〔一〕上引井上進《明清學術變遷史：出版與傳統學術的臨界點》，第二一四—二一五頁。

〔二〕江鎏渤《郝敬〈尚書辨解〉對前説的辨訂及其價值》，《重慶第二師範學院學報》第三二卷第四期，二〇一九年，第三八頁。

家刻本。其中京都大學藏本係日本江户時代大儒豬飼彦博（號敬所）的舊藏本。由此可見，雖然《九部經解》的刊刻機會歷史上只有兩次，但是其聲譽不低，歷代學者不吝巨資而傳抄此巨册。

京山郝氏家刻本有早印、後印之别，後印本有剜改之處。此兩種刻本之間，文字内容上的差别不多，最大的不同之處在每一卷的卷端。根據日本學者川田健先生的研究，題署「郝敬習」的是早印本，題署「郝敬解」的是後印本。〔一〕

後印本亦分爲兩種，一種題署「京山郝敬著男千秋千石校刻」，另一種題署「京山郝敬著男千秋千石洪範較」。第二種的題署中所增加的「洪範」爲郝敬側室所生的季男，第二種的題署中「校」作「較」是避明熹宗諱。由此可知，後印本中有郝洪範名字的是天啓年間以後再加修改的，是郝氏家刻本的最終版〔二〕。

郝敬《九部經解》中，《尚書辨解》《毛詩原解》二書收録于清光緒十七年（一八九一）刊《湖北叢書》。《湖北叢書》本出自郝氏家刻本，而其中糾正原本錯字之處不少。又，此書開頭《讀書》部分也收於郝敬《談經》卷二，往往有異文。今校訂此書，明顯的錯字則在本文上修改，並出校記。又，

〔一〕〔日〕川田健《關於日本内閣文庫藏〈九部經解〉以及〈山草堂集〉》（日文原題：《内閣文庫藏九部經解及び山草堂集について》），《中國古典研究》第四九號，二〇〇四年，第二八—四六頁。

〔二〕關於兩種後印本的區别，點校者參考了廖明飛《郝敬〈九部經解〉版本小識》（未刊稿）。

《尚書辨解》所揭《尚書》經文偶爾含有與通行本《尚書》經文不合之處。《尚書》經文雖有今古文之别、姚方興補字《舜典》等問題，而唐玄宗時衛包對其加以大幅改變之後，經文文本系統比較穩定。進行整理時，經文部分用《四部叢刊》影印南宋刊本等通行本校對，有異同之處一一指出。

我們要注意的是，《尚書辨解》的經文中出現的部分異文是郝敬故意改的。例如，《尚書》經文中屢見不鮮的「底」字，郝敬均作「厎」字。郝敬當時流行的《書經大全》明刊本往往作「底」，對字體問題没有注解。明代末期，古注系統文本流傳極少，大部分學者只能依據《書經大全》立説。郝敬則對此「底」字作如下解釋：「凡言底者，極至安定之意。或从厎，上無點，訓致。有如底平、底績、底至、底豫之類，何得作致訓。孔書襲用訓詁耳。」我們由此可以判斷，郝敬明確地意識到當時流行的《書經大全》本和《孔傳》本的用字差異，而他自己導出作「底」更好的結論。這樣的地方尊重郝敬原意，整理者没有改變。

本次點校，以京都大學附屬圖書館藏京山郝氏家刻早印本爲底本，用日本國立公文書館藏後印本、光緒十七年三餘草堂刊《湖北叢書》本進行對校。

陳佑真　二〇二二年十月

目録

卷十　孔氏古文周書……二七九

尚書別[一]解

京山郝敬著　男千秋、千石校刻

讀書

三代以前墳典，至春秋時雜越矣。孔子特加删正，弟子心通其義者七十人。是時天下學士大夫，博學道古，魯國諸生，多至三千。周之季年文勝，世運然也。浸淫至于戰國，七十子之門人後裔，轉相傳習，徑竇遂多。荒宕隱怪，縱横飛箝，種種異説雲興。七王割據，俗殊道分，士争飾其學、詭其辨以相高，而六經之言[二]，被其薄蝕，真贋始混淆矣。百家蠭涌，議論厖雜，呶聒而不可勝聽。秦皇、李斯一舉而畀之炎火，有激而然，非盡其罪也。故昔之僞言，莫多于七國與[三]嬴秦之季。漢因秦禁，

〔一〕「别」，後印本作「辯」。按：應作「辨」。
〔二〕郝敬《談經》卷二無「之言」二字。
〔三〕《談經》無「與」字。

六籍荒閣，黔首久愚，目識一丁，即稱儒者〔一〕，粗能誦一經，則安車造門〔二〕，天子師事矣。曩時僞編，皆託塚中、壁間之藏，鼠璞雜進，笙竽不分，至于今二千餘年。承訛習迷，蒙而不發，亦爲不善辨矣。

六經者，百氏之根柢。經術不明，如五穀種雜，而苗滅裂以報，轉相蕃息〔三〕，不復可簡別矣。如後〔四〕世之爲典、爲考、爲志、爲畧，用力雖勤，而〔五〕源本不清，無適不謬。故《書》之有古文也，《春秋》之有三《傳》也，禮之有《周禮》也，百家皆已引爲繩墨，據爲根柢，而庸詎知夫所謂繩墨者之非繩墨，所謂根柢者之非根柢也〔六〕。自非卓識，烏〔七〕能鑑別。

《書》辭淵塞，《詩》語清通，故《虞書》渾樸，其言詩則曰：「聲依永，律和聲。」喜起之歌，乃有逸響。雅、頌、訓、誥，多周公制作。雅、頌明暢，訓、誥結濇，蓋主于感者使人易曉，主于訓戒者使人深思。夫子謂：「不學《詩》，無以言。」故《詩》《書》體異也。春秋、戰國以來，辭尚

〔一〕「者」，《談經》作「生」。
〔二〕《談經》無「粗能誦一經則」六字。
〔三〕「蕃息」，《談經》作「謁襲遂」。
〔四〕《談經》無「後」字。
〔五〕《談經》無「而」字。
〔六〕「也」，《談經》作「歟」。
〔七〕「烏」，《談經》作「焉」。

風韻，雖敘事之文，皆有依永、和聲之致。夫子作《易傳》《論語》，春容爾雅，清風習習然〔一〕，皆《詩》之爲言也。然義理含蓄，混沌未破〔二〕。至秦漢以後，刓觚雕樸，文不務實，全尚聲口，惟有浮響而已〔三〕。此古今文辭深淺華實之辨也。

《堯典》《禹貢》，其辭簡奧，敘事樸直有體。《皋陶謨》精深淹雅，自是上皇風味。古人言語高遠，質而愈新。後人極意整齊反傷體〔四〕，有意舒散反〔五〕見拙。如商彝周鼎，自然蒼潤，俗工雕鏤亂真，識者自能鑑之。

《書序》非夫子作，其篇目真贋混淆，語多孟浪，煩簡不中節，殆周、秦間人杜撰。今觀《虞書》一典千餘言，括盡兩朝二百年盛事；《皋陶》一謨僅七百言，五臣弼主洪猷包羅殆盡。非獨文字高簡，亦由古人篤實，尚行寡辭。竹簡篆書，記載煩難，自不能多。予嘗謂《虞書》不容更有第三篇，以其希貴也。據《序》，《虞書》尚有十一篇，偕亡，則虞庭文辭之多，何異秦漢。不足信耳。

〔一〕《談經》無「然」字。

〔二〕「破」，《談經》作「鑿」。

〔三〕《談經》無「惟有浮響而已」六字。

〔四〕「反傷體」，《談經》作「而反傷氣」。

〔五〕「反」上《談經》有「而」字。

《禮記》曰：「疏通知遠，《書》之教也，其失也誣。」予〔一〕初不解所謂，何獨《書》稱誣乎？及讀《孟子》云「盡信《書》，不如無《書》」，則《書》之可疑，從來遠矣。孟子距删《書》所纔百餘年，簡編已不足盡信，宜後世僞作愈盛也。秦漢之際，去古未遠，殘編尚有存者，故《序》中猶〔二〕多真目。古文二十五篇，間有微言，要之非古人完璧矣〔三〕。

朱元晦謂《書》不須盡解，因〔四〕緣孟子「盡信《書》，不如無《書》」之意。然朱所謂易解者，乃其不必解之僞《書》，而所謂難解者，正其删定之原籍。然則棄嘉穀而收稂莠也，可乎？

《堯典》《皋陶謨》《禹貢》三篇，文辭最古，法度森嚴。有頭尾，有血脈，有分段，有照應，爲千萬世史書冠冕。後世依倣其體，爲帝紀、世家、列傳。枝葉敷榮，非不可觀，然一登泰山，頓覺丘阜爲小。

堯舜一德，故二帝併典；五臣同心，故皋陶合謨。孔書離《堯典》爲二，以補《舜典》，其識已卑。

〔一〕《談經》無「予」字。

〔二〕「猶」，《談經》作「尚」。

〔三〕《談經》無「古人」二字，「矣」下有「而」字，與下條連。

〔四〕「因」，《談經》作「亦」。

別增《禹謨》一篇，尤瑣碎不成文理。此何待具眼者，乃能辨之〔一〕。古聖文辭深奥，精密無痕。如《書》與《周〔二〕易》，自是一種文字。孔書極力摸倣，而音節匀暢，俊彩莊嚴，已落近格；楊雄作《大玄》，擬《易》爻象〔三〕，腸胃俱嘔，轉覺後塵愈〔四〕遠。此聖凡天人之隔也。

《書》不難讀，首當觀世代升降與先後治亂，次第分明，逐篇文字，可迎刃而解。王介甫、朱元晦謂《大誥》難讀，且須闕之。今若不先理會《金縢》，《大誥》如何可讀。予讀《書》次第通融，所以有得。讀《易》亦然。諸公讀《易》，并《序卦》以爲無用，况肯求《尚書》次第乎？

讀《易》先讀《序卦》，讀《詩》先讀古序。《書序》無足觀，先考其世代篇目，詳其命篇本意，乃讀其文辭〔五〕，條理血脈，自然貫串。朱子謂《書》難曉，决無盡解之理。緣朱子凡事自末尋本。讀《書》先看文字，以爲易簡直訣，不先質其世代，審其篇目，得則爲偶合，不得則强世代從篇目，强篇目從文字，

〔一〕《談經》「之」下有「乎」字。
〔二〕《談經》無「周」字。
〔三〕《談經》無「爻象」二字。
〔四〕《談經》「愈」上有「之」字。
〔五〕「辭」，《談經》作「字」。

畢竟不解，解亦多誤。如説《金縢》《大誥》，直隔千山萬水。解《詩》亦然，先解文字，後安排題目，焉得不盡改古序；解《易》亦然，但執爻象，都不理會《序卦》，焉得不疑《序卦》爲假；講學亦然，先窮盡天下事物，然後致知，焉得不割補經傳。

先儒誤解《金縢》，誣周公殺兄。故自《大誥》以下諸篇，語多不曉。夫既不達聖人之情，焉能解聖人之語。反稱《大誥》難讀，至欲闕之，前輩識見如此，應知千古少讀《書》人。

《金縢》《大誥》篇次文義井然可據，又以《風》《雅》諸什印證，周公何嘗有東征殺管叔、踐祚朝諸侯之事？殺管叔，出自孔書《蔡仲之命》，誤于解《金縢》「我之弗辟」一語。《禮記·明堂位》「周公朝諸侯」，誤于解《洛誥》「周公誕保文武，受命惟七年」之文。千古承訛，習而不察，故讀《書》不可無識也。

《盤庚》《大誥》《康誥》等篇文辭如流雲雜霧，烝涌騰沓，不可搏埴而自然煙潤。孔書二十五篇，丰姿濟楚，如礱石疑玉，刻木肖花，漸染娬媚之氣。古言盤鬱，今言清淺；古言幽雅，今言高華。一覽而盡者，今人之辭；三復而愈遠者，古人之辭也。

古人意思渾厚，義理填塞胸臆，欲言不啻口，乍讀結澁，愈玩愈精彩。後世文字嘹喨，滾滾迫〔一〕

〔一〕「迫」，《談經》作「追」。

逐而來，其于脩辭立誠之意，索然盡〔一〕矣。故《尚書》以伏生二十八篇爲真古文。

二十八篇與古人傳神，其辭簡樸無枝葉，是古時風氣之醇濃也。其詰屈不暢快〔二〕，是古人胸次之盤鬱也。其更端層疊，是古人真意委婉周至也。含輝斂彩，晶光自爾艷〔三〕發，氣若斷續，而悠然條鬯，舒散不用繩削，而變態不可端倪，此古人生氣也。至于二十五篇，清淺鬆泛，邊幅整齊，曉然如揭日月而行康莊〔四〕，無復昧爽氤氳氣象。《詩》云「衣錦尚絅」，惡其文之著也。故君子之道，闇然而日章。知此者可與論道，可與論《書》。

孔書與二十八篇，良苦較然，豈千餘年來無識者。以〔五〕呂易嬴，久假不歸，依〔六〕附聖經，攻之有〔七〕投鼠之忌。如讀《春秋》，明知五霸爲罪人，以其依附三王久，重于發難，是以姑息養其蟊賊也。湯、武不弑君，天下何時底定。千古有相知，湯、武非弑君者。

〔一〕《談經》無「盡」字。
〔二〕「不暢快」，《談經》作「少便利」。
〔三〕「艷」，《談經》作「溢」。
〔四〕《談經》無「康莊」二字。
〔五〕《談經》「以」上有「蓋」字。
〔六〕《談經》「依」上有「而」字。
〔七〕《談經》「有」上有「則」字。

朱元晦謂《大誥》《多士》等篇辭語艱澁，如官司〔一〕行移文字，與民間語〔二〕，夾雜俗語，故難解；《蔡仲》《君牙》等篇，如今翰林制誥文字，與士大夫語，故易曉。按：《大誥》《康誥》，有何俗語，而以〔三〕語俗人。豈俗人明敏，反勝學士大夫〔四〕？學士大夫難解者，俗人其能解乎？凡訓、誥，非對臣民口授，皆裁成篇章頒布〔五〕，必經聖人之手〔六〕。雖史官潤色，亦〔七〕本聖人口澤。故其〔八〕言多淵慤，而〔九〕神理溢于辭章之外，隱合于胸臆肺腑之中，若出若不出。離而視之，深沈蒙晦，無迹可尋；會而通之，生氣浮動，温如春，泠如秋，穆如清風，澤如甘雨。紬繹其緒，嚼咀其味，恍然見其心曲，親炙其眉宇，而聆其謦欬。非聖人之言，而能若是乎？至于二十五篇，清淺齊截，自是三

〔一〕「司」，《談經》作「府」。
〔二〕「與民間語」，《談經》作「傳示民間」。
〔三〕《談經》「以」上有「偏」字。
〔四〕《談經》「夫」下有「乎」字。
〔五〕《談經》無「頒布」二字。
〔六〕《談經》無「必」「之」二字。
〔七〕《談經》無「亦」字。
〔八〕《談經》無「其」字。
〔九〕《談經》無「而」字。

代以下韶秀之姿。語多浮響，意不切題，或先賢記聞，或後人假〔一〕託，天壤懸隔，烏可相亂也。

後人文字，皆揀選材具，一字一句，疊砌而成。古人文字，無邊齊，無畔岸，拍天駕海而來。

文字出上古，自然深沈隱約〔二〕，有鬱蒼之氣，正是未雕之璞。一落叔季，膚淺輕揚，氣運風會，莫知所以然而然也。《尚書》二十八篇，當世即欲不如此作不得。六〔三〕經皆夫子手訂及夫子自作，亦是春秋以後文字。如《論語》二十篇，春容爾雅，愚者可知，猶謂有子之徒記述。至〔四〕《春秋》《周易十翼》，夫子手筆，亦是愚者可知。文章因乎世運，雖孔子欲爲四代典謨之文，亦不可得已。

後人何幸，因伏生所授，得見四代鴻寶。二十八篇，真足爲萬世國史之宗〔五〕。其二十五篇，如《伊訓》《太甲》之類，《左》《國》諸書，駸駸欲方駕矣。

子曰：「辭達而已矣。」又曰：「脩辭立其誠。」達者，達其所立也。辭欲達誠，誠如何可達。

〔一〕「假」，《談經》作「依」。
〔二〕《談經》無「隱約」二字。
〔三〕「六」，《談經》作「五」。
〔四〕《談經》「至」下有「于」字。
〔五〕「二十八篇」至「國史之宗」十三字，《談經》在「後人何幸」上。

後世文章，以清利爲達，正是齒牙〔一〕喋喋，不與精神命脈相關，心自心，辭自辭。如近代辭賦，何有半語真實。二十八篇，若《康》《召》等誥，字字肝膽潑放簡策上，後儒反病其詰屈不達。未知竟是誰達、誰不達也。

諸〔二〕傳獨《孟子》近古。七篇中所引《書》如《太甲》《伊訓》《湯誓》等語，質直而少逸響，正與二十八篇文字一律，足徵伏書是真，孔書是假。又如《大學》所引《康誥》「作新民」「若保赤子」「唯命不于常」等語，篇内自然渾〔三〕合。孔書取引語填補，痕跡宛然。

孔書《伊訓》《太甲》《説命》《君陳》等篇，《禮記·學記》《表記》《緇衣》多引用其語。蓋《記》與孔書，先後同出，其所引當世已無全文，摹倣補緝，非古之〔四〕完璧也。

孔書四代文字一律，必無此理。《詩》如《商頌》縝栗而淵瑟，《周頌》清越而馴雅，二〔五〕代

〔一〕《談經》「牙」下有「間」字。
〔二〕《談經》「諸」上標「〇」。
〔三〕「渾」，《談經》作「腦」。
〔四〕「之」，《談經》作「人」。
〔五〕《談經》「二」上有「此」字。

文質之分也。《詩》既爾，《書》亦宜然。豈得《商書》清淺，反不如《周書》樸茂也〔一〕。若以《伊訓》《太甲》，與《康誥》《大誥》諸篇并列先後，文質倒〔二〕置矣。

孔書諸篇，辭義皆浮泛。如《伊訓》不切放桐復亳，《説命》不切帝賚良弼，《君陳》《畢命》不切尹東郊，其他皆然。轉移變〔三〕換，皆可通用。古史典要，決無此病。多〔四〕後人按步倣效，故其語勢褊側，如室中演棒，四礙不得自由。若真古文如《大誥》諸篇，任説得縱横舒展，真贋功沽，天地懸隔。

愚讀伏書二十八篇，觀二帝同典，五臣共謨，益信古人制作精深。按《周書》，知周公無殺管叔事，益信孔書爲妄作。聖人復起，不易吾言。

《秦誓》真秦穆公作。春秋之文，漸近明淺，猶多沈渾之味，自然處高于《左》《國》。《費誓》雖列編末，而簡奧淵深，自是周初文字。《文侯之命》峻整，自是周末、春秋初年文字。世運風味，

〔一〕「也」，《談經》作「乎」。

〔二〕《談經》「倒」上有「覺」字。

〔三〕「變」，《談經》作「更」。

〔四〕「多」，《談經》作「爲」。

一一可思〔一〕。若夫《伊訓》《説命》，風格卑弱，尚不敢望《秦誓》，乃得與典、謨並列，真是千古不平事。

夫子删定之季，周室東遷已久，典籍散亡。計當日所定四代《書》，亦應不多。伏生所授二十八篇，四代規模已具，恐未止三之一耳。《詩》比訓、誥易于存記，有樂官典守，故多至〔二〕三百餘篇具在。《書》辭深奥，故伏生所記止此。假如〔三〕二十五篇者，雖多可不至遺忘，亦真與僞之别也。

〔一〕「思」，《談經》作「摹」。
〔二〕《談經》無「多至」二字。
〔三〕「假如」，《談經》作「若」。

尚書篇目

尚，上也。上世帝王之書也。按班固《藝文志》：《尚書》二十九篇，漢文帝時，濟南伏生所授。伏生名勝，爲秦博士。秦時禁《書》，生壁藏之，其後大兵起流亡。漢定，伏生求其《書》，亡數十篇，獨得二十九篇，以教于齊魯之間。孝文時，求治《尚書》者，無有。聞伏生，欲召之，時年已九十餘，不能行，使大常掌故晁錯往受之，得二十八篇，目如左。當時有僞《泰誓》一篇并行，合爲二十九篇，皆以今文隸法傳寫。至東晉時，有稱漢孔安國所註《尚書》者出，比伏生多二十五篇，經皆古蝌蚪文字，遂稱伏生書爲《今文尚書》云。

虞書二篇

《堯典》《臯陶謨》第一卷

夏書二篇

《禹貢》《甘誓》第二卷

商書五篇

《湯誓》《盤庚》《高宗肜日》《西伯戡黎》《微子》第三卷

周書十九篇

《牧誓》《洪範》第四卷

《金縢》《大誥》《康誥》《酒誥》《梓材》第五卷

《召誥》《洛誥》《多士》《無逸》第六卷

《君奭》《多方》《立政》《顧命》第七卷

《吕刑》《文侯之命》《費誓》《秦誓》第八卷

右四代《書》共二十有八篇，皆漢伏生所授也。

尚書辨解卷一〔一〕

郝敬　習〔二〕

虞書

《書》始于唐，而稱虞者，《堯典》成于虞史也。

堯典

典，常也。籍謂之典，言後世以爲常法也。《禮·大學》篇引此書稱「帝典」。二帝同典，其來已久。古之良史，用意精深。唐虞首治，聖神際會，百有餘年，堯立而舜相，舜攝而堯老，五臣同心，垂衣裳而天下治，乾坤亨泰之運也。故史臣合二帝爲一典，序堯殂落于舜攝政之後，序舜受終于堯未崩之前，如《易》首《乾》《坤》爲父母。而《臯陶》一謨，亦包舉五臣，如六子之效《乾》《坤》，

〔一〕《湖北叢書》本下有「《湖北叢書》用京山郝氏家藏本」十二字。

〔二〕《湖北叢書》本作「明京山郝敬箸」。「習」，後印本作「解」，下並同。

以誌明良會遇，千古一時之盛。非如後世史一帝一紀、一臣一傳之例也。子云「唐虞之際，於斯爲盛」，正謂此耳。至孔書割裂，此義遂泯，使揖讓之世，無異于革命之代，非聖人删《書》與古史制作之深意，不可不辨也。

曰：若稽古帝，堯曰放上聲勳。欽明文，思安安，允恭克讓，光被四表，格于上下，克明俊德。

曰，史臣自言也。若，追擬之辭。稽，考也。堯，高遠之稱，帝號也。放勳，帝名。堯德欽敬清明，文懿叡思，安安自得，天性不勉，允能謙恭遜讓。盛德光輝，被及四外，精神通于上下六合，會爲一身，即孔子所謂「蕩蕩則天」者也。堯能自昭明其俊大之德如此。格，至也，通也。史臣誦堯德極四表上下，而其本惟曰恭讓，學者可以知驕泰之爲失矣。

以親九族，九族既睦。平章百姓，百姓昭明。協和萬邦，黎民於烏變時雍。

此言恭讓之化，家齊國治而天下平也。九族謂同姓，由身以上四世、身以下四世爲九，以家言也。平，均也。章，明也。百姓，畿内之民近而少，故言姓。姓之言生也。萬邦，天下之民多而遠，故望之而其首黎然。黎，黑色。言堯以恭讓之德親愛其家人，則家人和睦；以均平顯别其國人，則國人無紊亂；以協理調和萬邦，則盡萬邦之黎民，於乎改變，至是和雍也。於，歎美辭。世道民風，莫美于和。

人人親其親，長其長，而天下平。

乃命羲和，欽若昊豪上聲**天。曆象日月星辰，敬授人時。**

堯，首治之君也。天時，首治之事也。羲和二氏，掌曆象之官。昊，廣大貌。曆者，紀時之書。象者，觀天之器。辰，時也。謂日月會于十二次之時也。日行遶地一周，而爲一日；月行每三十日與日會，而爲一月。星有五緯、二十八經及衆星，皆謂星。星之次舍皆謂辰，而日月所會，則十有二辰也。日月星辰者，四時節候所由生，曆以歷之象以像之，敬記其時以授民，萬事所以興也。故首命之。

分命羲仲，宅嵎魚**夷，曰暘谷。寅賓出日，平秩東作，日中，星鳥，以殷仲春。厥民析，鳥獸孳**自**尾。**

天道高遠，曆象雖設，猶恐或差，乃命日官，分行四裔，考日晷之參差，觀氣候之早晚，察人物之變遷，然後天時可定。羲仲，羲氏之屬。宅，居也。嵎夷，東極地名。日所出曰暘谷。就此考驗日景，非爲定居也。寅，敬也。賓，迎也。出日，初出之日。謂驗日初出景之長短也。平，均也。秩，序也。東作者，東方爲物生之鄉，如立春、春分、雨水、驚蟄之類。凡教民春作之事，皆均序之以授民也。日中謂春分晝五十刻，長短適中也。星鳥，南方七宿，井、鬼、柳、星、張、翼、軫，其形如鳥西飛，《禮》所謂「前朱雀」也。春分之日，朱鳥昏見于南方。殷，當中也。仲春，二月，春中也。春分當陽氣正中，故曰殷。蓋四時節序不齊，先度四方日景，驗初昏中星，以定二至二分，然後四時之氣可推。此命官之意、曆象之要也。厥民，驗諸民也。析者，春氣温，人民出作分析也。鳥獸，驗諸物也。孳字通愛也。尾，交接也。

周天二十八宿環列，隨天西轉。每方七宿，各成一形。東方角、亢、氐、房、心、尾、箕，龍形；北方斗、牛、女、虚、危、室、壁，龜形；西方奎、婁、胃、昴、畢、觜、參，虎形；南方井、鬼、柳、星、張、翼、軫，鳥形。故《記》曰：「前朱雀，後玄武，左青龍，右白虎。」星有定位，而天旋不停。天體北高南下，北極本天中，而斜倚在北，南極没入地下。二十八宿半隱，各以時出，昏見于南方。日行與天行參差，故春則南方朱鳥見，夏則東方蒼龍見，秋則北方玄武見，冬則西方白虎見。而夏秋冬各舉其中一宿，以知一方。火居南中，虚居西中，昴居北中。鳥以七宿全形言，火、虚、昴以中一宿言也。春秋言殷，夏冬言正者，春秋二分，當陰陽之中；夏冬二至，正陰陽之純。卯酉爲中，子午爲正也。

申命羲叔，宅南交。平秩南訛，敬致日永，星火，以正仲夏。厥民因，鳥獸希革。

申，重也。既命羲仲，重命羲叔也。南交，極南地名。訛，化也。夏月物蕃盛而變化，如立夏、夏至、小暑、大暑之類。凡教民耘耔之事，皆所謂平秩南訛也。致引而至于中，以測日南北之晷也。天體北高南下。夏至，日行北陸，高而遠地，故日長；日行天頂，故其表景短。冬日行南陸，近地偏側，故日短，而其表景長。致日之中，則南北可知。日永，夏至晝六十刻也。火，心星也。東方蒼龍七宿之中，夏至昏見于南方。正陽司令，夏方中也。厥民因暑氣盛，人思因依自蔽也。希革，鳥獸羽毛希少變革，皆所謂南氣之訛化者，驗乎此而知所以平秩矣。「訛」，《史記》作「譌」，註：爲也。夏言爲，猶春言作也〔一〕。

分命和仲，宅西，曰昧谷。寅餞納日，平秩西成，宵中，星虚，以殷仲秋。厥民夷，鳥獸毛毨仙上聲。

和仲，和氏之屬。昧谷，西方日入之鄉。餞，送也。納日，將入之日。初出迎之，將入送之，皆謂測其景也。西成者，天氣至西，化育成就，如立秋、秋分、白露、霜降之類。教民秋收之事，皆所謂平秩西成也。宵，夜也。夜中者，秋分夜五十刻，長短適中也。春言日，秋言宵者，陽主日，陰主夜，日出故言日，日納故言宵。虚，北方玄武七宿之中，以秋分之昏見于南方。亦曰殷者，秋分當陰中也。夷，平也。秋凉暑退，人氣平夷也。毛毨，毛落更生新鮮也。凡此皆天時西成之氣，驗乎此而知所平秩矣。

〔一〕按：《史記·五帝本紀》此處各本異文甚夥。慶元刊本正文作「南譌」，《索隱》作「爲依字讀，春言東作，夏言南爲，皆是耕作營爲，勸農之事」，嘉靖秦藩刊本同，嘉靖王延喆刊本略同，《索隱》「南爲」作「南譌」。

申命和叔，宅朔方，曰幽都。平在朔易。日短，星昴，以正仲冬。厥民隩郁，鳥獸氄冗毛。

幽都，北極背陽之地，故曰幽。在，察也。朔猶蘇也。天氣行北，萬物死復蘇也。易，更也。物蘇更始，故曰朔易，如立冬、冬至、大雪、小雪之類。教民改歲之事，皆所謂平在朔易也。日短者，日行南陸，晝四十刻也。昴，西方白虎七宿之中。冬至之昏，見于南方。亦曰正者，冬至陰極，子位正陰也。隩，室中深處。天氣寒而人民深居也。氄毛，毛細柔溫煖也。此朔易之氣，驗之幽都可知者。

帝曰：「咨！汝羲暨和，朞三百有又六旬有六日，以閏月定四時成歲。允釐離百工，庶績咸熙。」

咨，嘆辭。有嘆而告者，咨羲和之類是也。有嘆而問者，「疇咨若予采」之類是也。暨，及也。羲暨和，總命四官也。四時一周曰朞。六旬，六十日也。三百六十有六日者，一歲，二十四氣之全日也。每月三十日分二氣，十二月二十四氣，當爲三百六十日。外多六日者，周天三百六十五度零四分度之一，一日按天一度，是爲三百六十五日四分日之一。每日百刻，則四分日之一爲二十五刻，亦準一日，故爲三百六十又六日。按：天一周是爲一歲也。月所以十二者，天旋地外，日旋天中，較天行稍遲，每日一周天，而不及天一度。天行進一度與日會，是爲一日。而月之行比日又遲，每日行不及天者十三度有零，積二十有九日半，反退與日遇，是爲一月。遇周十二次，是爲一歲十二月也。然月有大小，何也？每二十九日半，月及于日。兩月各二十九日，又各有强半之日不可分，故合兩半而成一日。是以一月二十九日，一月三十日也。所以置閏月者，一歲二十四氣，每十五日零二十五刻交一氣。二十四氣該三百六十又六日，而一歲十二月之日止三百六十外多六日，是爲每歲氣盈之六日也。一歲之月與日會者十二次，而每月之日，不能實滿三十，輒復遇朔，通計一歲之月，實少六日，是爲每歲朔虚之六日也。月少六日，是日又多月六日也。氣盈多六日者，多于一歲三百六十日之外；朔虚少六日者，又多于一歲十二月之外。總之，皆日多也。氣盈不置閏，則盈者益盈，而日漸贏；朔虚不置閏，則虚者愈虚，而月漸縮。積三年，則多三十六日，可置一閏矣。五年，則多六十日，可再閏矣。閏之言擱也，參差之義。又閏之言潤也，浸積之義。三年不置閏，則歲差一月。久之則四時乖，歲功不成。故堯命羲和，曆象置閏，以定時成歲，則百職信理，庶事熙明也。項氏曰：「年以日月十二會爲一周，故止于三百五十四日而成年；歲以星度中朔術爲一周，故三百六十六日而後成歲。蓋五年餘兩月而後五氣備，度始周。所以再閏而無餘日，七閏而無餘分也。」

天者，神氣之合，大塊萬有之光華，發揚于上，如人體堅固，其精爽抱形不離，故天常包地左旋。左旋者，自左歸右，東出西入也。天無體，以二十八宿環列爲體。二十八宿旋轉，即是天轉，日月星皆逐天左轉。所謂三百六十五度四分度之一者，非天原有此度。以日行所不及，漸約而成度也。天在外轉，日在内逐，月又逐日。日逐天，每一晝夜落後少許。以天體計之，每日不及天者，三百六十五分中之一耳，是爲一度。每一日退天一度，積至三百六十五日，退盡復遇天于初處。是謂周天三百六十五度有零，一歲三百六十五日有零，本此也。月陰精遲緩，每日行不及天者十三度有零，其不及日者十二度有零。一日退天十三度零，約二十七日，退盡天一周，復與天遇于初處。又遲二日，爲二十九日有奇，乃退遇日，是爲一月也。月與天會者，大約一年凡十有三，而與日會者，一年凡十有二。與天會者無用，而與日會者四時所以定也。寒暑晝夜，皆生于日。天以三光爲用，而月星辰皆宗日。天爲元氣之統，高峻無極。日爲天主，故行不遠于天；而月以陰承陽，故其行常卑于日而遲。然而月之會天反數，日之會天反疏者，何也？蓋天行甚速，日月皆不能及。其與天會，皆退而遇之，非能進而及之也，非日月果退行也。天進過處，即成日月退處。日退少，故其遇遲；月退十餘倍于日，故遇最速。曆家以天爲東轉，日月西行，是以其退爲退也。嘗以《易》理推之，八卦之運，皆始于東南，終于西北。故帝始出乎震，終成乎艮。自左歸右，其理昭然。氣機變動，原自不齊。假如天與日月星辰無少參差，則不成造化。《祭義》曰：「陰陽長短，終始相巡，以致天下之和。」故天度必有零，日行必少一度，月不及日，皆造化之自然也。

帝曰：「疇咨若時登庸？」放上聲齊曰：「胤孕子朱，啟明。」帝曰：「吁！嚚銀訟，可乎？」

疇、孰通。咨，嘆問也。若猶宜也。時，是也。問誰哉宜是升用者。放齊，臣名。胤，嗣也。朱，堯子丹朱。啟，通也。資性通明也。吁，怪歎辭。言不忠信曰嚚。訟，争辨也。雖有明通之資，利口彊辯，不可用也。

帝曰：「疇咨若予采？」驩兜(都)曰：「都！共工，方鳩僝(剗)功。」帝曰：「吁！靜言庸違，象恭滔天。」

采，事也。堯問誰宜任予事者。驩兜，臣名。都，歎美辭。共工，官名。鳩，糾也。僝，衆也。方糾聚衆功，稱其敏幹也。堯言其爲人也，靜則善言，用則行違，貌飾爲恭，行事滅天理，不可用也。

帝曰：「咨！四岳，湯湯(如字)洪水方割，蕩蕩懷山襄陵，浩浩滔天。下民其咨，有能俾乂？」僉曰：「於，鯀(衮)哉！」帝曰：「吁，咈哉！方命圮(皮上聲)族。」岳曰：「异(異)哉！試可乃已。」帝曰：「往，欽哉！」九載，績用弗成。

四岳，官名，主四方諸侯之事，蓋一人領之。湯湯，水盛貌。洪，大也。割，害也。懷，包也。襄，乘也。陵，丘陵。言水没山陵也。滔天，水連天也。俾乂，使治也。僉，皆也。鯀，崇伯名。咈，不然之辭。方，不行也。圓則行，方則止。命，令也。圮，敗也。族，類也。鯀爲人很愎自用，事上不順，與衆不和也。异者，强舉之辭。試之乃可知也。堯于是使鯀往，九年功弗成，舜殛之。堯先知過諸臣遠矣。

帝曰：「咨！四岳，朕在位七十載，汝能庸命，巽朕位。」岳曰：「否(鄙)德忝帝位。」曰：「明明揚側陋。」師錫帝曰：「有鰥在下曰虞舜。」帝曰：「俞，予聞。如何？」岳曰：「瞽子。父頑，母嚚，象傲，克諧以孝，烝烝乂，不格姦。」帝曰：「我其試哉！女去聲于時，觀厥刑于二女。」釐降二女于嬀圭汭芮，嬪于虞。帝曰：「欽哉！」

古人自稱皆曰朕。堯十六歲，自唐侯爲天子。在位七十載，時年八十有六。庸命謂事上忠順，非鯀之「方命」、丹朱之「傲」比也。巽、遜通。以帝位遜授也。否、鄙通。忝，辱也。明明，明舉諸臣在位明顯者。苟德稱帝位，雖在微賤，揚舉之，無擇于貴賤也。側陋，卑下也。帝心知有舜，然舉必先廷臣，而後及側陋者，以天下之大與庶人，古所未有，故必自廷臣始。廷臣不敢當，而後及其餘。曰吾不擇貴賤，而後衆乃敢舉舜也。舉出于衆，而後帝之用之也公。師，衆也。錫猶貢也，予也。上命而下貢，下獻而上賞曰錫，猶《禹貢》揚、荆、豫之言「錫貢」也。無妻曰鰥。俞者，喜悦之辭。言予亦聞之，而其人果如何也。瞽，舜父名。頑，不仁也。嚚，不信也。象，舜異母弟也。傲，很也。諧，和也。烝烝，上進罔覺之意。乂，治也。格、挌通，扞禦也。姦，惡也，在内曰姦。如謀浚井焚廩之類，防禦過則傷恩。舜怡然順受而和之以孝，精誠上達，烝烝然如氤氲氣升，潛孚嘿化父母之頑嚚、弟象之傲，自然乂治，初非有待于防禦禁格也。蓋真仁純孝，感動于形迹之外，而自然冰釋。格姦而乂，人可能也。烝烝乂而不格姦，非聖神不能。女，以女妻之也。時，是也。刑，法則也。釐，予也。《詩》曰：「釐爾士女。」降，下也。謂下嫁也。嬀，水名。汭，水北。舜所居也。嬪，婦也。欽哉者，堯女舜而命舜之辭。按：諸臣薦舜曰「鰥」，是欲帝女之也。堯即釐以女，君臣之間，篤信如此。

千古遭逢，無如堯舜。千古不復有舜，尤不復有堯矣。是以史臣紀二帝同典也。

慎徽五典，五典克從。納于百揆，百揆時敘。賓于四門，四門穆穆。納于大麓，烈風雷雨弗迷。

此承上文「我其試哉」之事。徽，和也。五典，五常也。慎徽謂使舜和五常教民，而民無違教，蓋司徒之官也。揆，度也。揆度百事，宰衡之職也。下文舜咨百揆，僉曰「禹作司空」，則唐虞之百揆，即司空也。是時，水土未平，故司空首百職。舜相堯，禹相舜，皆爲之賓，禮客也。四方諸侯至者，以賓禮之，蓋宗伯之職也。四門，四方賓至之門。穆穆，肅清也。大麓，深山茂林也。洪水方割，使舜相山澤，出入林莽，遇暴風雷雨，不迷亂失常也。此四者，即孟子所謂「天與之，人與之」。雖四岳庸命，何能及此，乃所謂明德無忝帝位者矣。

按：孔書分「帝曰欽哉」以前爲《堯典》，于「慎徽五典」上增「曰若稽古帝舜，曰重華協于帝，濬哲文明，温恭允塞，玄德升聞，乃命以位」六語二十八字，合下別爲《舜典》，説見孔書。

帝曰：「格，汝舜。詢事考言，乃言底可績，三載。汝陟隻帝位。」舜讓于德，弗嗣。正月上日，受終于文祖。

格，感召也。蓋相知之深，而屬以心腹之辭。底，猶至也。詢問汝以事，而考質汝所言，至可成功，于今三年。久而益信，明非嚚訟庸違者比也。自古聖人觀人，惟言與行。堯以此知舜，故使升陟帝位。舜謙讓己德弗堪繼嗣，至正月上旬，堯進舜于文祖廟，付以天下。堯老，託舜終事，孟子所謂「堯老舜攝」也。文祖，堯祖也。

凡言格者，抵至通透之意。古字格與假聲近，空虚曰假，貫徹曰格。假者轉移，格者更變，義亦相近。凡言底者，極至安定之意。或从氐，上無點，訓致。有如底平、底績、底至、底豫之類，何得作致訓。孔書襲用訓詁耳。

在璿旋璣玉衡，以齊七政。肆類于上帝，禋因于六宗，望于山川，徧于羣神。輯五瑞，既月乃日，覲四岳羣牧，班瑞于羣后。

此以下皆舜攝政之事。在，察也。璣衡，觀天文之器。璿，玉也。璣以玉爲機，轉運以象天體也。衡以玉爲横軸，以貫璣也。漢以來，謂之渾天儀。璿玉者，珍重之名。七政，日月五星。七者經緯運行，天之政也。堯欽若昊天，舜攝堯事，亦首天時，政莫大乎此。肆猶遂也。類，祭天神也。天象無形，以氣爲類。如東郊祭春，南郊祭夏，各以方類也。禋、煙通，香氣也。古者宗廟之祭，焚蕭與脂，使煙氣旁達，合神于漠，故謂祭爲禋。六宗，羲黄以來列聖之當祀者，其目未詳。宗，尊也。或云：虞氏宗廟，三昭三穆也。《祭法》有四時、寒暑、日、月、星、水旱爲六宗。愚按：此言上帝爲天，六宗爲人，山川爲地，《周禮》天神、人鬼、地祇之説本此，不得以六宗爲天神明矣。望，遠望。爲壇以祭也。山川，《祭法》謂：「山林川谷，出雲爲風雨者也。」類、禋、望皆取瀶通義。類，象也。禋，氣也。望，觀也。徧，周徧也。羣神謂丘陵、墳衍、先賢、往哲之類。輯，斂而合之也。五瑞，五等諸侯分封之圭。舜既攝行天子事，則畿甸諸侯首覲，先斂其圭，以考信也。既月，月既望，蓋正月之中旬。乃日，擇覲日也。四岳，總領方岳，如後世大監二伯也。羣牧，十二州牧也。班瑞，既覲復還也。羣后，畿甸諸侯也。若四方之諸侯，則巡守肆覲，而岳、牧與中諸侯先覲也。按：孟子謂「堯老舜攝」，堯在，舜未嘗爲天子，然祀天覲后，皆行天子事，何也？祖廟受終，堯固以天下與舜。廷臣師錫，天下固以天子望舜矣。其即位改元，雖在堯崩之後，而其行天子事，則自受終時始矣。豈其非天子而敢爲天子之事乎？自古惟堯之于舜爲然。故孔子贊其蕩蕩則天，史臣以《舜典》從堯，明始終一體之義。若夫舜耄倦勤，則孔書因襲附會之説耳。

歲二月，東巡守，至于岱宗，柴望秩于山川，肆覲東后。協時月正日，同律度量衡。修五禮、五玉、三帛、二生、一死贄，如五器，卒乃復。五月南巡守，至于南岳，如岱禮。八月西巡守，至于西岳，如初。十有一月朔巡守，至于北岳，如西禮。歸格于藝祖，用特。五載一巡守，羣后四朝。敷奏以言，明試以功，車服以庸。

巡守之事，前此或未有也。舜以側陋師錫，堯老代終，欲親爲撫循其民而任其勞，後遂以爲常典耳。歲二月，即朝岳牧之次月。春東夏南秋西冬北，法天時也。東岳岱山，南岳衡山，西岳華山，北岳恒山，中岳嵩山。不言中岳者，中，諸侯先覲，則中岳已先望也。岱獨云宗者，東爲帝首出之鄉也。柴，燔柴升煙，以告至也。望秩，望名山大川，脩常祭也。秩，常也。祭有常典，故謂之秩。東方之祭，亦猶畿甸之類。禋，望也。肆，遂也。東后，東諸侯也。協，合也。時謂四時，月謂十二月，正謂歲首，日謂三百六旬六日，此申明曆象也。律謂六律，截竹爲十二管，圍九分，中空，徑三分有奇。陰陽各六，長短有差，相間吹之，以正五音者也。度量衡，皆本律黄鐘之管而生。黄鐘之管，長九寸，以秬黍實之，每黍一粒，其廣爲一分，十分爲寸，十寸爲尺，十尺爲丈，十丈爲引，是謂五度。黄鐘之管，容秬黍千二百粒爲龠，十龠爲合，十合爲升，十升爲斗，十斗爲斛，是謂五量。一龠之黍，重十二銖，兩龠二十四銖爲兩。十六兩爲斤，三十斤爲鈞，四鈞爲石，是謂五權。同者，較之使齊也。五禮謂五等諸侯朝覲之禮，如下文玉、帛、贄皆是也。五玉謂五等諸侯之瑞玉，即圭也。三帛謂貢幣也。帛、牲皆所以贄。諸侯有五等，而幣帛惟三等，謂大國、次國、小國也。二生、一死贄，謂諸侯來見，所贄牲牢，每品以三爲率。内用一死者告殺，且戒不用命也。五器即五玉。如者，始至并納，覲畢，各如器還之，不亂也。孔子曰「唯名與器，不可假人」，即此意。五玉，亦猶畿内之輯瑞，如五器，亦猶畿内之班瑞。卒，謂東巡守畢。乃復，復之南岳也。猶《論語》「則不復也」之復，一方事畢，復之一方也。四岳既徧，乃歸，告至于藝祖廟，堯大祖也。藝，樹也。始建國之祖。特，一牲也。五載一巡守，定期也。四岳羣后四朝，謂四年之内，四方諸侯述職來朝于京師也。敷，陳也。奏，進也。陳進以言，諸侯以爲政之謨陳于天子也。明試以功，天子考徵其治事之功也。車服以庸，錫之車騎服色，旌表其功用也。「協時日」以下，天子適諸侯之事；「敷奏」以下，諸侯朝于天子之事。夫舜以一歲之内周行天下萬有餘里，可謂勤已。然當時不以爲擾，後世頌其無爲者，何哉？孔子所謂「有天下而不與」，孟子謂「飯糗茹草，若固有之」，王通氏謂「儀衛少而徵求寡」，宜其用不費而民不勞也。禹踵而行之，勤儉無異于舜，故夏民有一遊之頌。後王以世胄在位，無舜禹之恭儉，欲踵巡守之事，鮮不敝矣。况于周穆王、秦始皇之甚焉者乎？

肇十有二州，封十有二山，濬川。

堯時，天下九州，冀、兗、青、徐、荆、揚、豫、梁、雍也。舜巡守，以冀、青二州地廣，割冀爲幽州、并州，割青爲營州，是十有二也。肇，始也。封，表也。十二州各封表其境内名山，爲一州之鎮。濬，疏通也。川，十二州之川。

象以典刑，流宥五刑，鞭作官刑，扑(朴)**作教刑，金作贖刑。眚**(省)**災肆赦，怙**(户上聲)**終賊刑。欽哉欽哉，惟刑之恤哉！流共工于幽州，放驩兜于崇山，竄三苗于三危，殛鯀于羽山，四罪而天下咸服。**

象，示也。猶《周禮》「懸治法于象魏，使民觀象」之象。即律令也。典，常也。「流宥」以下六條，皆所謂典也。流，放竄也。宥，寬減也。五刑，墨、劓、剕、宫、大辟，古謂之肉刑，用刀鋸割截人肢體，刑之重者。本蚩尤三苗之法，後世襲用之，説見《吕刑》。至舜始宥而易以流也。其次鞭，其次扑，其次贖，其次赦。犯五刑者，憐其無知，企其改圖，故放流之，以責其終不悛，然後即其地殺之，如四凶是也。其次鞭刑，垂革條于木末，官府拷訊之刑；其次扑刑，用榎、楚二物教誨戒飭之刑；其次贖刑，小過使納金有差，刑之最輕者，猶未赦也。過誤爲眚，不幸爲災，則縱肆舍赦之，并贖亦免矣。所以然者，無非企民之令終耳。至終不肯悛，或恃上之寬，或憑己之狡，或一人而屢犯，或他人而故作，是有心怙終爲賊而已。賊則殺，離其身首，鞭扑不足，金不贖，赦不及矣。「欽哉欽哉，惟刑之恤哉」，史臣贊舜好生之心，是制刑之本也。共工、驩兜、三苗、鯀，罪皆當五刑，始皆流宥，至于怙終，乃殺之。天下所以戴德畏威，咸心服也。幽州，北裔。崇山，南裔。三危，西裔。羽山，東裔。贖刑者，非贖五刑與鞭扑，贖自爲一刑也。金不必皆黄、白，銅、鐵亦金也。贖必有等，洪荒之民，費省金多，故贖爲輕刑，與《吕刑》贖法異。或曰：堯不誅四凶，何也？天下事，非一聖人所能兼。罪惡未盈，聖人亦不忍先發。放流能改，雖舜亦將宥之耳。故堯之不誅，與舜流宥之意同。肇州、封山、濬川者，巡守之事。象刑誅凶者，明試考功之事也。

二十有八載，帝乃殂落。百姓如喪考妣，三載四海遏密八音。

自正月上日攝位，至是二十有八年，堯乃崩。殂落者，人死魂殂魄落也。殂，逝也。落，僵仆貌。

畿内百姓，如喪父母，四海三年之内淒寂無音樂，哀慕之至也。遏，絶也。密，静也。堯十六爲天子，在位七十載，試舜又三載，老不聽政又二十八載，享國共一百有一年，壽一百一十有七歲。史臣記于此，故帝典本爲一篇也。

月正元日，舜格于文祖，詢于四岳，闢四門，明四目，達四聰。咨十有二牧曰：「食哉惟時。」柔遠能邇，惇德允元，而難任人，蠻夷率服。

此以下，舜即帝位以後事。舜之勤勞，已備于攝政二十八載之中。即位以後，分命九官、十二牧，無爲而治矣。月正，正月也。元日，朔日也。堯喪之明年正月朔，舜告于堯祖廟，乃即帝位。即位而詢訪四岳，開登俊之路，徹壅蔽之私，賢才登庸，聰明四達，所以垂衣裳而天下治也。四岳主監視四方，故以耳目詢之。十二牧，十二州之牧。舜嗟告十二牧曰「食哉」，言民生在食也。「惟時」，言足食在時也。農不失時，則食可使足。牧職養民，故以此告之。「柔遠能邇」以下四語，史臣贊舜之辭。于民遠者柔而撫慰之，近者能而馴擾之。惇厚其德，允體其元。元，善也。仁愛如此。至于任用羣臣，如四岳、九官、十二牧，審之于始，又考之于終，其難其慎，不敢忽易，所以衆正布列。致治之效，至于有苗格、蠻夷率服也。下節乃言任人之事，蓋君德盡于體元，可以自勉。治天下，在于得人，尤難輕任。故知人如堯，四凶猶在，焉得不難。天地無不包，日月無不照，故二帝同德一體也。《臯陶謨》曰知人安人，惟帝其難之。人主既惇德允元，又知人善任，于治天下何有？樊遲問智、仁，聞孔子之言未達，即此。

舜曰：「咨！四岳。有能奮庸熙帝之載，使宅百揆，亮采惠疇？」僉曰：「伯禹作司空。」帝曰：「俞，咨！禹，汝平水土，惟時懋哉！」禹拜稽首，讓于稷、契暨皋陶。帝曰：「俞，汝往哉！」

此以下，記舜任人之事。首稱「舜曰」，所以别于堯也。後稱帝者，堯崩，舜始稱帝也。奮庸，奮起登用也。熙，光大也。帝指堯。載，事也。謂禪授之事。百揆見前。作司空，即宅百揆也。六合曰空。于時海内昏墊，欲消除之，故曰司空。舜以司空受終，亦欲以司空宅賢，希堯之事也。亮采，明事也。惠，順也。疇，衆也。言明庶事而順衆心也。平水土，謂平治洪水，則壤作貢，皆司空之事。時，是也。懋，勉也。勉爲是平水土之事。蓋唐虞之世，事之艱大，莫如水土。百官之職，莫重于司空，而廷臣之賢，未有過于禹者。故僉舉禹而舜首命之。

帝曰：「棄，黎民阻飢，汝后稷，播時百穀。」帝曰：「契薛，百姓不親，五品不遜。汝作司徒，敬敷五教，在寬。」帝曰：「皋陶遥，蠻夷猾夏，寇賊姦宄癸。汝作士，五刑有服，五服三就。五流有宅，五宅三居。惟明克允。」

此因上禹舉三臣，帝分命之也。棄、契、皋陶，皆人名。后稷、司徒、士，皆官名。后稷主農，水土平則可耕，故次命稷；司徒主教，衣食足則教化興，故次命契；士主刑，民不率教則犯刑，故次命皋陶。阻，厄也。品，級也。父子、君臣、夫婦、兄弟、朋友，五者之品級也。遜，順也。五教，五品之教，親、義、序、別、信也。在寬，謂勞來匡直，輔翼自得也。蠻夷，三苗之屬。猾，亂也。夏，大明也，中國之稱。盜曰寇，害曰賊，内曰姦，外曰宄。服，被也，謂加刑也。就，即也，謂行刑之地。輕則于朝，重則于市，又重則投屍原野，爲三就也。五流謂當五刑者宥而流之。宅，地也。居，安置也。遠者四裔，其次千里外，又次境外，爲三居。或曰：綏、要、荒，皆遠地也。允，刑當罪也。

帝曰：「疇若予工？」僉曰：「垂哉！」帝曰：「俞，咨！垂，汝共工。」垂拜稽首，讓于殳（殊）、斨（鏘）暨伯與。帝曰：「俞，往哉！汝諧。」帝曰：「疇若予上下草木鳥獸？」僉曰：「益哉！」帝曰：「俞，咨！益，汝作朕虞。」益拜稽首，讓于朱、虎、熊、羆（卑）。帝曰：「俞，往哉！汝諧。」

百工所以利用，共工掌之。帝問誰宜爲共工之官者，衆舉垂，垂讓殳、斨、伯與三臣，而帝謂垂諧也。山林澤藪，草木禽獸所生，虞掌之。衆舉益，益讓朱、虎、熊、羆四臣，而帝謂益諧也。諧猶宜也。蓋人名殳、斨，是巧能制器者也。然爲共工者，何必自爲工？人名虎、熊、羆，是力能格獸者也。

然爲虞者，何必自爲獵？諧與不諧，不在手足材技之末，故垂、益之命終不改。而此六人者，亦卒不得與二十四人分命。可知聖人任官之意、用人之法矣。益，伯益，即柏翳。

帝曰：「咨！四岳，有能典朕三禮？」僉曰：「伯夷。」帝曰：「俞，咨伯，汝作秩宗，夙夜惟寅，直哉惟清。」伯拜稽首，讓于夔、龍。帝曰：「俞，往欽哉！」帝曰：「夔，命汝典樂，教胄子，直而温，寬而栗，剛而無虐，簡而無傲。詩言志，歌永言，聲依永，律和聲。八音克諧，無相奪倫，神人以和。」夔曰：「於(烏)！予擊石拊(撫)石，百獸率舞。」帝曰：「龍，朕堲(即)讒説殄行，震驚朕師。命汝作納言，夙夜出納朕命，惟允。」

水土平，民既富且教，刑罰清而財用足，品物咸若，則禮樂可興矣。禮先，故命伯夷。樂後，故命夔。治不忘戒，納諫遠佞，故命龍。夷、夔、龍，皆人名。秩宗、典樂、納言，皆官名。三禮即三綱，或曰天地人之禮。秩宗，禮官。寅，敬畏也。人心正直則清明，邪曲則昏亂。早夜敬畏，内志端莊，則神氣清浄，而天地人神，無不感格，此禮之本也。胄子，元子。古者，胄子入學，樂正教以歌詩舞節，調其血氣，而養其性情。蓋聲氣和則性情和，肢體柔則血氣柔，故古人無日不歌咏，步趨必按節，笑語必中度。世胄之子，血氣未定，常多傲虐。教使直而能温，勿傷峻厲也。寬而能栗，又不虚浮也。斯二者，和平之德。若夫好剛而殘虐，簡率而傲很，則乖戾之德也。故當教之以詩歌，和之以聲律。

樂由人生，絲竹金石，皆本于肉。五音六律，不違于心。詩者，心之志。其志正，其言温，樂之本也。歌者，即詩言而永使悠長，不急不促，無虐傲之氣者也。聲，樂聲。即比于歌而與同其永者也。律，六律。所以和聲而作樂也。以六律長短、清濁、高下相生，調和其聲音，使金石絲竹之類，成文不亂，繹如皦如，無相奪倫。以此作樂，則本諸人心之和，而聲氣應，不徒鐘鼓羽籥之文，精神感格，神人交暢矣。典樂設教宜如此。夔於是歎美帝德，言己擊拊石聲，百獸感而率舞，非帝德直温寬栗，無虐無傲，詩志言，克諧之效與？則信樂之本于德矣。石，磬屬。八音唯石聲磓以立辨，磓故易乖，辨故難合。擊拊石而百獸格，則八音諧、神人和可知。堲，疾也。封閉之意。《禮》：「夏后氏堲周。」古人以甎封棺曰堲。讒人乘間，須堲閉之也。殄，絶也。殄行，絶使不行也。讒説譸張，摇惑衆心，所以欲堲而殄之。納言，諫議繩糾之官，如後世司封駁彈壓者，即今之科道通政也。有聞則入告，謂之納言，所以防壅蔽、達聰明也。出者宣而布之，納者入而復之。惟允，謂當人情、合事理，使讒説不得眩惑也。

帝曰：「咨！汝二十有二人，欽哉！惟時亮天功。」三載考績，三考黜陟幽明，庶績咸熙。分北三苗。舜生三十徵庸，三十在位，五十載，陟方乃死。

二十二人，謂四岳、九官、十二牧也。時，是也。指所命官與所告之事。言各敬此，以明天之事也。稱天者，無私之謂。三年一考諸臣治事之績，九年三考，則賢否勤惰，久而攸分。治行著者，升崇以陟其明;職業墮者,擯斥以黜其幽。是以賢能競勸,而庶績皆熙明。姦宄屏跡,而三苗分北。苗民屢叛南荒,分其頑梗者,竄于西北三危之地,而服化者留之,故曰分北,亦幽明之義也。三十召用,歷試三載,攝政二十八載,是堯舉用在位,凡三十年也。堯崩,即帝位,又五十載,舜年蓋百有十歲。陟,行。方,岳。崩于蒼梧之野。《周書·立政》曰「陟禹之迹,方行天下」,亦謂巡行陟方也。或疑舜耄倦勤,未必南巡守。按:「耄期倦勤」,孔書之辭,亦未明言禹代舜巡守也。人臣行天子事,不可爲常。故舜時有堯「北面朝」之語。禹之相舜,未聞有攝政朝覲巡守之事。南巡者,猶舜也。○或云:分北當作分背,古字通用,謂離背之也。

皋陶謨

虞臣先禹,禹既受禪,而虞史成于夏。故謨首《皋陶》,而包舉五臣。《論語》云「舜有臣五人」,即篇内禹、皋陶、益、稷、夔也。不及契,豈契先諸臣卒與?按:此篇所載,多皋陶語。唐虞官人安民,舜恭己無爲而治,其道皆備。孔子告樊遲問仁曰「愛人」,問智曰「知人」「舉直化枉」,其説皆本此。子夏云:「舜有天下,選於衆,舉皋陶,不仁者遠。」孟子敘堯舜之道,亦唯曰禹、皋陶見而知之。世儒疑獨舉皋陶爲未備,孔書遂割「帝曰來禹」以下,别爲《益稷謨》,陋也。古者典刑必以士。士,察也。士文學而察理,故刑官爲理。虞庭斯文見知,莫如皋陶,故皋陶爲士陳謨,而禮樂刑政兼舉,所以爲見而知也。此篇立言大旨，在謨明弼諧，而所記五臣與帝言，將順之意少，拂違之志多，何也？譬五味異而後羹和，五音異而後樂和，五官異而後心志和，故曰：「舜有臣五人而天下治。」《易》曰：「天數五，地數五，五位相得，各有合。」天地、帝王，其道同，逆而相成。故以儆戒爲無爲，威惠并用，不剛不柔，篇終繫樂成，其爲諧和之至也。《韶舞》《象功》《昭德》，千古獨隆。以此夫古史用意精密，孔書割裂，而此義泯矣。

曰：若稽古皐陶。曰：「允迪厥德，謨明弼諧。」禹曰：「俞，如何？」皐陶曰：「都，愼厥身脩思永，惇敘九族。庶明勵翼，邇可遠，在兹。」禹拜昌言曰：「俞。」

曰，史臣言也。若稽古皐陶者，考于古人臣中，若皐陶也。曰者，史述皐陶與諸臣共論于帝庭之語也。行道曰迪。「允迪厥德」「謨明弼諧」二語，一篇之要，言人君信能迪行厥德，其臣謀謨明而輔弼和，天下治矣。禹然之而問其詳，皐陶先歎美而後對也。君身爲本，謹脩其身，思永無怠，脩身以道，惇厚倫敘，親睦九族。爲政在人，進庸羣哲，奮勵輔翼。脩身、親親、尊賢三者，治天下之大本。能如是，則由身以及家，由家以及朝廷邦國，篤近舉遠，故曰「邇可遠」。迪德、明謨，道無逾此，故曰「在兹」，禹所以拜而然之。昌言，盛大之言。

仲尼祖述堯舜，脩明六籍，以詔來學，而《論語》二十篇，與羣弟子言，莫非脩身、惇倫之事。《大學》齊家、治國、平天下，脩身爲本。《中庸》論「爲政在人，取人以身，脩身以道，脩道以仁」「三德」

「五道」「九經」，皆原本《臯謨》。後先一揆，故其删《書》，自帝典而下，首此篇以爲萬世論學、論治之宗要也。

臯陶曰：「都，在知人，在安民。」禹曰：「吁！咸若時，惟帝其難之。知人則哲，能官人；安民則惠，黎民懷之。能哲而惠，何憂乎驩兜，何遷乎有苗，何畏乎巧言令色孔壬？」

臯陶言：美哉君德，惟在智能知人，仁能安民，仁且智，所以允迪而脩身也。知人所以明謨而諧弼也，安民則遠邇順治矣。禹曰吁者，難之之辭。言人君既知人，又安民，若是則備道全美。雖以帝之惇德允元，而尚難任人。蓋能知人，則明至而哲，官無失人；能安民，則仁溥而惠，民皆懷上。吏和民懷，則凶頑可無慮，讒諂可無畏矣。仁哲如帝，尚憂四凶，堲讒説，若何易之？孔，甚也。壬，大也。巧令覆人邦家，害甚大也。夫舜之放驩兜、遷三苗、堲讒説，無非以知人安民耳。然諒聖人之心，以殺勝殘，其于惠哲之道，終覺未盡，所以爲難。惟能其難，故能無憂。禹言及此，亦思其難耳。與臯陶「允迪」「慎脩」意正同，非以臯陶言爲不然也。

臯陶曰：「都，亦行有九德。亦言其人有德，乃言曰：載采采。」禹曰：「何？」臯陶曰：

「寬而栗，柔而立，愿而恭，亂而敬，擾而毅，直而溫，簡而廉，剛而塞，彊而義。彰厥有常，吉哉！」

君德非剛不能運其明，非柔不能保其惠。未有狂躁而能安民，未有優柔而能用人者。故哲與惠，不剛不柔，中和之道，皋陶所以陳九德也。亦行有九德，君自行也。亦言其人有德，以此官人也。言其人，則必言其有某德；言其德，乃言其有某事某事也。載，則也。采，事也。采采者，歷數之辭。寬綽者多虛浮，栗則寬而堅貞；柔順者多頹廢，立則柔而振起；愿慤者多麤野，恭則愿而謹飭；治亂者多馳騁，敬則亂而戒慎；馴擾者多退縮，毅則擾而精進；直方者多徑情，溫則直而和易；簡畧者多撲棱，廉則簡而分辨；剛勁者多迅發，塞則剛而歛含；彊梁者多任氣，義則彊而順理。此九者，惠哲全美，仁知兼盡，能行著彰明，使無偏蔽。又能始終有常，則無不宜而吉矣。

德雖有九，厥惟一中。九者，數之極，造化、人事之分段也。數至九而聚，故曰九。約之即惠哲，即和衷，推之則百行萬善，无適不宜。學者會其旨，勿拘其數。若夫子之言「九思」，得其要，一思可，無思亦可矣。

「日宣三德，夙夜浚明有家。日嚴祗敬六德，亮采有邦。翕受敷施，九德咸事，俊乂在官，百僚師師，百工惟時，撫于五辰，庶績其凝。

此言以九德自脩，官人安民也。三、六云者，言于九德中三分有一，可以保家；三分有二，可以保國；九者全備，可以安人、安天下。用人與自脩，大約皆然。日，猶恒也。宣，布也。浚明，深治而行著也。有家謂可用爲大夫。有邦謂可用爲諸侯。嚴、祗、敬，皆慎脩之意。亮采，明彰政事也。翕受敷施謂天子身兼九德，以施于用也。九德咸事謂人有九德，咸使用事也。如是則俊乂在官，僚寀相師法，百度皆合宜，所謂「謨明弼諧」「能哲能惠」「不剛不柔」，允協于中，以調元贊化，如五星行天，遲速緩急，各順其軌，而四時序，百物生也。撫猶順也。用人如此，則庶功可凝聚矣。夫德者，日進無疆。大夫、諸侯限以三、六，何也？蓋此九德言三亦六，言六亦九，其要惟曰剛柔正直，允執厥中，即箕疇謂「乂用三德」也。故能寬而栗，柔而立，愿而恭者，則亂、擾、直、簡、剛、彊，亦必無乖戾之失。能六德者，則簡、剛、彊益可知。必言九者，中和萃美，非定執其數，以較多寡也。

「無教逸欲有邦，兢兢業業，一日二日萬幾。無曠庶官，天工人其代之。天敘有典，勑我五典五惇哉。天秩有禮，自我五禮有庸哉。同寅協恭和衷哉。天命有德，五服五章哉。天討有罪，五刑五用哉。政事懋哉懋哉。天聰明，自我民聰明；天明畏，自我民明威。達于上下，敬哉有土。」

此又言脩身惇族、庶明弼諧之事，而官人安民在其中矣。天子，政教之宗、羣后之表。天子自逸欲，是教諸侯以逸欲也。幾，事機也。天下事機，皆在君身。一日二日萬幾，言不測也。君執機，臣執行，君主之，臣分之，勿爲逸欲以空曠庶官，可也。凡天子之事，皆天事。天子與庶官，皆代天行事，若何曠之？天工有禮教，有政事。禮教在和衷，政事在勤勵。禮莫大于五常。典，常也。父子、君臣、夫婦、長幼、朋友，天所敘也。勑，正也。我惟正之，使惇厚耳。其親疎、貴賤、隆殺謂之禮。禮，履也，天所秩也。秩，猶品也。庸，常行也。我惟率而常行之耳。惟君臣無逸欲，同心寅畏，協齊恭敬，調和乃衷，則誠意周浹，天人合一，秩序非虚文，而教化可興矣。政莫大于命討。有德者，天所命也。有五等之爵，則有五品之章服。章，服色也。有罪者，天所討也。犯五等之罪，則用五條之刑，莫非天也。苟君臣逸欲，愛憎任意，讒諂在位，凶頑倖免，官失職而民受害矣。懋哉懋哉者，勉勵之辭。懋，勉也。此官人安民之道，其幾在君心，而兢業爲本，其權在上天，而敬民爲要。惟天耳目聰明，其耳目，即民之耳目也；惟天明察威嚴，其明威，即民之明威也。天人一體，通達上下，故秩序命討。人即是天，聰明明畏；天即是人，撫有四海。可不敬哉？畏與威通。

皋陶曰：「朕言惠，可底行。」禹曰：「俞，乃言底可績。」皋陶曰：「予未有知，思曰贊贊襄哉。」

惠，順理也。底猶終也。未有知，謙辭也。思曰者，心口自語也。贊，助也。襄，駕也。《詩》云「弼時仔肩」，即贊襄之意。言君所承載者重，而臣輔助之，故曰「贊襄」。贊贊襄者，言助其輔弼云爾，即篇首「弼諧」「勵翼」之意。

孔書自此以上斷爲《皋陶謨》，下爲《益稷謨》。

帝曰：「來，禹。汝亦昌言。」禹拜曰：「都，帝，予何言？予思日孜孜。」皋陶曰：「吁！如何？」禹曰：「洪水滔天，浩浩懷山襄陵，下民昏墊玷。予乘四載，隨山刊木。曁益奏庶鮮食。予決九川距四海，濬畎澮距川。曁稷播，奏庶艱食鮮食。懋遷有無化居，烝民乃粒，萬邦作乂。」皋陶曰：「俞，師汝昌言。」

謨者，臣爲君謀也。此篇記五臣所以弼舜之謀。皋陶陳九德，脩身、親親、尊賢、敬天、安民，備矣。故禹不重陳，但自言其治水之事，以明臣職之當詳；進幾康之戒，以見君道之有要。君執本，臣執末。君無逸欲，則庶明勵翼而政舉，所謂「邇可遠，在兹」也。故《皋陶》一謨，五臣咸在，各攄其忠，而嘉謀咸集，所以爲謨明弼諧也。來禹者，帝因皋陶言終，復問禹也。都者，美帝之好問也。思日孜孜，即皋陶所謂「無逸欲」，官人安民之本也。孜孜，勉敬也。禹謙己無言，而此一言，實約而要矣。皋陶曰吁者，驚歎辭。蓋君道在官人，一日二日萬幾，非一人聰明所能辨，而必曰「日孜孜」，所以乍聞驚歎也。知禹自有説，故問「如何」。蓋所謂「日孜孜」者，君勞心，臣勞力，君無逸乃志，臣無曠乃官，則君臣之間，各日孜孜矣。故禹舉己治水，以明庶官之事。昏墊者，林水翳塞之貌。乘載者，乘載以行也。四載者，水乘舟，陸乘車，泥乘輴春，山乘樏雷也。隨山刊木者，平地水漫，循山而行，伐木通路也。暨益者，時益作虞，掌山澤，故刊木與俱也。奏，進也，作也。庶，衆民也。鮮食，肉食也。山林既通，進庶民使之搏禽獸而食，以充饑也。先决九州之川，至于海，後濬畎澮之水至于川。距，至也。畎澮，田間水溝，小曰畎，大曰澮。水平則土可耕，稷掌農，故時與之俱也。播，布種也。艱食鮮食者，禽獸搏取盡，鮮食亦艱難也。乃進衆民使之用力，遷有就無，變化其所居積。農末相資，然後衆民知耕耨，食五穀，萬邦乃興治。禹所謂日孜孜者，此也。苟少自逸欲，則曠厥官，而事亦罔功矣。故皋陶然之，謂人臣自盡宜爾，所當師法也。

禹曰：「都，帝，慎乃在位。」帝曰：「俞。」禹曰：「安汝止，惟幾惟康，其弼直。惟動，丕應徯喜志。以昭受上帝，天其申命用休。」

禹既言人臣勤勞之事，而恐人君以煩密爲孜孜，則失官人之道，故復歎美之。呼帝告之，爲天子與庶官異也。位，帝位。慎乃在位，即孜孜之意。安汝止，言君道在安静自得所止也。汝者，反求之辭。幾者，應事之端。康者，宅心之體。言人主當恭己守正，寡欲清心，則神氣安定不遷，而無憧憧之擾。子云：「爲政以德，如北辰居其所。」老氏亦云：「侯王得一以爲天下正。」非枯槁其心也。其中有幾，惟安止，則神静而明炳，隨感順應，可與幾矣。物至坐照，應有常而神不擾，精不役，可謂康矣。明主恭默無爲，其輔弼之臣，直道無枉，左右繩糾，以匡厥辟，如是惟不動。動則合人心，而天下大應，先事而待君以志矣。由此格天受福，豈必如庶官事事親執，乃爲孜孜乎？蓋有幾康之君，自有代工之臣，居敬行簡，恭己率物，官人安民之謨，宜爾也。

帝曰：「吁！臣哉鄰哉！鄰哉臣哉！」禹曰：「俞。」帝曰：「臣作朕股肱工耳目。予欲左去聲右去聲有民，汝翼。予欲宣力四方，汝爲。予欲觀古人之象，日、月、星辰、山、龍、華、蟲，作會宗彝句。藻、火、粉、米、黼、黻、絺痴繡，以五采彰施于五色，作服，汝明。予欲聞六律、五聲、八音，在治忽，以出納五言，汝聽。予違，汝弼。汝無面從，退有後言。欽四鄰。庶頑讒説，若不在時，侯以明之，撻以記之，書用識哉，欲并生哉。工以納言，時而颺之，格則承之庸之，否則威之。」

承上文禹之告舜者，至矣盡矣。而舜乃驚歎者，何哉？蓋安止幾康，似違孜孜之義，而四載勤勞，以自盡，不以責君。苟其君以安止爲便，忘惟幾之慎，其臣以代終爲勞，無弼主之忠，其于治遠矣。故聞格天承休之言，不敢遜于心，吁之而戒其臣以爲鄰，望其鄰于爲臣。蓋天下至大，不可以一人理，猶通都大野，不可以一室居。君必資臣，猶居必資鄰。臣事我，而鄰則比我也。君於臣相臨，而鄰與鄰則相助也。苟臣爲鄰，鄰爲臣，則孜孜勤勞者代天之工，而安止幾康者無爲而治。舜所以戒臣，即禹所以戒舜之意也。「作股肱耳目」以下，皆望臣以鄰之事。汝指臣鄰。因禹言「汝止」，帝亦言「汝翼」「汝爲」，君臣交儆之辭也。翼爲明聽，即股肱耳目也。左右猶佐佑，護持也。翼，手扶，即作肱也。宣，布也。爲，行也，即作股也。日也，月也，星辰也，山也，龍也；華，花也；蟲，禽鳥也。七者皆象也。晝于宗廟之彝。會、繪通，晝也。彝、夷通，常器鐘鼎之屬。此以上皆古人器之象也。藻，水草，色青。火，色赤。粉屑、米粒，色黄白。白與黑曰黼，青黑曰黻，六者皆色也。絺，薄繒，即今方目紗。繡，刺紋也。以薄繒刺繡五采，彰施于五色之衣，如《月令》五衣之類，施繡紋于衣也。此以上皆古人服之色也。器尚象，服尚色，明者辨其象、別其色，即作目也。六律，十二管，所以求聲；五音，宫、商、角、徵、羽，所以合音；八音，匏、土、革、木、金、石、絲、竹，所以作樂。在，察也。忽，亂也。樂與政通，審音則治亂可知也。宣于下曰出，獻于上曰納。大師陳詩觀風，納也。樂用于朝廷邦國，出也。五言，言合于五聲者，詩也，即所謂「歌永言，聲依永」也。聽，謂聽樂知政，即作耳也。凡此四者，汝順而助之，其他違理，汝拂而弼之。寧面違，無面從。寧面有言，無退後乃言。如此則諸臣前後左右相維，真四鄰也。欽者，丁寧之辭，以發下文戒飭之端。苟臣忘四鄰之誼而面從，是庶頑讒説也。時，是也。不在是，謂不在翼爲明聽弼違之數者，將如之何？必知人乃能官人，故行射侯之禮，以訓其德。不率則扑責之，使記其過，又書其罪狀，以俟其改。無非欲容保訓迪，使并生于天地之間而已。工，樂工。納言，即獻納之五言，詩可以興。颺之，謂宣揚勸戒之也。格，改行也。承，進也。庸，用也。改則進用之，不改則刑威之，此皆儆庶官之法。舜所以爲此者，亦懲創于四凶之不率耳。鯀既殺而任其子，故諄諄戒以弼直。禹亦諄諄述己之不敢怠，及丹朱之不肖殄世，其意可知。

虞廷君臣之間，嚴而泰，和而敬，如此。

汝，兼指四鄰諸臣。或謂獨任禹，非也。蓋《謨》之所主者，在庶明弼諧，使四鄰諸臣皆如耳目手足一體以奉元首也。若止責禹一人，非弼諧之旨、欽四鄰之意。

鄭康成解服色，執此章爲據。按經文，非專指服色也。制器尚象，而日、月七者，皆象也。正服辨色，而藻、火六者，皆色也。今附會《周禮》五冕皆以爲服色，未然。其訓華蟲爲雉，宗彝爲虎蜼位，粉、米爲一物，尤未然。夫華之爲花也，蟲之爲蟲蛾也，甚明。何據鷩冕而定指爲雉？蟲之華者多矣。鸞鳳、孔翠，亦華蟲也。宗彝之爲廟器，甚明。何據毳冕而懸斷爲虎蜼？獸之有毛者多矣。犧尊、兕觥，亦宗彝也。粉、米之爲二物昭然。言粉又言米，豈得謂米即是粉？世有古今，制有沿革。即使周冕有五，衣裳有九，果取諸山、龍、黼、黻，虞時未嘗盡以爲服，而强虞從周，亦非也。况《周禮》後世之書，未可盡據。《顧命》言冕，亦無鷩、毳等名。其謂「麻冕蟻裳」，蟻即蟲也。餘詳《周禮》。

禹曰：「俞哉！帝，光天之下，至于海隅蒼生，萬邦黎獻，共惟帝臣。惟帝時舉，敷納以言，明庶以功，車服以庸。誰敢不讓，敢不敬應？帝不時敷句，同日奏罔功。無若丹朱傲，惟慢遊是好，傲虐是作，罔晝〔一〕夜頟額頟，罔水行舟，朋淫于家，用殄厥世。

〔一〕「晝」原誤作「畫」，今據《湖北叢書》本改。

予創若時，娶于塗山，辛壬癸甲。啓呱孤呱而泣，予弗子，惟荒度鐸土功。弼成五服，至于五千。州十有二師，外薄四海，咸建五長。各迪有功，苗頑弗即工，帝其念哉！」帝曰：「迪朕德，時乃功惟敘。」皋陶方祗厥敘，方施象刑，惟明。

承上舜與臣鄰儆戒交脩，所以無爲而治。故禹盛稱帝業，而陳保治之戒。俞哉者，然而不盡然之辭。蓋帝欲用射侯、書、撻之法，以威庶頑，是畏孔壬，而于惠哲安止幾康之道，未盡也，故呼帝告之。蒼，青。黎，黑。皆視遠之色。黎獻，黎民之賢者。時舉猶是用。敷納猶敷奏。使各陳其爲治之謨以進，而觀其所蘊也。明庶，明試庶官也。三者皆馭臣之典。考其言，明其功，賞其能，而人自競勸矣。前言惠哲知人安民，後言率作屢省，皆以此爲安止幾康之道。夫子言仁、智，舉直化枉，皆本于此。讓即協恭允諧之意。時，是也。敷，布也。言帝若不用此道以布之治，而徒憂庶頑不格，雖日進諸臣侯明撻記，同歸于勞而罔功。蓋君不惠迪，徒法無以塈讒，奚貴爲安止幾康乎？「勿若丹朱傲」以下，儆帝兢業以保治也。「予創」以下，申言己爲臣孜孜，即共惟帝臣敢不敬應之意，以答帝庶頑之戒。而禹之爲臣，忠敬勤慎，亦可見矣。蓋以堯之聖神，丹朱不肖，至殄厥世，以鯀之方命，故禹孜孜，思蓋其愆。所以自明者，非誇功也。身先四鄰而仰體，庶頑之戒也。虞廷君臣交儆，所以惟幾惟康，天下順治矣。丹，國名。朱，堯子名。傲虐是作，言不肖也。額額，不休息貌。水行舟，即孟子所謂「流連之樂」也。殄世，不得繼世爲天子也。蓋舜之天下，本丹朱之天下。禹論興廢之故以進戒，猶《詩》周公舉「殷適」

以戒嗣王云爾。堯、舜、禹三聖人所處父子、君臣間，跡畧相似。禹言及此，其儆惕之意深矣。塗山，國名。禹娶其女爲妃。辛壬癸甲，四日也。娶婦四日，遂往治水。啓，禹子。呱呱，兒泣聲。言啓初生，己亦不暇撫視也。荒，大也。度，謀也。弼成，輔助成功也。五千，五服之地，四方相距各五千里。州十二師者，舜分九州爲十二，每州推一諸侯之賢者爲牧，以師羣后也。薄，盡也。五長，蠻夷之長。四裔言五長各建官如五服内也。各迪有功，言四海五服，孜孜開迪，各有成功。惟苗民頑梗，弗肯就治。己雖日孜孜，而庶頑猶有未格者，明非侯明撻記所能盡化也。亂伏于治，安不忘危，故戒帝念之。帝納禹戒言，開迪我之德教，立師建長，皆汝安人之功，有次序也。其庶頑不格者，皐陶方敬承汝建官之敘，施象魏之刑，以懲不肖，則賢否功罪惟明。庶幾惠哲兼盡，孔壬可無憂，蓋望之以各自盡，亦「鄰哉」之意也。聖人所以終不忘刑者，仁智、威惠并運，治天下之明謨也。虞廷諸臣，功莫高于禹。繼禹之事，莫如皐陶。故虞士屬皐陶，而明謨弼諧，始終必稱之也。

按：此篇脈絡貫注，義理縝密，尋繹首尾，語皆照應。大旨在「謨明弼諧」，君臣之間，皆以拂違成其諧和。非舜之爲君，真有可違，禹、皐陶之爲臣，必侯明試也。惟其兢兢業業，交相勵翼，以舜之惇庸，而儆頑不廢刑威；以禹之勤敏，而告君惟貴安止；以皐陶之明允，而陳謨必先和衷。皐陶明刑，而夔遂言樂。帝歌股肱，而皐陶先元首。皆反其所求，補其所偏，如耳目手足不相襲，各司其官，所以爲謨明弼諧，成協和之治，爲古今立政之宗也。光天之下，至于敬應，即前邇可遠，乃言底績之效。故下文以夔典樂，帝庸作歌終之。治功成而《韶舞》作，次第井然，義理精融，潛玩自得。世儒疑文辭不屬，以孔書割裂爲是，失其解矣。

夔曰：「戛擊鳴球，搏拊琴瑟以詠，祖考來格，虞賓在位，羣后德讓。下管鼗鼓，合止柷竹敔語，笙鏞以間，鳥獸蹌鏘蹌。《簫韶》九成，鳳凰來儀。」夔曰：「於烏！予擊石拊撫石，百獸率舞，庶尹允諧。」帝庸作歌，曰：「勑天之命，惟時惟幾。」乃歌曰：「股肱喜哉，元首起哉，百工熙哉！」皋陶拜手稽啓首，颺言曰：「念哉！率作興事，慎乃憲，欽哉！屢省星上聲乃成，欽哉！」乃賡庚載歌曰：「元首明哉，股肱良哉，庶事康哉！」又歌曰：「元首叢脞坐上聲哉，股肱惰哉，萬事墮哉！」帝拜曰：「俞，往欽哉！」

承上文天下敬應。帝德時敷，禹功攸敘。皋陶刑明，則惠哲兼盡。官脩民安，治定功成，而樂作矣。史臣記夔言于篇終，誌《韶舞》之盛，見舜功德之隆，所謂成于樂也。夔言亦寓獻納，蓋盛德煬和，神人感格，下及鳥獸，莫不向化，而況于人。所爲「謨明弼諧」，故以明良交儆終焉。戛，擊也。鳴球，玉磬也。石聲硜擊之戛然也。搏，撥也，以指彈之。拊，以手循之。玉磬、琴瑟，皆堂上合歌之樂。歌必于堂上，貴人聲也。磬、琴瑟，皆所以比歌也。祖考來格，感鬼神也。虞賓，謂丹朱。舜不臣堯子，而客之也。在位，在賓客之位。有靖共之誼，而無反側之思也。夫丹朱何以在此位？以此思樂，樂可知也。《詩·商頌》云：「我有嘉客，亦不夷懌。」《周頌》云：「我客戾止，永觀厥成。」皆此意也。《大雅・文王》之詩曰：「殷士膚敏，祼將于京。」因先代之後，著興亡之戒也。帝王祭告作樂，則賓客、諸侯皆來助祭。羣后即諸侯。德讓猶和衷。下，堂下。管，籥屬，奏于堂下也。鼗，有耳有柄之小鼓也。鼓，大鼓也。合，始作也。止，收聲也。柷、敔，二樂器，皆以木爲之。柷合樂，敔止樂也。笙，鳳簫也。鏞，鐘也。間，代也。堂下衆樂，既合且止，則吹笙擊鏞，與歌詠代作。如《鄉飲酒禮》歌《鹿鳴》，笙《南陔》間；歌《魚麗》，笙《由庚》間，是也。鐘有歌鐘，小而編列。《左傳》云「歌鐘二肆」是也。《大射禮》云「樂人宿縣笙鐘于阼階南」，即歌鐘，所謂鏞也。笙、鏞皆在堂下，歌在堂上。歌則衆樂止，獨笙鏞間之。蓋樂始作，則琴瑟以歌，次衆音合作，衆音暫止，而後笙鏞間歌也。鳥獸蹌蹌，舞貌。簫，管屬，舞者所執。《簫韶》，猶《春秋傳》云「舞《韶箾》」。箾與簫通，舜樂之總名，非獨簫也。九成，猶九變。凡樂一曲爲一終，舜功九敘，樂歌九章，故曰九成。如《大武》樂六章，謂六成也。儀，羽容也。和氣感則靈瑞應。所謂鳳儀、獸舞者，不以聲，而以氣；不以樂，而以德。使非舜而奏《韶》，未必應矣；有《韶》而無夔，亦未必應矣。故曰「致中和，天地位，萬物育」，語其德化者也。或云：巴瓠鼓瑟，遊魚出聽；伯牙鼓琴，六馬仰秣。師曠歌《南風》，知楚師不競；季札觀魯樂，知古今興衰。此類皆緣飾于鳳儀、獸舞之説，轉相附會，未爲足徵也。樂始作而神人和，間歌而鳥獸格，樂終而靈瑞應，美善之至也。故夔申贊之。擊石拊石，猶云「戛擊鳴球」也。磬有石、有玉，八音。玉即石，屬角，最清。擊石百獸舞，言感尤速于間歌九成也。庶尹，庶官之長。言不但虞賓、諸侯也。允諧猶在位德讓，即篇首「弼諧」之意。言皆師師協共，股肱耳目一體以奉元首，和之至也。庸，用也。勑，戒也。惟時，即日孜孜之意。惟幾，謂治亂生于幾微，舜將歌而自明所以作歌之志也。股肱喻臣，元首喻君。喜，猶和衷也。起，興也。百工，庶政也。熙，光大也。即所謂「庶績其凝」也。拜手，手至地；稽首，首至手也。颺言，大聲也。言人君當統率羣臣，奮作興事，即所謂「無教逸欲有邦」也。慎乃憲，慎法也。即所謂「堲讒殄譏」「施刑惟明」也。屢省即所謂「敷納明試」「祇厥敘」也。賡，更也。載，始也。康即幾康之康，言政事清理也。叢脞，冗也。惰，慢也。君無安止幾康之要，而煩瑣以爲孜孜，則臣不得盡其職，而委責于君。賢愚同滯，所以怠惰也。萬事墮，即所謂日奏罔功也。舜拜受皋陶之歌，而又戒以「往欽」者，示終不敢忘敬，即篇首「慎脩思永」之意。嗟夫！明良時幾，慎憲省成，百王不能易也。帝用作歌，蓋因夔之樂。納禹之忠，聽皋陶之謀，交相儆戒，以終「謨明弼諧」之義。孔子謂《韶》盡善盡美，此或即其樂歌，而《韶》亦可知矣。史臣記之篇終，禮樂刑政具，而敘事首尾完備。解者顧謂文義不屬，非也。

尚書辨解卷一虞書終

尚書辨解卷二

郝敬　習

夏書

禹貢

貢，供也。夏后氏田賦之名。篇中言方貢兼田賦，而獨以貢名，何也？田賦不自禹始，方貢自禹始也。唐虞以前，田皆有賦，而壤無定則。或田薄而賦重，或田厚而賦反輕。禹平九州，閲田爲九等，律以舊征之數，殊不相當。故復于帝曰：「咸則三壤，成賦中邦。」蓋壤自禹平，而賦由帝裁。若方物因地産，前此地所有而上不知，上所用而下不貢。禹隨方列數以獻，是謂禹貢。不言賦者，取于下之數，不敢專也。言貢者，獻于上之名，所自定也。惟冀州不言貢，帝都也。土之所有自取給，不與他州并列也。

禹敷土，隨山刊木，奠高山大川。

史臣録《禹貢》而首記此，爲一篇之要領也。治水而言敷土者，貢賦出于土，敷土所以治水也。敷，分布也。洪水瀰漫，平土皆没，故隨山相其形勢，刊除林木以通道也。九州各因山川以爲界限，故定其山之高、川之大者，表其區域，然後疆理可施。如下文「兖之濟河」「青之海岱」，此類皆所謂高山大川也。奠猶定也。

冀寄州。既載壺口，治梁及岐。既修太原，至于岳陽。覃懷底績，至于衡漳。厥土惟白壤，厥賦惟上上錯，厥田惟中中。恒、衛既從，大陸既作。島夷皮服，夾右碣石，入于河。

冀州即今北京、山西，連河南境。于九州，地近北。冀，跂立也。北方地高，可跂望九州，故曰冀。堯所都也，東西南三面阻河。《王制》曰：「自東河至西河，千里而近。」禹功經始帝都，故首冀。八州皆指其疆域所在，冀獨否者，帝鄉目前，嫌有分土也。載，始事也。壺口、梁、岐，三山名。壺口山，在今山西平陽府吉州。梁，吕梁山，禹鑿龍門處，在今山西太原府交城縣。岐山，狐岐山，在今山西汾州府介休縣。三山皆河水所經，治以導河也。太原即今山西太原府太原縣。岳即霍太山，在今平陽府霍州。山南曰陽。汾水出太原，經霍山入河，此導汾也。覃懷，地名。今河南懷慶府河内等縣，地多平坦，故云覃懷。先儒謂：「其地當在孟津之東、大行之西，淶水出其西，淇水出其東。」洪水襄陵，而平地功成，則水患全消矣。底、抵通，成功曰底績。漳水有二：一清漳，出今太原府平定州樂平縣沾嶺；一濁漳，出今潞安府長子縣發鳩山。衡，古横通。水横流，即濁也。濁漳東流至鄴，與清漳合，入于河。後世河東徙，而漳獨入海矣。白，土色白也。壤，土和柔也。厥賦，舊賦也。厥田，新田也。洪水爲患，田無定賦。民之疾苦，無由上達，而上亦無由盡知。禹周歷山川，分九州之田，爲上中下三壤，三壤之中，又各分三壤，共爲九等。以今既平之土，按舊徵之數，田之美惡與賦之輕重，殊不相蒙。冀州地當京師，費煩役重，故厥賦上上，爲九州第一。而察其田，實惟中中，是以五等之田，出一等之賦也。錯，雜也。不皆上上，而間有上上者，故曰錯。後倣此。凡言錯者，賦皆重也。恒、衛，二水名。恒水出今北京真定府定州曲陽縣恒山，東流合滱水，入易水也。衛水出今真定府靈壽縣，東流合滹沱水，亦入易水也。從，就道也。大陸一名廣阿澤，在今北京順德府鉅鹿縣。平地曰陸。古河近北，即今真定、順德等地，水平皆可耕作，故槩以大陸誌之。島夷，東海島中夷通貢京師者，其俗以皮爲服。自海入貢之路，由海口碣石山左，入河西行，而右顧碣石，如峽中，故曰夾也。冀州三方帶河，貢道皆入河達京師。其北則漁陽、上谷、右北平、遼東等處，皆中高，不與河通，亦東循海，由碣石入。不及者，禹所詳皆東南水道，北地高，故畧也。言島夷，志海道也。碣石，在今北京永平府昌黎縣。山頂有石如柱，人言即禹碣石。先儒謂碣石淪入海，無復禹舊蹟矣。

濟（上聲）、河惟兖（衍）州。九河既道，雷夏既澤，灉、沮會同，桑土既蠶，是降丘宅土。厥土黑墳（忿），厥草惟繇（遥），厥木惟條，厥田惟中下，厥賦貞，作十有三載（上聲），乃同。厥貢漆、絲，厥篚織文。浮于濟、漯（榻），達于河。

兖州在冀州東，即今山東，連河南境。其地平衍無高山，故曰兖。但舉其大川濟、河爲域。東南據濟，西北距河。濟、河，詳見導水。濟當作泲。其从齊者，水出恒山郡房子縣贊皇山，非兖濟也。今北京真定府有臨城、贊皇二縣，臨城即房子也。九河，禹疏以殺河流入海之道，世遠淪没。河徙無常，不復可考。《爾雅》之九名，未敢信其然也。雷夏，澤名。雷，水聲。夏，大也。在今山東兖州府曹州。水汎濫則不見澤，水退澤出，故曰既也。水自河出爲灉，自濟出爲澭，沮即澭也。會同，會聚同流也。或曰：灉即汴也，沮即睢也。汴水出陳留浚儀北渠，即今河南開封府祥符、陳留二縣。祥符即漢浚儀也。灉水入睢，睢東入泗。睢水出今河南歸德府商丘縣，古睢陽也。兖土多桑，宜蠶。蠶畏濕，水退，故曰既蠶。土高曰丘。兖地平，民避水則升丘。水退，降而宅于平土也。黑，土色。墳，土疏散也。繇，細草也。條，小木也。兖、徐、揚三州，下流地卑，浸没尤甚。水退，草木方長，故兖曰繇、條，揚曰夭、喬，徐曰漸包也。兖田居九州第六，較見征之賦，正相當。貞，正也。九州之賦，惟兖獨正者，以其地卑，水患尤甚，去帝都近，而民苦易知也。然以既平之土準舊數，僅相當，則未平之先，雖兖亦重，而他處可知矣。作，治也。用功十有三載，乃得與他州同，治兖獨難也。蓋中原之水，莫大于河。兖當其衝，而地最平，疏洩難。又帝都下流，防禦宜固，故成功獨後。兖事既集，而禹功畢矣。或疑十三載與孟子云「八年」殊。孟子謂「不入家門者八年」，非謂治水止八年也。貢者，下供上之名，非上所以賦下也。九州無地非田，故無州無賦。貢非田賦，其地適有是物可貢，有則貢，無則已。非上所徵，故曰貢。後人因《禹貢》，并以爲夏一代田賦之名耳。兖宜漆宜蠶，故貢漆、絲。篚，筐屬，所以盛也。織文，錦綺之類。舟行曰浮。漯，水名，《漢志》作濕，在今山東東昌府清平縣，至濟南府濱州入于海。兖州之貢，浮濟、漯，達河，至于帝都。

海、岱惟青州。嵎夷既畧，濰、淄其道。厥土白墳，海濱廣斥。厥田惟上下，厥賦中上。厥貢鹽、絺(痴)**，海物惟錯。岱畎絲、枲**(洗)**、鉛**(言)**、松、怪石。萊夷作牧，厥篚檿**(掩)**絲。浮于汶，達于濟。**

青州在兖州東，即今山東境。其地東北跨海，西南距岱。岱即泰山。東方青色，故曰青州。舜分其地置營州，即今遼東、朝鮮等處也。嵎夷，即堯宅羲仲東極之地也。畧，畧治之。濱海邊裔功少也。濰水出今山東萊州府高密縣，東北流至濰州昌邑縣入海；淄水出今山東濟南府泰安州萊蕪縣原山北，東流至青州府壽光縣入海。其道，各就道也。水莫大于河、濟、淮、江、漢，而兖受河、濟，徐受淮，揚受江、漢，獨青地不當諸水之衝。又其地稍近北，左高，外跨海，消納衆流，獨一濰、淄，易治耳，故成功獨省也。廣斥，海濱地廣開斥也。斥，開大也。或釋鹹，海斥地鹹，非斥即鹹也。青田在九州第三，賦居第四，較他州則青賦輕矣。絺，葛繒之細者。錯，雜也，海物品多不齊也。岱畎，泰山之谷。枲，苧麻也。怪石，異石也。萊，東海小國。牧，其長也。《皋陶謨》曰「外薄四海，咸建五長」，即此類。檿，山桑，其蠶絲最韌，中琴瑟之絃。以爲繒則堅，俗名山蠒，萊牧之貢也。汶水出萊蕪縣原山，與淄水同。

而淄出山之陰，東北入海；汶出山之陽，西南入濟。濟入河，達于帝都。不言河，因于兖也。

海、岱及淮惟徐州。淮、沂宜其乂，蒙、羽其藝。大野既豬朱，東原底平。厥土赤埴笞去聲墳，草木漸包。厥田惟上中，厥賦中中。厥貢惟土五色，羽畎夏翟狄，嶧亦陽孤桐，泗濱浮磬，淮夷蠙駢珠暨魚。厥篚玄纖縞。浮于淮、泗，達于河。

徐在兖南，即今山東連河南、南京境。東至海，北至岱，南至淮。西不及濟者，青、徐共濟，不足以辨也。淮、沂，二水。淮水出豫州桐柏山，今河南南陽府唐縣山。淮水至揚、徐始大，而徐尤受害，故淮乂于徐言之。沂水出今山東兖州府沂州艾山，南流至南京淮安府邳州入泗。蒙、羽，二山名。蒙山在今山東青州府蒙陰縣，羽山在今淮安府海州贛榆縣。大野，澤名，即今山東兖州府濟寧州鉅野縣地。既豬猶既澤，水平故見澤也。東原即今兖州府東平州。地平衍，與大野近，故曰東原。大野、東原，皆濟水所經也。土濕而膩曰埴，燥而散曰墳。埴墳者，燥濕半也。漸包，水退而草木漸長含苞也。徐田在九州爲第二，賦居第五，輕也。五色土可用爲塗飾。或云：「王者以五色土爲社。」大抵方物當貢，不必盡鑿求所用也。羽即前羽山。畎，山谷，中産五色雉。夏，大也。翟，雉也。五采雉羽，可用爲飾。嶧，山名，今邳州葛嶧山也。山南曰陽。孤桐，桐之挺直者，琴瑟之材也。木向陽則易長。泗水出今山東兖州府泗水縣陪尾山，源有四泉，故名。西南流過徐州，即古彭城，又東南過下邳，入于淮。濱，水邊。

泗水傍山流出石，有可爲磬者。水漂石出曰浮，非石能浮也。然不曰石，而曰磬者，成磬乃貢也。淮夷，淮上之夷，即《詩》所云「徐方」「淮夷」也。蠙與蚌通，珠生于蚌。暨，及也。玄纖，玄色細繒也。縞，蒼白繒也。泗水通汴，汴即灘也。自汴達河。泗與濟通，亦可達河也。

淮、海惟揚州。彭蠡里**既豬，陽鳥攸居。三江既入，震澤底定。篠**小**簜**唐上聲**既敷。厥草惟夭，厥木惟喬。厥土惟塗泥，厥田惟下下，厥賦下上上錯。厥貢惟金三品、瑶琨、篠、簜、齒、革、羽、毛、惟木。島夷卉服，厥篚織貝，厥包橘、柚**又**，錫貢。沿于江、海，達于淮、泗。**

揚在徐南，即今南京、浙江、江西、福建、廣東境。北至淮，東南至海。其土風輕揚，故曰揚。彭蠡即彭澤，在今江西南康府星子縣東南，鄱陽湖也。陽鳥，鴈也。鴈隨日南北。日夏至漸南，冬至漸北，鴈九月南，正月北，南方洲渚間多有之。陽鳥得所，洲渚既平可知。三江，岷山之江爲中江，嶓冢之漢爲北江，豫章之江爲南江，此則主揚州而言。諸水之入中江者三也。蓋中江直東下，而漾、漢自夏口一入，彭蠡自湖口再入，震澤自京口三入，遂歸海，故曰「三江既入」也。震澤一名具區，即今蘇州府吴縣之太湖，距京口近。吴會之水入江，而震澤底定矣。篠，小竹。簜，大竹。敷，徧生也。草新長曰夭，木竦起曰喬。塗泥，土帶水也。揚田居九州第九，而賦雜出第七、第六，亦重也。三品，金、銀、銅也。瑶琨，石似玉者。象有齒，犀、兕有革，鳥有羽，獸有毛，木有楩梓豫章之屬，皆可備材用也。島夷卉服，南海夷人績草爲衣服。卉，草也。織貝，織文如貝。《詩》所謂「貝錦」也。包，裹也。小曰橘，大曰柚。橘、柚易爛難致遠，上命而後貢，非常貢也。貢則與之值，故曰錫貢。與大龜、磬錯同也。貢船沿江而下，出海，入淮、泗，達河。不言達河者，因于徐也。古江不與淮、泗通，吴王夫差會黄池，始開邗溝。至隋人廣之，而江、淮始通。孟子言「排淮、泗注江」，必別有故道，今不可考矣。

荆及衡陽惟荆州。江、漢朝宗于海，九江孔殷，沱、潛既道，雲土夢作乂。厥土惟塗泥，厥田惟下中，厥賦上下。厥貢羽、毛、齒、革、惟金三品、杶春**、榦、栝**聒**、柏、礪、砥**紙**、砮**奴**、丹、惟菌**〔一〕窘**簵**路**、楛**户**，三邦底貢。厥名包匭**癸**、菁**精**茅，厥篚玄、纁、璣、組，九江納錫大龜。浮于江沱、潛漢，逾于洛，至于南河。**

荆在揚西，即今湖廣，連廣西、貴州境。荆，勁也。風氣勁强也。其域北距荆山，南及衡山之陽。荆山與雍異，在今湖廣襄陽府南漳縣，衡山在今衡州府衡山縣。山南曰陽。及衡陽，言不止衡山，併包其南也。荆地南逾五嶺、百粤，西抵梁，東盡江、淮，北接雍、豫。江、漢，二水名。朝宗于海，猶灉、沮之言「會同」，不横溢之稱。九江或謂潯陽，或謂洞庭，世遠蹟湮，茫不可考。諸家所述巴陵之九水、

〔一〕「菌」，《湖北叢書》本同，《尚書》諸本均作「箘」，是也。此段郝注亦云「箘簵，竹名」，字從竹。

潯陽之九江，皆未敢信其然也。大抵天下之水，莫大于江與河，故河有九河，江有九江，皆其疏瀹之支流。九河導河入海，九江導衆流入江。古人于凡數之聚者多言九，後人因數撰名，轉相附會耳。江行楚地，横亘數千里，自洞庭以南，衡岳、五嶺以北，衆水通于江者甚多，皆由洞庭散而南，至潯陽會而北，此其大勢較著者也。餘詳導江。孔，甚也。殷，會也，如殷見之殷。衆水盛會，即朝宗、會同之意。水自江出爲沱，自漢出爲潛。雲、夢，二澤名。江北曰雲。《春秋傳》云「楚子濟江入于雲中，將奔隨」，即今德安府隨州江北也。又云楚子以鄭「田于江南之夢」，則今岳州、常德。洞庭以南，長沙、湘潭，皆是跨江之南也，故司馬相如賦云：「雲夢方八九百里。」蓋荆地廣遠，江湖湊集，南北沮洳之地，皆可稱雲夢。言雲水蒼茫，夢昧然也。雲土，雲土水退成土。夢乂，夢地耕作乂治也。荆田居九州第八，賦居第三，重也。杶、櫄通，有二種，香者曰椿，臭者曰樗。椿中琴材，字亦作櫄。《左傳》：「孟莊子斬其櫄以爲公琴。」其葉芽春生香美可食，故謂之椿。榦，弓幹，柘也。松身栢葉曰栝。礪、砥皆磨石，礪麤砥細也。砮，石可爲矢鏃。丹，朱砂。箘簵，竹名。楛，荆屬，可爲矢。三邦謂綏、要、荒三服之地。荆去畿甸遠，外連諸夷，正當南方綏、要、荒之内。獨于荆云者，冀偏北，而南土廣也。底貢猶言成賦。厥名，土物著名者，即菁茅之類。包，裹也。匭，匣也。菁茅，茅之有刺而三脊者，祭祀用以縮酒，即《春秋傳》齊桓公問楚不貢者也。玄，黑色。纁，絳色，即玄色之淺者，皆謂幣也。璣，珠之不圓者，或云小珠也。組，綬類，以貫璣，蓋珮也。龜大者尺二寸，神物，非常貢也。貢則有以賜之，故曰納錫。此皆三邦厥名之貢也。楚水宗江、漢。凡屬江者，皆江之沱；凡通漢者，皆漢之潛。故曰江沱、潛漢。浮舟荆境，不離江、漢，北達帝都，必經洛。江、漢與洛不相通，舍舟越陸，而後入洛，故曰逾也。洛乃入河。南河者，冀在河内，荆在河南，荆至南河，則抵冀矣。

荆、河惟豫州。伊、洛、瀍、澗，既入于河，滎榮**、波既豬，導菏**柯**澤，被孟豬。厥土惟壤，下土墳壚**奴**。厥田惟中上，厥賦錯上中。厥貢漆、枲、絺、紵**柱**，厥篚纖纊**曠**，錫貢磬錯。浮于洛，達于河。**

九州始冀，自北而東而南，由荆至豫，則斗入中央，故以荆山表豫。豫境在荆山北，河亦荆山之北，即今河南境也。當九州中，風氣和舒，故曰豫。伊、洛、瀍、澗，四水名。伊水出今陝西西安府商州熊耳山，即漢之上洛縣也，東北流，至河南府洛陽縣入洛；洛水出今商州冢領山，東北流，至河南府鞏縣入河；瀍水出今河南府洛陽縣穀城山，南流至偃師縣入洛；澗水出今河南府沔池縣，東南流，至新安縣入洛。三水皆入洛，同洛入河也。滎，澤名，本濟水。出今河南懷慶府濟源縣，至温縣入于河。過河之南，溢爲滎，即今開封府鄭州滎澤縣也。波亦水名，《周禮·職方》云：「豫州，其浸波溠。」《爾雅》云：「水自洛出爲波。」菏澤出今山東兖州府曹州定陶縣。被，及也。孟豬，《爾雅》作「孟諸」，《周禮》作「望諸」，地在梁國睢陽縣東北，今河南歸德府虞城縣也。菏澤當孟豬下流，菏澤既導，水不上溢，故曰被，言功被孟豬也。壚，土黑色。豫土皆柔成壤，其磽瘠者，墳散而色黑也。豫田居九州第四，賦雜出第二，重也。枲，麻也。絺，葛也。紵，絲也。纖纊，細綿也。磬，玉石磬也。錯，磨石也。《詩》曰：「他山之石，可以爲錯。」二物非常貢，用則錫之值，使貢也。豫境近帝都東者，貢舟徑入于河，其西則由洛而後至河也。

華化陽、黑水惟梁州。岷、嶓波既藝，沱、潛既道，蔡、蒙旅平，和夷底績。厥土青黎，厥田惟下上，厥賦下中三錯。厥貢璆求、鐵、銀、鏤漏、砮、磬，熊、羆卑、狐、狸織皮。西傾因桓是來，浮于潛，逾于沔，入于渭，亂于河。

梁在荆西，即今四川，連陝西、雲南、貴州境。其地西據黑水，東至華山之陽。華山在今陝西西安府華陰縣。黑水出張掖郡雞山，即今陝西甘州衛也。黑水自雍州西北直下至于南海，故梁、雍二州，西界皆據黑水。岷山在今成都府茂州，一名雪欄山，江水所經也。嶓，嶓冢山。在今陝西漢中府寧羌州，漢水所出也。藝，種植也。江之旁流爲沱，漢之旁流爲潛。江、漢發于梁，盛于荆，故梁、荆皆言潛、沱。蔡、蒙二山在今四川雅州。旅，敘也。如《詩》云「殽核維旅」之旅，古字通作臚，序列之義。言二山即敘。平，治也。或謂禹功成祭山曰旅，夫九州山多矣，何獨于梁、雍之山旅祭邪？和，水名，出西夷。今雅州青衣江是也。夷即今四川天全六番招討司屬夷也。青黎，土青黑色。梁田居九州第七，賦雜出或下三則，或中三則。蜀地險阻，田星散，故其賦最不齊。璆，玉也。鏤，鐵之剛者，可用以刻鏤。熊、羆、狐、狸四獸皆言皮。織，罽屬。帶毛曰皮。西傾，山名，在今陝西洮州衛，西戎之境。桓水發源于西傾。西夷之貢，因桓水東來，舟經梁境。潛、沔即漢水之在梁地者，有二源：東源出今陝西漢中府寧羌州，始出爲漾，東南流合沔；西源在今陝西鞏昌府秦州，始出爲潛，東流至寧羌與沔合，同爲漢也。潛、沔在梁分流，故自潛越陸入沔，以入于渭。今沔無入渭之道，蓋中變也。亂，絶流横渡也。

黑水、西河惟雍州。弱水既西，涇屬渭、汭蘂去聲**，漆、沮既從，灃水攸同。荆、岐既旅，終南、惇物，至于鳥鼠。原隰底績，至于豬野。三危既宅，三苗丕敘。厥土惟黄壤，厥田惟上上，厥賦中下。厥貢惟球琳、琅玕。浮于積石，至于龍門西河，會于渭汭。織皮、崑崙、析支、渠搜，西戎即敘。**

雍在梁北，豫西南，荆西北，今之陝西境也。其地四塞，故曰雍。西據黑水，東至西河。河言西者，主冀州也。黑水見梁州。弱水，《地志》在張掖郡，今陝西甘州衛也。源出吐谷渾界。地勢西流便，既導使西，不復入中國也。涇水出今陝西平凉府涇州之百泉，南流入渭。渭水出今臨洮府渭源縣鳥鼠山，東流至西安府華州華陰縣入河；汭水出今鳳翔府隴州弦蒲藪，東流入于涇。水内曰汭。涇自渭北入也。漆水出今鳳翔府麟遊縣，東至西安府耀州，與沮水合入渭；沮水出今延安府宜君縣，至耀州與漆水合，至西安府同州朝邑縣入渭。二水同入，故曰從。灃水出西安府鄠縣，東流至咸陽縣入渭。渭自鳥鼠而東，涇水北注之，漆、沮東北注之，灃水東南注之。曰屬、曰從、曰同，皆主渭言也。荆山，北條荆山，在今西安府耀州富平縣；岐山，古岐周，在今鳳翔府岐山縣。終南山，今西安府城之南山也。旅，敘也，説見前。惇物山，一名垂山，在今西安府武功縣。鳥鼠山在今臨洮府渭源縣。六山皆定，故同荆、岐曰旅也。原隰即豬野澤，在今西安府邠州，或云休屠澤，在今凉州衛。三危山在今肅州衛。舜遷三苗于此，禹因治水併記之。宅，地可居也。丕敘，苗民併得所也。平成之功，草木鳥獸皆欲得所，况人類乎？黄，土之正色，故雍田爲九州第一，而賦居第六，輕也。球琳，美玉也。琅玕，石似珠者，珊瑚之屬。積石，山名，在今臨洮府河州衛。龍門山在今西安府韓城縣安國嶺。禹鑿山通河，起朔方，今陝西寧夏衛，自北而南，千有餘里，兩岸石壁，河水盤束其中。至此山開岸闊，豁然奔放，是謂龍門。西河，冀州西之河也。雍州貢道有二：其正道皆自西南來，自渭達河，河在渭北，故曰渭汭。渭水之内也。惟山脊以西之地，渭不可通，則必自積石之河，繞冀州西北而來。經龍門，抵西河，與西南渭汭之貢會也。織皮，夷服，氈裘之屬，以物表地也。崑崙，以山表地也。崑崙山在西羌，一名悶磨黎山，唐人所訪河源出此。析枝、渠搜皆西北夷。地勢西北高，東南下，故治水始于東南，終于西北。至雍州平，西戎即敘，而九州攸同矣，故以終焉。

疆理之要，莫急于田賦。洪荒以初，水患多，耕稼之地少，而經賦未定。多取者或倍，而少者或漏免。水土平，則均賦爲亟。然不察地美惡，無以别其等；不較彼此輕重，無以裁其中；不按舊數多寡，無以稽其弊。而强爲科，則驟施新法，民安可户曉，帝亦何由知宇内不平之實。且國家經賦，人臣義無專裁。惟分壤辨等，配以舊賦，其敝自見。九州之田，惟雍爲上，徐、青、豫、冀、兖、梁、荆、揚爲次。九州之賦，惟兖爲正，荆獨重，而冀、豫、揚爲次。雍獨輕，而徐、青、梁爲次。要之，九州有下下之田，無下下之賦。以既平之土，槩舊征之數，猶爲未均，則其未平之先，重可知也。今但則壤成賦，高下、輕重畫一，多寡、損益自均。以此懸之象魏，布之海内，著之令甲，大公大明，損者無德，益者無怨。聖人規畫，度越尋常，紛更萬萬，豈獨治水，行所無事而已乎。或曰：賦重可損，輕不可益。孟子云：「欲輕之于堯舜之道者，大貉、小貉也。」三壤既定，遠近一體，重于荆、冀，理在必損。即雍州以一等之田，下輸六等之賦。肥在此，則瘠在彼，豈均平之制？裒多益寡，天之道，聖人不能違也。

導岍（牽）**及岐，至于荆山，逾于河。壺口、雷首，至于太岳。厎柱、析城，至于王屋。太行、恒山，至于碣石，入于海。西傾、朱圉**（語）**、鳥鼠，至于太華。熊耳、外方、桐柏，至于陪尾。導嶓冢，至于荆山。内方，至于大别。岷山之陽，至于衡山，過九江，至于敷淺原。**

此所謂隨山也。九州既各敘其境内山川平治之蹟，而疆域雜越，條理未明。先東後西，似違順下之理。然所以不能不先東者，地勢東下，因地之宜，順水之性耳。天地形勢，西北最高。萬山分派東下，故先儒有三條之説。岍、岐至碣石，北條也；西傾至陪尾，中條也；嶓冢至敷淺原，南條也。然嶓冢至荆山，岷山至衡山，相去皆數千里，而宇内山勢，自西北衍迤而東。水與山相依，山高則水在其下，山峙則水止，山開則水洩。凡羣山之中，必有源泉。四瀆之源，皆在名山之麓。是以導水先導山，因山爲防，緣山爲道也。導，道也，引也。浩浩滔天，何道可引？觀山形綿亘，即知水勢趣向。故敷土必先隨山，因天地之自然。孟氏謂行所無事，水之道此也。世儒以堪輿、風水之説附之。蘇子瞻以三江爲辨水味，以導山爲究地脈，迂也。岍、岐、荆三山，皆在雍州。壺口至恒，八山皆在冀州。逾于河者，山形至此不斷，越河相望，如西河、龍門、吕梁，不鑿則不開。蔡仲默謂山不能越江河，非也。岍山即今陝西鳳翔府隴州吴嶽山也。岐、荆二山見雍州，壺口山見冀州。雷首山在今山西平陽府蒲州，即首陽山也。太岳即霍山，見冀州。底柱山在今河南府陝州大河中。析城山在今山西澤州陽城縣。王屋山在今河南懷慶府濟源縣，濟水所出也。或云在今山西平陽府絳州垣曲縣，沇水所出也。大行山在今河南懷慶府河内縣。恒山在今北京真定府定州曲陽縣。碣石山見冀州。入于海，言北條之水，皆隨山勢入海也。以上十有二山謂北條者，大河以北之山也。西傾山見梁州。朱圉山在今陝西鞏昌府伏羌縣。鳥鼠山見雍州。太華山在今西安府華州華陰縣。熊耳山在今陝西西安府商州。外方山即嵩山，在今河南河南府登封縣。桐柏山在今河南南陽府唐縣，淮水所出也。陪尾山在今湖廣德安府安陸縣。以上八山謂之中條者，大河以南之山也。嶓冢山見梁州，漢水所出。荆山見荆州。内方山在今湖廣承天府荆門州。大别山在今湖廣漢陽府漢陽縣，漢水入江處，即夏口也。以上四山謂之南條者，江漢北境之山也。

岷山見梁州，衡山見荆州。過九江，謂山勢連亘，越東陵諸水而趣東北也。九江詳荆州。敷淺原，地名，或云即今江西九江府德安縣博陽山。愚按：平地曰原，而敷淺之名，尤不似山。今大江以東，吴會之地，濱江海，沙平水淺。江南山水至此盡，而入于海矣。蔡仲默謂衡山不能越湘水而北，以廬阜當之，據導山爲解。然經文畧指其形勢相望，何必定指山。以上謂之南條者，江、漢以南之山也。蓋水自西趣東，爲中國患，莫如河、江、漢，所以備道其源委。規畫其地勢，不及濟、淮、洛、渭者，導岍、岐至王屋則濟也。導西傾至桐柏，則伊、洛、淮、渭也。鄭康成以爲四列，正謂此。

導弱水，至于合黎，餘波入于流沙。導黑水，至于三危，入于南海。

自此以下五節，皆隨山導水也。導水九。此弱水、黑水在九州外，弱水西流，黑水南流，皆不入中國。蔡仲默云：「中國山勢，岡脊皆自西北來。積石、岷山，岡脊以東之水，既入于河、漢、岷江。其岡脊以西之水，即爲弱水〔一〕。」黑水、弱水見雍州。合黎，山名，在今陝西甘州。孔註以爲水名，在流沙之東。流沙亦在甘州，一名居延澤。弱水不能載物而善消，由合黎入于居延澤，餘波盡消也。黑水見梁州，三危山見雍州。黑水直趨南海，今雲南有西洱河、瀾滄江等水，即黑水所通。蘇子瞻云：「河自積石西多伏流，故黑水得越河入南海。」亦臆度之説。大抵二水越在絶域，與大河之源，經皆

〔一〕「弱水」，《書經集傳》作「黑水」，是也。

不言所自出，而古今變革，踪跡茫然，未可强質。蓋西北絶遠，二水爲雍、梁邊界，故特誌之。因見河、江、漢三條外，崑崙諸國以西，水自有西南流者，不强之使東耳。

導河、積石，至于龍門。南至于華陰，東至于底柱，又東至于孟津，東過洛汭，至于大伾。北過降水，至于大陸，又北播爲九河，同爲逆河，入于海。

此導河也。河源絶遠，經不言所出，以非九州域内也。自昔窮河源者三：初漢使張騫云：河出西域，有二源，一葱嶺，一于闐。北流與葱嶺合，東注于鹽澤，距玉門關外三百餘里。其水伏流千里，至積石而再出。至唐使薛元鼎入吐蕃，出塞西三千餘里，云河源出吐蕃西南悶磨黎山，即所謂崑崙也。至元入中國，特使訪求，云河源出西蕃星宿海，東北流至今陜西臨洮府蘭州，凡四千五百餘里，始入中國境。又東北流入虜境，凡二千五百餘里，復轉河套東。又南流一千八百餘里，至今山西蒲州，即陜西韓城龍門界也。通計河流至此，經蕃夏共九千餘里。此元人之説，近是。積石見雍州。河勢約千里一曲。自積石北流，轉東復南，約三千里，抵龍門爲西河。龍門見雍州。南至華山之北，復折而東爲南河，至底柱、孟津。底柱見導山。孟津在今河南懷慶府孟縣。又東過洛汭。洛水自南來會，而河東行過其内，故曰汭。在今河南府鞏縣東。又東至大伾山，一名黎陽山，在今北京大名府濬縣，又折而北爲東河，過降水。《地志》：「降水在信都縣。」今北京順德府邢臺縣，古信都也。大陸，澤名，見冀州，即今順德府鉅鹿縣廣阿澤。按：河至龍門以東，地多平衍。古河道近北，即今真定、順德二府，皆古大陸地，不必定指廣阿，而廣阿亦因大陸得名。大抵北條之大陸、九河，猶南條之九江、敷淺原，非區區一所也。逆河者，河至大陸以北，散爲九派，將入海，復同爲一。以其迎受九河之水而歸于海，故曰逆河。《周頌》云「允由〔一〕翕河」，即同爲逆河之義。

嶓冢導漾，東流爲漢，又東句，爲滄浪之水。過三澨，至于大別，南入于江句。東匯會澤爲彭蠡句，東句，爲北江，入于海。

此導漢也。嶓冢山有二，皆漢水所自出也，詳見梁州。初出爲漾水，東流至寧羌州，合潛、沔爲漢。滄浪水在今湖廣承天府沔陽州，古之竟陵也。三澨水又過滄浪東，則今湖廣之漢陽府漢川縣，古之江夏地也。漾、沔、滄浪、三澨，所在異名，皆漢也。大別山見導山。漢水至大別山，南入江，而東流至江西九江府湖口縣，匯爲彭蠡澤，即今鄱陽湖，在江之西南。匯，會也。江自岷來尚小，惟漢水自北入，東流始大。西匯彭蠡，廻合爲澤。漢與江流俱東，而漢爲北江，入于海矣。蓋南條之水，無大于江、漢，然自大別以東，但見江，不見漢，故分疏言之。明江所以大于大別東者，與漢合也；所以尤大于九江東者，又與東陵、彭蠡諸水合也。蓋本一江，由大別而下，漢自北入合之，故江曰江，而漢曰北江，明不沒漢也。由九江而下，東陵諸水，又自南來會之，故東陵曰匯，而江曰中江，以明不沒東陵、彭蠡也。

〔一〕「由」，《毛詩》及郝氏《毛詩原解》均作「猶」。此作「由」，蓋係筆誤。

蘇子瞻頗得解，而嘗味之説特迂。經義本了然，朱元晦極稱其謬，蔡仲默耳食朱説，遂謂「彭蠡不仰江、漢」。然無江、漢，彭蠡安能成澤。惟江、漢外漲，而後彭蠡内匯。且安知古之彭蠡不卑于今日，而江、漢不灌注入乎？夫《禹貢》以千二百字，貫穿四海九州，千百年規畫，如在掌上。是必有恢弘豁達之度，然後是書可讀，大規摹可捯。不然，千里記一山，萬里記一水，何處不紕漏，而豈但東爲北江、東爲中江也。字比句櫛，妄增歧竇，遂謂《尚書》不須盡解，是何言與？此條凡四言「東」，記漢水入江東流入海之次，末言「爲北江，入于海」者，總結上文導漢而言。漢既入于江，故不得復言漢，言北江耳。

岷山，導江句，東句，別爲沱，又東句，至于澧禮。過九江，至于東陵句。東句，迆以北會爲匯句。東句，爲中江，入于海。

此導江也。凡言導者，皆引其流，非窮其源也。如河源不始于積石，而導由積石；江、漢不始于岷、嶓，而導由岷、嶓也。岷山在今四川成都府茂州，江水所經也。江源出今松潘衛西二百三十里，大分水嶺，北流入陝西洮河，南流入甘松嶺，東經松潘城，而岷山又在松潘城東三十里。自分水嶺至成都，凡九百九十里，水尚小。自成都東流千五百里，至瀘州以東，馬湖、嘉陵江、涪江、巴江等水合，而江始大。別出者曰沱。岷江東流，而沱南出，散爲東陵諸水，今湖廣荆州府城陵磯，江水南與洞庭青草湖接，湘、沅、酉、澧、辰、敘諸水，分布東南諸郡，是爲九江。澧水在今辰州府沅陵縣，《楚辭》

所謂「澧浦」也。江自夷陵入荆爲西陵，南過九江爲東陵。西北山高土平，東南地卑多丘阜，故南方諸郡，古多稱陵。今承天曰竟陵，荆州曰江陵，岳州曰巴陵，長沙曰茶陵，衡州曰零陵，常德曰武陵，辰州曰沅陵，寶慶曰邵陵。今江西吉安、南昌、九江等府，與荆接壤，亦曰廬陵、曰歷陵、曰陰陵，皆所謂東陵也。江南諸水，自衡山東北，由江西袁州、臨安諸府，迤北至彭蠡，入于江；自庾嶺以北，由贛州、吉安、南安諸府，亦北至彭蠡，入于江。蘇子瞻謂「豫章之江爲南江」，是也。江皆自洞庭別而南去，皆由彭蠡會而北來，故曰「匯」。匯者，會也。首言「東」者，江未別時，合流而東也。再四言「東」者，江與沱別，分流而東也。「東，爲中江，入于海」者，總結上文言江，以終導江之義。曰「中江」，明江之正派自西直東也。曰「別」，明江之播散而南也。然漢言「北江」，此不言南江者，漢本非江而合于江，故言「江」以合之。九江亦本江而別于江，故不復言江，以示弗別也。蓋地勢西北高東南下，江北受漢之委，而南不全受九江之委，故于大別言「入」，而于東陵言「匯」。然无江、漢，則九江、東陵亦不能自匯，所以分合言之，而江南北之水，源委聚散，脈絡分明，指諸掌矣。顧其文勢變幻，讀者卒未易解耳。

導沇兖水，東流爲濟，入于河，溢爲滎。東出于陶丘北，又東至于菏，又東北會爲汶，又北，東入于海。導淮，自桐柏，東會于泗、沂，東入于海。導渭，自鳥鼠同穴，東會于灃，又東會于涇，又東過漆、沮，入于河。導洛，自熊耳，東北會于澗、瀍，又東會于伊，又東北入于河。

此導濟、淮、渭、洛四水。助河爲患于北條者，其他小水不及也。濟盛于青、兖，而出于冀之王屋山。初出爲沇，在今山西平陽府絳州垣曲縣。既見而伏，潛行地下，東流至今河南懷慶府濟源縣，復出爲東西二源，合流至本府温縣西南入河，亦猶漢之始出爲漾也。濟入河而南溢爲滎，即今河南開封府鄭州滎澤縣，今塞爲平壤矣。滎自河溢，而能别其爲濟者。河濁濟清，河因濟溢，當濟下流，自知爲濟也。陶丘即今山東兖州府曹州定陶縣地，菏澤在陶丘東北。汶水見青州。導濟與滎，東至陶丘北，又東至菏澤，又東北遇汶水，于今兖州府東平州，合流至青州府博興縣入海。淮水盛于徐、揚，而出于豫之桐柏山。東流至徐，與泗、沂二水合，又東至淮浦入于海。桐柏山見導山，泗、沂見徐州。會，遇合也。濟既合汶，則不復言汶，淮既合泗、沂，則不復言淮，皆主受者言。猶漢既入江，不言漢，言北江，正以此。渭，雍水，出雍之鳥鼠山。同穴即鳥鼠連山也。灃、涇、漆、沮四水見雍州。渭至華州華陰縣入于河。洛，豫水，詳豫州。熊耳山與太華熊耳異。此熊耳在今河南府陝州，豫境，洛水所經也。太華、熊耳在今陝西西安府商州，雍境，伊水所出也。瀍、澗、伊三水併見豫州。

九州攸同，四隩郁既宅。九山刊旅，九川滌源，九澤既陂，四海會同。六府孔修，庶

土交正，底慎財賦，咸則三壤，成賦中邦。

此總敘敷土功成，地有常賦，所以爲《禹貢》也。同者，調理隨宜，咸得其所也。四，四方也。隩，限也，猶言率土之濱，盡四方邊裔，皆已安居也。九山，九州之山。刊，芟除也。旅猶敘也，詳見梁州。九州之川，各滌其源；九州之澤，各歸其陂。四海朝貢，會同于帝京。水、火、金、木、土、穀六者，財用之府，皆已脩理。山林、川澤、庶土之辨，皆相較正，以定慎其財賦之所出。至于田有上中下三壤，三壤之中，又各分三壤，高下有等，舊弊盡剔。九州之賦，莫不以此爲則，而立成法于中邦。中邦謂畿甸也。堯都冀州，如冀州田本中中，即依中中成賦。蓋農爲國本，均稅，政之首務。畿甸賦正，則五服皆取正矣。至于職方四夷，筐篚之貢，無常制者，不在此數。

錫土姓，祗台(怡)德先，不距朕行。五百里甸服。百里賦納總，二百里納銍(只)，三百里納秸(戛)服，四百里粟，五百里米。五百里侯服。百里采，二百里男邦，三百里諸侯。五百里綏服。三百里揆文教，二百里奮武衛。五百里要(平聲)服。三百里夷，二百里蔡(上聲)。五百里荒服。三百里蠻，二百里流。東漸于海，西被于流沙，朔南暨聲教，訖于四海。禹錫玄圭，告厥成功。

此水土平而畫五服，建萬國也。土姓猶言國號。錫之土以建國，錫之姓以明宗，雖下文甸、侯、綏、要、荒之類，亦土姓也。古者，姓氏多因其土，胙之土，即賜之姓，如殷、周之類皆是。祇，敬也。台，猶我也。對錫土姓之諸侯及六服臣民而稱我也。九州之遠，兆民之衆，所以祇服者，惟我能以德先之，故不違距我之行。言貢及此，亦垂戒之意。甸、侯、綏、要、荒五者，通九州之地爲五。天子甸服居中，餘四服，自内而外，以次周羅，每五百里爲一服。合五服之地，四方各五千里也。服，附也，如服之附于體也。天子畿内，四方各五百里，合爲千里。謂之甸者，佃治其田而納賦也。農爲國本，則三壤以成賦，自中邦始，故特以甸名。數之多少，酌費之經，未可預定。至于地有遠近，輸將有勞逸，則不可無定法，故分甸服爲五等：每百里一等，内百里最近，取用不時，輸納亦便。爲米，爲粟，爲乾秸，爲生芻，則壤兼取，故謂之「總」。二百里亦近，米、粟之外，兼納銍穫之新藁，以供薪芻。地近，及秋穫而至，故曰銍。三百里稍遠，粟、米之外，兼納乾秸，使服送至京師。及冬方至，蓋枯秸耳。四百里遠，惟令納粟，粟連稃，可久儲也。五百里尤遠，惟納米。省轉運，以節其勞也。此中邦之法，侯、綏皆取則也。環甸外又五百里，以分封諸臣，謂之侯服，亦分五等：近甸百里爲卿、大夫供事者之采地。采，事也，有事則受地，非專封也。外一百里爲男邦。男，小國也，使居中。又三百里爲侯，大國使居外。或曰：男任王事，故居中；侯遠斥侯，故居外。此侯服也。環侯服外又五百里，以内護侯、甸，外捍要、荒，綏安中外，故謂綏服。亦分二等：内三百里，揆度文教；外二百里，奮揚武衛。文以治内，武以禦外，文事多而武功少，此綏服之制也。環綏服外又五百里，去甸服又遠矣。欲整齊之，使同于内，則勢不及；欲割棄之，使離于外，則形相依。故但以要約羈縻，謂之要服。亦分二等：内三百里爲夷。

夷者，易而無煩科也。外二百里爲蔡。蔡者，採也。以採放罪人也。《春秋傳》「蔡蔡叔」，此要服也。環要服外又五百里，愈遠矣。隨其俗，因其便，勿責之使治，勿擾之使亂，荒之而已。亦分二等：內二百里爲蠻。蠻者，慢也。外三百里爲流。流竄凶人也。蓋蔡輕而流重，流遠而蔡近也。總計五服之地，東西南北財五千里。天子所以中天地，撫民物，奠丕基，鴻大化者也。而其數惟五，兼參兩之全，協籌範之中。五服五百五千，三其五而天地帝王之事畢。地不求廣，宅中爲大。功不務遠，安内爲先。或者疑疆理太狹，周制九服，倍于禹蹟，秦漢隋唐，延袤萬里。蓋周秦疆理，已盡四海，而《禹貢》奠基，爲萬世宅中之規而已，非必定以冀方爲中極，而盡四海爲邊裔也。九州之境，北盡于冀。如必拘此，則冀北無侯、綏，而荊南多棄地矣。此論立國規制云爾。若其聲教，東至海，西至流沙，自朔北而南，莫不暨及，訖于四海。亦惟是畿甸爲根本，侯、綏、要、荒相維，四達不距，有台德以爲之先，而誰能距朕行者乎？言「朔南」而不言北者，禹績極于東西，而南爲次。北無水，故不及。極西北者，水源也。禹功既成，舜錫以玄玉之圭，爲受命之瑞，即天子之大圭，遂禪以帝位也。玄，水德之象。告厥成功，以禹功德告于天地、宗廟也。錫禹而謂「禹錫」者，夏史尊禹之辭，古語多類此。猶諸侯朝而曰朝諸侯也。

世儒疑禹，父死子用而功成，何也？滔天之患，欲官不易業，一舉成功，即堯不能任，而况鯀乎？故爲鯀亦未易也。然大患方殷，九載罔績，不戒胡懲，故鯀亦不可不誅也。鯀誅而代者，無禹之聖，非鯀之子，功亦未必成。其父敗事，責其子償，子蓋父愆，勉卒父業，故禹必不可不用也。天揺其父，而畀以聖子，舜用其子，而不念其父。故舜之用禹不疑，而禹之事舜不怨。君臣、父子間，皆極天下之至公也。蓋天下之大，舉以授臣，君既不敢私其子。殺人之辟，與衆共棄，臣亦何敢怨其君。自禹家天下，而人言德衰，後世儒者議《禮》、説《春秋》，始大復讐矣。嗟乎！使禹脩父怨，則千古無君臣；使禹不傳啓，則千古無父子。故禹之爲子，雖無舜底豫之事，而與舜同孝；舜之爲父，雖無禹傳子之事，而與禹同慈。其所以處父子、君臣之間者，易地則皆然。故孔子同贊其「巍巍有天下不與」，而于禹必曰「吾無間然」，亦恐好事者有德衰之議耳。

甘誓

此夏啓討有扈而誓師之辭。甘，地名。約信曰誓。君子讀《甘誓》，而知唐虞之風微，商周之運至矣。孔子删《書》存此篇，一以誌夏之繼世，一以表啓之克家。事雖征伐，而其旨渾厚。數敵之罪，不至溢惡，其言簡當。戒衆之令，不費多辭，夏道所以爲忠也。

大戰于甘，乃召六卿。王曰：「嗟，六事之人，予誓告汝：有扈氏威侮五行，怠棄三正，天用勦絶其命，今予惟恭行天之罰。左不攻于左，汝不恭命；右不攻于右，汝不恭命；御非其馬之正，汝不恭命。用命，賞于祖；弗用命，戮于社，予則孥戮汝。」

夏啓之世，有扈氏叛，王師親討，大戰于甘。甘，扈郊也。今陝西西安府鄠縣，古扈國也。夫啓之去禹未久，以敬承之子，克先台德，而時乃有距行者，何哉？豈非以繼易禪，狡焉者借爲口實邪？史臣于篇首不言所以，第云「大戰于甘」，帝王升降之際，讀者可默識矣。六卿分統六師，天子六師，皆卿統之，將戰而王誓告也。五行謂水、火、木、金、土之運，三正謂子、丑、寅之建。始王者撫五辰，奉三正，諸侯同寅協恭，共承天道，故《臯陶謨》曰：「百工惟時。」今有扈不恭，威侮五行，是天道不足信也；怠棄三正，是正朔不足守也。不枚數其事，而槩舉其悖天違時如此，所以明天討，而有扈得罪之故，亦可知矣。勦，斷也。左右，軍陣之左右。凡陣左爲陽，右爲陰；右爲前，左爲後；右則進，左則退，皆視中軍指揮。御，御中軍車者。當左則左，當右則右，是御得馬之正也。祖，謂天子親征，則載遷廟之主與社主行。祖居左，有功告之以賞；社居右，有罪告之以殺也。孥，子也。謂收其親屬也。戮，殺也。戮于社，正法也。予則孥戮汝，甚其辭以戒之。言没其家屬爲奴，非必盡殺之也。古者罰弗及嗣。唐虞無誓，亦無此刑，可以觀世變矣。

尚書辨解卷二夏書終

尚書辨解卷三

郝敬 習

商書

商，子姓。初契爲唐虞司徒，受封于商，即今陝西西安府商州。十三世而成湯代夏，因以爲有天下之號。夫子删《書》，録其所存一代之典爲《書》。虞夏商周，備帝王王升降之運。《書》稱四代，法天地而象四時也。虞，樂也。草木、禽獸，官于虞而盛于春。夏，大也。萬物相見，昭明盛大也。商，秋聲也，物至秋而商度成就也。忠信爲周。周，完固也。萬物貞固，于時爲冬。虞夏之世，宇宙太和，君臣揖讓，而天下治。文命敷于四海，天地之春夏也。顧安得世世雍熙，有匹夫如舜、禹者，禪受而爲君，是難繼之數也。湯、武放殺，物過盛而嚴寒以收之。天不以秋冬先春夏，聖人不以刑殺先揖讓。商周之不及虞夏，天也。使桀、紂不生于四代之季，不遇湯、武，雖其不肖，未至惡浮後世主。蓋虞夏之風，粹白未染。不潔者易爲汙。湯、武之敵，明哲孔聖。當之者難爲德，此桀、紂之罪與禍，所以不少貸，而湯、武之功與過，所以亦不相揜。君爲獨夫，以桀、紂爲前車，是湯、武之功也；臣爲亂賊，以湯、武爲口實，是亦湯、武之過也。既任其功，安得不任其過。湯、武而不任過，天下後世之爲君父者難矣。是以夫子于二代之《書》，首揭征伐之事。《湯誓》《牧誓》，如日月之食，焉得而揜之？

湯誓

湯名履，世號天乙。誓者，始伐桀誓師之辭。讀《湯誓》，而世道又一變矣。《甘誓》以君討臣，《湯誓》以臣伐君。顧其志，諄諄明己之非稱亂，而惟恐民有違言。有夏多罪，無表暴過甚之辭。其奬率三軍，無憤忿激烈之氣。辭稱「有夏」「夏王」而不名，猶退然有弊冠之思焉，如是而後諒聖人之舉，果非得已也。《湯誓》其辭正而婉，《甘誓》其氣壯而直，讀者所當深味也。

王曰：「格爾衆庶，悉聽朕言。非台怡小子，敢行稱亂。有夏多罪，天命殛之。今爾有衆，汝曰：我后不恤我衆，舍我穡事，而割正夏。予惟聞汝衆言。夏氏有罪，予畏上帝，不敢不正。今汝其曰：夏罪其如台。夏王率遏衆力，率割夏邑，有衆率怠弗協，曰：時日曷喪？予及汝皆亡！夏德若兹。今朕必往，爾尚輔予一人，致天之罰，予其大賚汝。爾無不信，朕不食言。爾不從誓言，予則孥戮汝，罔有攸赦。」

格者，感招之辭。首誓衆，而即言己之不敢稱亂，行險而順也。有夏多罪，而不明數其事，聖人之厚也。稱天命，奉公也。天命在人心，人心公，則天也。以桀之害止及夏民，而不及商，此商人自爲之私心也。不謂夏無如台何，而必救彼偕亡之民，此湯視夏猶商之公心也。上帝視天下之民皆人，聖人視彼民之困皆己，故心公即天。聖人公天下，即謂之奉天也。其如台，猶言何與于我也。割正猶裁正。率，皆也。遏，絶也。言桀勞民，遏絶其力，不得如商民脩穡事也。割，害也。怠，困也。弗協，怨上也。天之有日，民所以時勤生業也。民樂生，則恐日之不永；困苦，則更覺日長。故曰：「化國之日，舒以長；亡國之日，迫以促。」《詩》云：「知我如此，不如無生。」時日曷喪之謂也。夏民窮迫如此，奈何棄而不救乎？

盤庚

盤庚者，商王之號。湯十世孫，而祖乙之曾孫也。商自契始受封。契父帝嚳都殷亳，即今河南府偃師縣。至契封商，則今陝西西安府商州。十三世而湯復遷于亳，亳在河之南。其後仲丁遷囂，河亶甲遷相，祖乙遷耿，皆河北也。居耿七世，河爲患，盤庚謀復亳，臣民不樂。故盤庚告之，而史録其辭如此。反復開諭，無很愎直遂、怙恃陵奪之意，所以爲賢。然娓娓千餘言，竟不明告以不可不遷之害與所以必遷之利，但援天述祖，怵之以刑罰，懼之以鬼神，似牢籠其民，而强以所不欲者。蘇子瞻曰：「民不欲而猶爲之，先王未之有也。」亦可以觀世變矣。按：契至湯，十三世八遷；仲丁至盤庚，七世六遷。盤庚以後，復遷河北，是殷有天下二十傳，王畿凡十五六遷矣。往來移徙，無異負販之家。蓋湯以中業流離，遷都致王，子孫遂以不常厥居爲祖武。效尤而不知勞民疲衆，非善舉也。即有河患，毫不亦在河之南邪？七世舊都，市安其肆，民樂其野，不能委曲防禦，而遽欲委之以去。此舉誠不知如何，而人情不附，必非無故。當此之時，使盤庚瞀然直行己意，事未有善濟者。惟能寬柔以教，故民亦竟從。《易》曰：「重巽以申命，剛巽乎中正，而志行。」巽，入也，風也。巽順以入，風行而草偃，巽命之關于政，大矣哉！聖人所以于《盤庚》猶有取也。愚因是而見，商之立國，有太古之風。後世王畿，金湯九重，猶謂未足。商有天下，國無常所，蓋其制度簡易，無列肆九衢、周廬千門萬户之侈。事省費儉，故可不勞而集，民亦不憚追隨。告之則從，即地安居，上無過防，下無異志，是以政質而俗愿，情真而法簡，上下相維六百四十餘年。雖以周家十五代之盛，文、武、周公列聖從容轉移，而多方多士，不忘舊主，豈非隆古淳龐之真，根心而不可解與？西周之王也，重關百二，復營洛邑，卜世定鼎，防禦精密。然幽王之滅，歷纔二百五十有七年耳。疎與密、寬與嚴、煩與簡、文與質，計功程效，竟何如乎？不寧兹，桀之惡，計不減于紂。湯之伐桀，首以倡亂爲懼，而其民猶曰：「何與于商？」及其勝桀，不忍加誅，既黜夏命，猶退而就諸侯之位。其稱臣也，曰元聖、曰阿衡。學焉而臣，其告君也曰：「予不狎于不順，毅然遷而放之，率則復之。」其渾朴忠直，大道爲公，千古可繹思焉。武王于紂，則誅獨夫而已矣。周公事君，兢兢鞠躬盡瘁，而成王猶未能忘公也。豈非世運有升降，聖人亦莫如之何哉？夫子所以惓惓思先進，而恨夏商之無徵。讀其書，論其世，皆可知也。後儒附會其説，沿伊尹之事，謂周公踐祚朝諸侯。以成王之猜忌，而周公爲伊尹。嗚呼！其鮮有濟矣。又附會卜年之説，謂周年八百，東遷之後猶周，是《春秋》之義云爾。然周之東，何異杞、宋。杞、宋既不足存禹、湯，東遷足存文、武乎？周之亡，即西戎殺幽王，秦仲受岐豐之日，不待赧王入秦稽首獻地之後矣。蓋自古世道之隆，莫如唐虞。三代之遞降也如波靡，未可并提而論也。

盤庚遷于殷，民不適有居，率籲（喻）衆慼，出矢言，曰：「我王來，既爰宅于兹，重我民，無盡劉。不能胥匡以生，卜稽曰：其如台（怡）。先王有服，恪謹天命，兹猶不常寧，不常厥邑，于今五邦。今不承于古，罔知天之斷命，矧曰其克從先王之烈。若顛木之有由蘖，天其永我命于兹新邑，紹復先王之大業，底綏四方。」

殷即亳也。遷，將遷也。不適，不往也。有居，戀耿都之故居也。率，徧也。籲，呼也。慼，憂貌。矢，誓也。我王指祖乙。言祖乙來居此耿，本重安我民，不使盡遭劉殺。今耿不可居，予不能悉匡民以生，而以遷亳之意，稽之于卜，兆曰：「其如台。」台，我也。言如我往遷也。蓋亳本先祖湯王之舊服。先王奄有五服，尚恪謹天命，不敢安寧，不常厥邑，故遷于亳。自湯以後，諸王又四遷，皆師先王恪謹之意。今若不承于古，懷寧苟安，且不知天之將斷絕我命，况能從先王之烈乎？如顛仆之木，尚有由蘖，急于封殖，尚可再生。木再生曰由。蘖，萌也。言去耿適亳，易故就新，猶顛木之再生萌也。

新邑，亳也。底猶定也。此以上，盤庚呼衆自矢之辭，明遷亳之意，一篇之要領也。

盤庚斆效于民，由乃在位，以常舊服，正法度，曰：「無或敢伏小人之攸箴。」王命衆悉至于庭，王若曰：「格汝衆，予告汝訓汝。猷黜乃心，無傲從康。古我先王，亦惟圖任舊人共政。王播告之脩，不匿厥指，王用丕欽，罔有逸言，民用丕變。」

斆，教也。盤庚聞民有違言，將欲教之。念民弗喻，由臣不能宣上意也。抑或有貴家、世族中主，蠱惑愚蒙，故由在位諸臣先教。儆貴以及賤，訓上以及下，導民之術也。常舊服者，即上所云「恪謹天命」「不常厥邑」也。正法度者，即後所云「用罪伐厥死，用德彰厥善」也。曰者，盤庚言也。小人之攸箴，即民之謗言也。古者庶人有謗，虞有箴，故曰「小人之攸箴」。無敢伏者，責諸臣當以民情上達，明己之樂聞，以安言者也。「王若曰」以下，教臣之辭。衆指諸臣。猷，謀也。黜，改易也。從康，懷寧也。先王不常寧，故屢遷居。汝無傲上而思安寧也。又述先王所以不寧，而民樂從者，皆先臣宣化之力。舊人，先王之舊臣，于先王播告之命，君脩之，則臣宣而布之。使民皆喻上指，令行如流，王以此不欽敬于天下乎。民罔敢有放逸之言，不亦變易乎。丕與不通，猶豈不也。舊訓：丕，大也。

「今汝聒聒，起信險膚，予弗知乃所訟。非予自荒兹德，惟汝含德，不惕予一人，

予若觀火。予亦拙謀作乃逸。若網在綱，有條而不紊；若農服田力穡，乃亦有秋。汝克黜乃心，施實德于民，至于婚友，丕乃敢大言汝有積德。

承上責今諸臣之不如先臣也。聒聒，多言貌。起信者，奮起自信也。險膚，傾險皮膚，包藏不測。責諸臣妄言惑衆，阻其遷都也。訟，争也。言不曉汝所争謂何也。非我播告不脩，自荒君德，惟汝含蔽上德，匿厥指也。慢視其君，無丕欽之意，不惕予一人，所以致民有違言。予視此弊，明若觀火。予之爲君，但法先王恪謹不敢常寧，不能巧于謀逸。惟思君統臣、臣率民，如網在綱，有條而不紊，如農服田力穡，乃亦有秋。君不常寧，臣不從康，乃能成功。此拙者之謀，所謂實德也。汝能變易乃心，勿爲險膚，叢謗于君，而市虛譽于民，及爾婚姻朋友，勿匿播告，使皆喻上指，彼時汝乃敢大言汝世有積德，不媿先臣耳。丕，與《周書·君奭》「讓後人于丕時」之丕同。古字多借用。

六經字多假借。丕、否、不，古字通用。古不字，聲與夫、皮、披近，故丕、否皆从不。不然曰否，夫上聲；鄙塞曰否，皮上聲；驚異曰丕，披平聲。今人唾而不受，亦曰呸。《無逸》云「否則厥心違怨」之類，夫聲也；《堯典》「否德忝帝位」之類，皮聲也；《周書》「弼我丕丕基」之類，披聲也。又有通作不字用者，如上段「王用丕欽」「民用丕變」，後段「丕克羞爾」「丕乃崇降罪疾」之類，猶丕顯、丕承，《詩》言「不顯不承」也。不，豈不也。又《金縢》有「丕子之責于天」，《史記》作「負子」，負與背通。言不償天之子，轉作逋負之負，亦夫聲也。此節「丕乃敢大言」，與《君奭》

「讓後人于丕時」，又轉作彼時之彼，皆皮聲也。舊註槩作「大」訓，未盡。

「乃不畏戎毒于遠邇，惰農自安，不昬作勞，不服田畝，越其罔有黍稷。汝不和吉言于百姓，惟汝自生毒，乃敗禍姦宄，以自災于厥身。乃既先惡于民，乃奉其恫同，汝悔身何及？相時憸僉民，猶胥顧于箴言，其發有逸口。矧予制乃短長之命。汝曷弗告朕，而胥動以浮言，恐沈于衆。若火之燎于原，不可嚮邇，其猶可撲滅。則惟汝衆自作弗靖，非予有咎。

戎毒，大害也。浮言搖惑遠邇，變生不測，故大害也。傲以從康，如惰農自安，不昬夜作勞，不服田力穡，于其田，安得有黍稷乎？昬，夜也。越，於也。汝不調和吉善之言，以明上意于百姓，百姓驚擾，則毒自汝生。釀成敗禍姦宄，汝安得獨免，是自災其身也。將委咎于民，而汝首惡，乃自奉其怨恫而已，悔身何及？視此憸細之民，吾尚顧忌箴規之言，彼發放逸之口，予不敢不畏，況予爲君，制爾生殺之命，汝曷不以忠言告我，而以浮浪之言恐動其衆，陷溺于亂，其禍若成，如火之燎于原野，勢焰雖不可近，予必撲滅之。至于撲滅，而爾無遺類矣。亦惟爾自作不靖，豈我之咎乎？

「遲夷任有言曰：人惟求舊，器非求舊，惟新。古我先王，暨乃祖乃父，胥及逸勤，予敢動用非罰?世選去聲爾勞,予不掩爾善。茲予大享于先王,爾祖其從與享之。作福作災,予亦不敢動用非德。予告汝于難,若射之有志。汝無侮老成人,無弱孤有幼。各長于厥居,勉出乃力,聽予一人之作猷。無有遠邇,用罪伐厥死,用德彰厥善。邦之臧,惟汝衆。邦之不臧,惟予一人有佚罰。凡爾衆,其惟致告。自今至于後日,各恭爾事,齊乃位,度乃口。罰及爾身,弗可悔。」

此又追念諸臣先世忠勤,示所以不忍謫罰之意,辭愈婉而義愈峻矣。遲任,古賢人姓名。人舊則習,器舊則敝,是以古先王及爾祖父,勞逸與共。予敢不念舊人,而動罰及于爾。選與算通,數也。世數爾勞,不蔽爾善,亦惟人舊之故。予大享先王,爾祖亦從享。先王與爾祖之神,作福作災,以降監爾。予何敢動自處薄德以棄舊人乎。爲君難,爲臣不易,事無微可忽,言無小可輕,故難不可不知也。予今告汝于難,當如射者之有志,慎審持固,發必慮中,差之絲毫,失以尋丈。奈何不難,最難莫如民爾。無侮其老成,勿弱其孤幼,肆爲浮言,不顧戎毒,宜各思爲久長之計,勉出乃力,聽予一人之作謀。臣民雖有貴賤,國法初無遠邇。用刑罪以誅其當死,用德惠以彰其善類。作猷在予一人,宣猷在爾衆臣。淑慝明而凶人遠。邦其臧,惟汝衆之力。賢否混而孔壬不戢。邦之不臧,是予一人姑息不明,有佚罰也。凡諸臣其致告于民,自今以後,各恭敬爾職,整齊爾位,律度爾口。至于罰及爾身,弗可悔矣。以上皆告諸臣之辭。自篇首至此,孔書割爲上篇。

盤庚作，惟涉河以民遷。乃話民之弗率，誕告用亶句。其有衆咸造，勿褻在王庭，盤庚乃登進厥民。曰：「明聽朕言，無荒失朕命。嗚呼！古我前后，罔不惟民之承。保后胥慼，鮮以不浮于天時。殷降大虐，先王不懷厥攸句，作視民利用遷。汝曷弗念我古后之聞？承汝俾汝，惟喜康共。非汝有咎比于罰，予若籲懷茲新邑，亦惟汝故，以丕從厥志。」

作，起行往遷也。殷在河南，故涉河。話，善言也。誕，乃也。亶，誠。造，至也。褻，慢也。既告諸臣，乃率民啓行，其有不從者，不加督責，而徧以誠信告之。其民皆至王庭，勿敢褻慢，聽其話言也。「厥民」以上，史氏之辭。「明聽」以下，盤庚告民之辭。前后，先王也。指祖乙以前諸王之遷都者。承，親也。保后胥慼，言君親其民，民亦保其君，相與同慼，是以莫不先時知備，憂患不能及也。浮，先也。帝乙以前，率多河患，故曰「殷降大虐」。先王不安其所，作起視民，利于遷居。今汝豈不聞先王之事，而思念其奉汝使汝之意？惟喜與汝同安，不得不遷耳。非謂汝有罪，而及于謫罰也。予今呼汝來遷，亦惟民不得所，利用遷，以大遂爾安居之願耳。

「今予將試以汝遷，安定厥邦。汝不憂朕心之攸困，乃咸大不宣乃心，欽念以忱動予一人。爾惟自鞠自苦，若乘舟，汝弗濟，臭厥載。爾忱不屬，惟胥以沈。不其或稽，自怒曷瘳？汝不謀長，以思乃災，汝誕勸憂。今其有今罔後，汝何生在上？今予命汝一，無起穢以自臭，恐人倚乃身，迂乃心。予迓續乃命于天，予豈汝威？用奉畜汝衆。

今予將以汝遷，安定其邦，亦猶古先后惟民之承也。而汝不憂我之憂，不開心敬意，以信感我，是不如先民之保后胥慼也。非予苦汝，汝惟自鞠自苦，如乘舟不濟，將腐壞所載。爾不信從，惟胥沈溺，利害若此，而不稽察，後雖悔怒，曷能有瘳？汝不慮遠以思其災，乃以憂自勸耳。徒知有今，不知有後。試思汝生何在，豈不係于上？予命汝專一其心，無作不善，以自臭壞。恐小人倚借汝民，造爲浮言，迂惑汝心，是斷絶汝命也。予今迓續汝命于天，一心從上，豈威脅汝哉？用奉養汝衆而已。

「予念我先神后之勞爾先，予丕克羞爾，用懷爾然句。失于政，陳于茲，高后丕乃崇降罪疾，曰：曷虐朕民？汝萬民乃不生生，暨予一人猷同心。先后丕降與汝罪疾，曰：曷不暨朕幼孫有比？故有爽德自上，其罰汝，汝罔能迪。古我先后既勞乃祖乃父，汝共作我畜民。汝有戕，則在乃心。我先后綏乃祖乃父，乃祖乃父乃斷棄汝，不救乃死。茲予有亂政同位，具乃貝玉。乃祖乃父，丕乃告我高后曰：作丕刑于朕孫迪。高后丕乃崇降弗祥。

此引衆民先祖父所以事先王者戒之，亦猶告諸臣之引舊人也。先神后，湯也。勞，猶安也。爾先，謂民先祖也。丕，不通。羞，愧也。言予念先王遷國，勞安爾民先祖，予不能勞爾，以爲羞愧，是用思爾民之心亦然。我念先后安民，爾獨不念爾祖勤王乎？今耿都陳久圮壞，苟失于政，陳壞于茲。高后其不乃降重災，曰：曷虐我民？此我所以不敢不遷，畏高后也。汝民不求各生其生，與我同心，先后亦不其降汝以災，曰：曷不與我幼孫同事而作意有差德？自上罰汝，汝何道可免，則汝當一心從我，亦以畏高后也。又昔我先后既勞爾祖父，汝今又作我畜民，汝若有戕賊在心，我先后安好爾祖父，爾祖父必斷棄汝，不救汝死，則汝當一心從我，又以畏爾祖父也。茲予有亂法在位之臣，如險膚姦宄輩，浮言動衆，而爾私備貝玉，納賄請託，爾祖父不乃告我高后曰：我孫作不法，有罪當迪正，高后不其降重災于汝。則汝又當一乃心，勿信險膚，以畏爾祖父也。嗟夫！刑罰不加，而鬼神之惕是導民之忠也。三代以前，淳風未散，人神道通。上之立教也，以享帝爲仁，以奉先爲孝。事重死亡，而禮謹喪祭，所以幽明同揆，人鬼一道，故心術純而機變少。曉之以鬼神，則懼而惕之，以災祥則恐。至于後世，混元既鑿，造化秘靈，神人不通，機智多而文飾巧，反訾殷人爲尚鬼。謂祭祀爲矯誣，以祖考死不復生，亡不復存，靦面如蜮，其又何畏于鬼神？教化所以愈難，刑法網罟所以日多也，故夫子猶有取于《盤庚》云。

「嗚呼！今予告汝不易。永敬大恤，無胥絶遠，汝分猷念以相從，各設中于乃心。乃有不吉不迪，顛越不恭，暫遇姦宄（鬼），我乃劓（異）殄滅之，無遺育，無俾易種于茲新邑。

往哉生生。今予將試以汝遷，永建乃家。」

告汝不易者，即前告臣以難之意，戒使深思也。永敬大恤，即不易也。無胥絶遠，君民無相隔也。分猷念，分君所謀共念之也。中，公道也。設中于心，自求其是，勿信浮言也。乃有不吉善、不循道之人，中懷叵測，乘人心之未定，竊行李之播遷，顛狂違越，不恭上命。道路之間，生事倡亂，若忽然暫遇此姦宄之人，我乃即時割劓殄滅，無留養之，使移種于新邑也。往哉各求生生，勿罹于法，告爾不易，蓋如此。今將試以汝遷，永建爾家爲久安之業。孔書斷此爲中篇。

盤庚既遷，奠厥攸居，乃正厥位，綏爰有衆，曰：「無戲怠，懋建大命。今予其敷心腹腎腸，歷告爾百姓于朕志。罔罪爾衆，爾無共怒，協比讒言予一人。古我先王，將多于前功，適于山，用降我凶德，嘉績于朕邦。今我民用蕩析離居，罔有定極，爾謂朕曷震動萬民以遷，肆上帝將復我高祖之德，亂越我家。朕及篤敬，恭承民命，用永地于新邑。肆予冲人，非廢厥謀，弔（的）由靈，各非敢違卜，用宏兹賁。

國家再造，民生更始，故戒民勿戲怠也，勉力勤生，以建大命。敷心腹腎腸者，申釋未遷之疑也。今既遷矣，朕志可知。予不爾罪，爾無共怒，協比讒言于予一人可也。今日之事，古湯先王之意，所謂卜稽曰其如台也。商之不寧厥居久矣。湯遷亳而奄九有，是前人之功，先王爲多。亳地依山，無水患，今耿圮于水，是湯降凶德于朕，使之還亳，成美績于家邦也。民既蕩析離居，無所定止，而爾謂朕何故震動民以遷，豈知天意乎？故今上帝將復我祖湯德，治及我邦家。朕及此時，敬奉生民之命，以定久安之居于兹新邑也。故予以幼沖，非違衆謀，獨行己意。由上帝、高祖，弔降神靈卜曰其如台，我不敢違，用遷都以宏兹光賁之命耳。弔，至也。《詩》云：「神之弔矣。」

「嗚呼！邦伯、師長、百執事之人尚皆隱哉。予其懋簡相爾，念敬我衆。朕不肩好去聲貨，敢恭生生，鞠人謀人之保居敍欽。今我既羞告爾于朕志若否，罔有弗欽。無總于貨寶，生生自庸。式敷民德，永肩一心。」

此又呼諸臣戒之也。邦伯，諸侯也。師長，公卿也。隱，憂恤也。懋，勉也。簡，擇也。相，助也。言擇賢以助百僚也。衆，民也。教庶官以敬民也。肩，任也。盤庚自言己不敢任用好貨之人，惟恪恭民之生理，養人謀人之安居者，則敍用敬禮之。鞠，養也，窮也。《詩》曰：「母兮鞠我。」言窮極其養也。羞，進也。若，順也。否，不順也。今我既進，而告汝于朕志之順否。保民者，朕志所順；好貨者，朕志所否也。《詩》云：「邦國若否。」爲順爲否，爾罔不欽體，無專貨寶，即欽朕所否也。生生自庸，即欽朕所順也。用布陳其德于民，永任一心，久而弗替可也。嗟夫！天子至威嚴也。遷都，公舉也。聞一二民有間言，如疾痛在身。汲汲搔雪，唯恐不盡，此賢君之用心也。事雖違衆，而能訓之以禮，動之以誠，知幾知微，知剛知柔，險膚姦宄，不發自銷，此盤庚所以克濟也。學者謂其文字詰曲，今三復條理悠暢，津津脣吻間，言盡而意不絶，若神龍夭矯，舒卷自然。虞夏以前無此語，周秦以後不能作，商家一代之鴻章也。

高宗肜容日

高宗，商王武丁也。肜日，祭之明日儐尸，猶周人之繹祭也。高宗肜日，有雉升鼎耳鳴，祖己正其事以訓王，史臣即事命篇。今繹其辭，觀象論理，以明天變當畏，不深求附合，而凛然使人深思可信，斯善言天矣。後儒言天，牽强以求必中，一不中而百皆妄。箕子之《洪範》，歷歷然甚矣。劉向、京房輩，又從而疏鑿之。至于今，浸假而廢爲芻狗，是誰之咎？法忌太察，語忌太詳，理貴有餘，言貴不盡，凡事皆然，而況天道。此篇寥寥五十餘言，當世爲高宗所深省。若使近代儒臣遇肜日，建白不知幾萬言。天道玄遠，不在多方，故曰：「陰陽不測之謂神。」神故不測，可測非神。後世人主遇災求直言極諫，而經術不明，五行之説勝。作舍道旁，具曰予聖。孰知《肜日》本多于《洪範》也。

高宗肜日，越有雊搆**雉。祖己曰：「惟先格王正厥事。」乃訓于王曰：「惟天監下民，典厥義。降年有永有不永，非天夭民，民中絶命。民有不若德，不聽罪。天既孚命正厥德，**

乃曰其如台。嗚呼！王司敬民，罔非天胤，典祀無豐于昵。」

雊，雉鳴。按史，雉升鼎耳鳴。祭用雉，其鳴不足異。鳴于鼎耳，乃所以異。祖己，商賢臣。祖己自言：天道玄遠，其本在君。惟宜先格王心，而不正質其事，則不信。天道雖遠，感通以類。雉鳴鼎耳，殆有深義。按事切理，乃可以訓言天監。見災異皆天，人君當畏天也。言下民，見天監在民，人君當敬民也。亦欲借言民，而不敢斥王耳。典，司也。義者，生死脩短當然之理。善降福，不善降殃，所謂義也。年有永、不永，民中絶命者。鼎，凝命之象。先王鑄鼎，象九州，以爲神器。在祖廟，用爲宗器，故《周易·鼎》之象曰：「君子以正位凝命。」王者之器，莫重于鼎。器之永年，亦莫如鼎。國亡，祖廟不血食，則命絶鼎遷矣。雉，鼎實也。《鼎》九三曰：「鼎耳革，雉膏不食。」夫子贊曰：「失其義也。」與此義同。雉就鼎，絶命之象。鳴于耳，聾象。所行不順于德，聱然自是，不聽人之罪己，天既示以信，命以正德而不聽，曰其如我何，所謂「耳不聽忠信之言爲聾」也。忠言不聽，天命不聽，耳革之象，命所以不永而中絶也。天典義，義惟在民。王司敬，敬惟在民。胤，嗣也。宗廟之器，長子主之。《易》曰：「不喪匕鬯。」夫子《序卦》曰：「主器莫若長子。」祖己言下民皆天之胤，主器不獨在君之胤也。蓋高宗夢上帝，敬鬼神，重祭祀，而品物溢常數，以求親昵于神。故雉有就鼎之象，過豐之戒也。鼎所以烹，《易》曰：「鼎，以木巽火，烹飪也。」聖人烹以享上帝，而大烹以養聖賢。爲高宗者，大烹養聖賢可也。牲殺過多，非所以爲敬。又曰：「巽而耳目聰明。」納諫受訓，所以禳災也。祖己之訓，不滿六十言，而精深藴藉，天道影響，據事切理，不詭不浮，法戒自明。夫子脩《春秋》，書災異不舉其事，語不及神怪，與删《書》正同。學者不得其解，故秦漢而下言五行者，知《洪範》而不知《肜日》也。《洪範》詳于數，《肜日》約于理。詳于數者有時疎，約于理者無時違。讀者所當深味也。

西伯戡黎

西伯，文王也。戡，勝也。黎國即今山西潞安府壺關縣，近紂都，西伯伐而勝之。學者疑夫子稱文王至德，服事殷商，奈何有征伐之事。殆武王繼文王爲西伯，將伐紂，先戡黎耳，其説近似。然《詩》云「伐密伐崇」，則文王也。《采薇》「命將出師」，則文王也。何獨于戡黎諱之？蓋周雖諸侯，自古公康岐，已有興王之勢。逮王季，至文王，父子祖孫積德百年，九州之衆，已有其六。處此亟重之勢，欲免于紂之疑與敵國之忌，不可得已。紂疑則君也。君不明，小心服事，臣不敢不忠。至崇人、密人、黎人，則寇讎也。欲晏然坐而納侮，以爲至德，無是理矣。處豐隆之時，欲四宇蕭然，不動一兵，不戮一人，不伐一國，以全至德，亦無是理矣。而後世遂謂文王爲西伯，專征伐，本紂命，又非也。按史，紂囚文王羑里，散宜生輩賄紂，紂釋之，以爲西伯，賜弓矢，專征伐。夫紂力不能囚文王則已，既囚之，得美人、寶玉、洛西地，爲利幾何？肯以此釋累十世之大敵，釋之已過望，又假以大權，命之征伐。

紂非昏庸之主，而猜很之主也。誠如諸臣計甚拙，當時何以得售？竊意西伯之得脱，其必有他，而薦賄納地，後人緣飾，以盛紂之貪淫耳。周之興于西土久矣，稱舊邦，長于諸侯，爲西伯，自季歷已然。方伯專征伐，于古無聞。孔子曰：「天下有道，禮樂征伐自天子出。天下無道，禮樂征伐自諸侯出。」孟子曰：「五伯摟諸侯以伐諸侯，三王之罪人。」孔孟之言，古今通誼。爲人臣者，焉得有專征伐之事？世儒既爲西伯周旋，云出自紂命。又爲征伐周旋，云紂賜弓矢。《詩》咏彤弓，旌武功，非賜征伐也。漢儒附會，以昭雪聖德，而其究反爲亂階。小白、重耳挾天子，取彤弓，稱方伯，搰亂天下，皆以西伯爲口實，借《尚書》《春秋》爲資斧，是誰之過？掩日月之食，而揚鬼火之光，豈非經術不明，儒者之罪與？或曰：若是，文王何以爲至德？曰：所謂至德非他，人情而已。人情所當然者而能然，則爲德；人情所不能者而獨能，則爲至德。有田一成，有衆一旅，尚思快意。况西伯有天下之二乎？遭獨夫之主虐使囚縶，爲能小心不二，以臣節終，五十年如一日，豈非能人之所不能者哉？更欲其不伐一國，不稱西伯，而後成至德，則爲文王者，蚓而後可者也。故《書》録《戡黎》，誌商所以亡也。祖伊忠告，無愧微子。國之將亡，有如祖伊、微子者而不能用。嗚呼！此其所以爲紂耳。牧野之事，何怨于周？

西伯既戡黎，祖伊恐，奔告于王，曰：「天子，天既訖我殷命。格人元龜，罔敢知吉。非先王不相我後人，惟王淫戲，用自絶，故天棄我，不有康食，不虞天性，不迪率典。

今我民罔弗欲喪，曰：天曷不降威？大命不摯。今王其如台。」王曰：「嗚呼！我生不有命在天？」祖伊反，曰：「嗚呼！乃罪多參在上，乃能責命于天？殷之即喪，指乃功，不無戮于爾邦。」

祖伊，祖己之後。天子，呼紂也。訖，近也。言命不久將絶也。格人，通達事理之人。先知禍福，是即元龜也。不敢知吉者，知其不吉，畏紂不敢言也。不有康食，天時飢也。不虞天性，人心玩也。不迪率典，教化衰也。我民，商民也。曰者，述民怨紂之辭。摯，至也。大命曷不至，欲其速亡也。今王其如台，民言紂無如己何也。乃罪，指紂之罪也。多參在上，言罪狀多端，上通于天也。凡言命者，人事脩而後責天，如孔子言「天喪斯文」，乃能責命于天也。商周不並立，成敗不兩利，周興則殷亡。殷之即喪，指視周之功，而知其無不戮及殷邦矣。故孔子删《書》，不敘文王事殷之事，而但存《戡黎》《微子》二篇，以見商紂之危，無異朝露，文王以摧枯拉朽之勢，可取不取。唐虞而上，三代而下，有如文王之爲人臣者，無有哉。故夫子謂之至德，學者不必更爲之辭。

微子

微，國名，未詳所在。今山西潞安府潞城縣有微子城，未知是否。子，爵名。微子名啟，殷帝乙長子，紂同母兄。母先爲妾，生啟與衍，後立爲后，生紂。箕子名胥餘，與比干皆帝乙諸弟。而啟賢，箕子勸帝立之。大史以啟爲妾子，爭立紂。紂立，無道。箕子爲大師，比干爲少師，紂以箕子嘗欲立微子，銜之。微子乃謀去，告太師、少師曰：「予顛隮。」箕子亦曰：「王子弗出，我乃顛隮。」微子遂去，紂囚箕子，疑其與微子共圖己也。向使微子不去，禍且蔓延宗族百僚，豈獨微子、箕子受禍已邪？微子去，紂疑解，中外稍安。故孔子謂：「微子，仁人也。」或曰：箕子不亦可去乎？曰：不可。微子，先王元子，王伯兄。不悦于王，而仗義高蹈，夫誰不可。箕子身爲三公，與失繼之子俱逃，欲何爲。然則奚不與比干同死？曰：微子、箕子，紂所忌也。惟比干無嫌，庶幾可盡言，故以諫死。二子不可諫，故無可死。無益于君，無益于社稷宗廟，死何爲？然則去將奚爲？曰：爲吴泰伯，以企獨夫之自悟。否則從巢父遊，以待天下清。而或者云微子歸周，非也。微子歸周，在武王革命之後。釋箕子囚，求微子，乃抱宗祏往託之。紂以暴亡，非周之咎也。西伯事殷，人情所難。紂死不爲不後，何怨于周？二子于紂，亦已殫厥心，又何負于商？周不臣我而賓我，國亡而宗廟血食，二子何以死？然則《書》獨録《微子》，何也？殷祀所以不卒斬在微子。微子不去，商祚不亡，大師、少師能行伊尹之事，微子可不去。少師死，大師奴，微子遯，商祚不可留矣。今讀其訣别語，嗚嗚咽咽，千載猶爲揮涕。《書》標《微子》，誌商所以亡耳。

微子若曰：「父師、少師，殷其弗或亂正四方。我祖底遂陳于上，我用沈酗虚去聲于酒，用亂敗厥德于下。殷罔不小大，好草竊姦宄，卿士師師非度。凡有辜罪，乃罔恒獲。小民方興，相爲敵讎。今殷其淪喪，若涉大水，其無津涯。殷遂喪越至于今。」曰：「父師、少師，我其發出狂，吾家耄遜于荒。今爾無指告。予顛隮濟，若之何其？」

父師，箕子也。少師，比干也。皆紂諸父。言我殷其或者遂不得治正四方乎！蓋驚懼不忍言之辭。我祖，湯也。定功曰底。我祖定治之功，遂至陳布于上。我今用縱酒喪德于下，言後先不相承也。今殷民無小大，皆好爲亂攘不軌之事。在位卿士，互相師以非法，有罪黨縱，罔有秉常得中者。小民承風，興起未已，姦宄相角，互爲敵讎，無復綱紀，蕩然如無涯之水。殷其喪亂，遂至于此。蓋是時，紂昏淫于酒，婦人羣小煽用，朝多讒憸。微子處危疑之勢，故以敵讎爲憂，涉險爲慮。曰者，微子再告也。箕子、比干默不即對，故微子再以己欲去商之。言我今起而出亡，跡近于狂，然吾家耄老，皆遜避于荒野，我出不亦可乎？蓋求二子指教也。顛隮，顛，隕。隮，陷也。

父師若曰：「王子，天毒降災荒殷邦句，方興沈酗于酒，乃罔畏畏，咈其耇長舊有位人。今殷民乃攘竊神祇之犧牷牲用，以容，將食無災。降監殷民，用乂讎斂，召敵讎不怠。罪合于一，多瘠罔詔。商今其有災，我興受其敗。商其淪喪，我罔爲臣僕。詔王子句，出迪句。我舊云刻子。王子弗出，我乃顛隮。自靖，人自獻于先王，我不顧行遯。」

此箕子答言也。王子，呼微子也。方興，未已也。罔畏畏，不畏所可畏也。咈，逆也。耇長舊人，微子所謂吾家耄遜于荒，紂咈而不用也。凡祭祀之牲，色純曰犧，體完曰牷，禽曰牲，器曰用，莫大于祭祀，莫嚴于鬼神。今殷民盜天地祖宗之牲器，以相容匿，下不畏而上不問。將取食之，無有災害，其姦宄罔獲類此。今神祇下視殷民，所用治者，皆怨讐聚斂之事。召敵爲讐，無有已時。上下同惡，厥罪惟一。民多饑瘠，無可告愬，相爲讐敵如此。商今其有災乎？我興在職，適受其敗，商若淪喪。我寧見囚爲奴，無爲他人臣僕，此我自爲計也。爲王子計，出遯誠爲迪吉。行順理曰迪。我舊日言立子，實以害子。刻，害也。爾若不去，我乃顛隮，然爾可去，我則不可。各安其分，人各自獻其心于先王，求無愧而已。生死去留，不必同也。王子行遯，我不能顧爾。畏禍之深，而永訣之辭也。

尚書辨解卷三商書終

尚書辨解卷四

郝敬　習

周書

帝王之法，至周大備。帝王之道，亦自周浸衰。夏商已不及唐虞矣，矧商周之際乎？是故同伐也，商放而周殺；同誓也，商謙而周倨。升陑之事，湯猶以稱亂自疑。牧野仗鉞秉旄，氣象直往矣。《湯誓》于桀，猶稱「夏王」「有夏」「夏氏」；《牧誓》于紂，則直斥「受」矣。故夫子刪《書》，敘帝王之事，至于武王，微若有不滿焉。其論樂，謂「武未盡善」；論禮，深惜夏商無徵，曰「吾從周」。從周分耳，而慨焉嗟咨，故知其意有所不滿者。杞、宋無傳，二代斯邈。《詩》《書》所載，多周公制作。家世舊德，孝子慈孫，誦揚先緒，自不容口。儒者因之，遂尊周于二代，則夏蟲之知矣。謂周年過曆，多于夏、商，夫周曆何能與夏、商比。商有天下六百四十四年，夏亦四百五十八年，而桀、紂之亡，皆以全勝之力，抗湯、武之師。不遇湯、武，未易亡也。若夫犬戎殺幽王而滅西周如振槁，平王東遷，苟延一綫，非有夏仲康、殷高宗六七賢君中興之業，何稱不亡？至赧王獻地，稽首如臣僕，不若桀、紂錚錚遠矣。

東遷式微，何異杞、宋。杞、宋脩禹、湯虛文，東周守文、武虛器，一也。若東遷可存周，則杞、宋亦可存夏、商。周曆八百，則夏曆千歲，商曆千有餘歲矣。嗟夫！武之革命，稍遜禹、湯。一代制作，信如《周禮》，亦似小苛。日中則昃，天運固然，聖人無如之何。夫子删《書》斷自周，諒後世無以復加矣。學者讀《書》尚論三五，如視諸掌焉。

牧誓

牧，紂都郊外，即今河南衛輝府城南。周武王十一年，以諸侯伐紂，師次牧野。此則將戰誓衆之辭。其聲罪也直，不如《湯誓》先自明。其用兵也果，不如《湯誓》不言戰。二聖氣象，原自少殊。世運隔六七百年，亦相遠，故商辭質，周辭多風韻。但不至若僞《書》聒聒，怒罵煩複耳。讀者不可不辨。

時甲子昧爽，王朝至于商郊牧野，乃誓。王左仗黄鉞，右秉白旄以麾，曰：「逖矣，西土之人！」

左執金斧，右持白旗，所以指麾六軍也。逖，遠也。周師西土遠來，勞其勤而奬之使進也。執鉞秉旄，亢厲之狀。經首記之，不爲無意。

王曰：「嗟！我友邦冢君，御事司徒、司馬、司空，亞旅、師氏，千夫長、百夫長，及庸、蜀、羌、髳、微、盧、彭、濮人。稱爾戈，比爾干，立爾矛。予其誓。」

友邦冢君，從武王伐紂之諸侯也。御事，治事之三卿也。亞旅，大夫、士也。師氏掌以兵守王門，亦大夫也。二千五百人爲師，師有帥，中大夫爲之，千夫長也。百人爲卒，卒有長，上士爲之，百夫長也。庸、蜀以下八國，皆西南夷，近周先附者。戈，鉤戟也。干，楯也。所以扞衛。矛，鎗屬。三棱曰矛。稱，舉也。戈短可舉，故言稱。干以遮蔽，故言比。矛長著地，故言立。

《禮》云：「疏通知遠，《書》之教也。其失也誣。」聖人刪《書》，于帝王升降之跡，可否疑似并存，以俟天下後世尚論者取裁，亦《春秋》之義云爾。竊嘗疑紂之惡，盡于不可君天下，如《誓》所言已矣，非謂人人可誅也。苟不遇文、武，未足使亡。武王與諸侯，順民心弔伐可耳。至于庸、蜀、羌、髳人，非我族類，率以攻中國，猶不倫，况以攻君父乎？舊史録其實，聖人刪《書》不少諱，無亦《春秋》之志與。孟子謂「盡信《書》，不如無《書》」，恐來世以爲口實，與刪《書》之意正同。又謂「武王伐殷，革車三百兩，虎賁三千人」，而武王亦自言「予有臣三千」，非即所謂虎賁將帥之士、千夫長、百夫長其人與？千夫長三千，當率衆三百萬人，故《序》變千言百，嫌過多也。今省三千爲三百，降千夫爲百夫，亦當率衆三十萬，猶非少也。如謂卒徒三百，則不宜言長。卒三百，用百夫長三人耳，不足千夫長半人。當時從行諸侯且八百，不反多于卒乎？又革車三百乘，《司馬法》用卒三萬，合虎賁所統三十三萬，猶周卒也。西土諸侯與蠻夷人悉率行，是百萬之衆矣。《詩》云「殷商之旅，其會如林」，遷《史》因謂紂兵七十萬。紂悉三州之賦，不能七十萬，况親戚叛之。所謂「如林」者，多周與諸侯蠻夷之衆耳。紂之亡，不以寡，而寡助益易亡。武王無敵，不以衆，而與衆益無敵。聖人删《書》自直，尚論者不可盡信鑿朴，亦不可避誣掩真，斯謂之「疏通知遠」，深于《書》矣。

王曰：「古人有言曰：牝雞無晨。牝雞之晨，惟家之索。今商王受，惟婦言是用。昏棄厥肆祀弗答，昏棄厥遺王父母弟不迪。乃惟四方之多罪逋逃，是崇是長，是信是使，是以爲大夫卿士，俾暴虐于百姓，以姦宄于商邑。今予發惟恭行天之罰。今日之事，不愆于六步、七步，乃止齊焉。夫子勗哉！不愆于四伐五伐，六伐七伐，乃止齊焉。勗哉夫子！尚桓桓如虎如貔，如熊如羆于商郊，弗迓克奔，以役西土。勗哉夫子！爾所弗勗，其于爾躬有戮。」

紂之惡，始于好内飲酒，世主之常。而紂遂以殺身亡天下，酗淫之禍甚矣哉！肆祀，陳設而祭也。答，報也。祭祀以報本也。弗答，如箕子所云「殷民攘竊神祇之犧牷牲用將食」是也。王父母，祖父母也。同祖之從兄弟不迪，不厚倫也，如囚箕子、殺比干之類。六步、七步止齊，言六軍整齊竝進，每進六步、七步，則止而少息也。伐，持兵擊刺也。每四擊、五擊，六擊、七擊，則止而少息也，少息以養勇也。

桓桓，勇貌。貔，豹屬。迓，邀擊也。奔敵，敗走也。輕進者敗，殺降者不仁，故戒之。役，猶勞也。戒以持重，勿趨利輕進也。夫子，呼衆將士。

洪範

洪，大也。範，法也。帝王奉天撫人之大法也。昔箕子被囚爲奴，武王誅紂，釋而禮之。後二年，訪以道，箕子授之《洪範》。今讀其書，畧無一語及商周間事，亦無稱功頌德、崇奬勸勉之意，但爾汝相告，直陳所見，可謂不降其志者矣。初語微子曰：「商其淪喪，我罔爲臣僕。」武王能虛懷延訪，故以道相授。商亡，不與微子、祿父同居，而遠處朝鮮，豈非武王善成其志與？遭逢若此，以道傳明主，以心獻先王，若箕子，亦文王之流亞也。方其與文王并囚，文王衍《易》，箕子衍疇，其志同。文王困于外而亨于内，箕子外有大敵，内事昏主。爲文王易，而爲箕子尤難。卒能以艱貞濟于明夷，夫子以與文王并贊，其欽崇至矣。謂之「洪範」，何也？天地人物、古今治亂、善惡吉凶之理，無弗範圍也。蓋宇宙萬變，其理各自然不易，所謂彝倫也。其調和中節，運量自君心。人主中心無爲，以守至正，德脩政舉，則宇内事物，清和咸理，天人協應，四海禔福。如人身血脉榮衛，周流無壅，則皇極建，彝倫敘，大化成，而洪範普矣。説者謂禹則《洛書》九宮，衍《範》以爲疇。今按《洛書》之數，北一、南九、東三、西七、東南二、西南四、東北八、西北六、中央五，伏羲取以併《河圖》，衍蓍占易者也。

故《易》云：「河出《圖》，洛出《書》，聖人則之。」未嘗言疇則《書》也。後儒因經云「天錫禹洪範」，而疇數適得九，故穿鑿附會。今謂疇不則《書》，何以數止用九，何以皇極次五居中。謂全倚《洛書》，則自九數外，别無取義。《洛書》本奇偶，配五行相生，而《範》以五行居一，其于配合生成之法，殊不相當。劉向父子作《傳》，以五行、五事分配，至于八政、五紀、三德、稽疑、福極，牽强補湊，殊乖自然。大抵聖人觀象玩數，以示參伍用中之義而已。一者三之中，三者五之中，五者九之中。陽數極于九，會于五，根于一。一生三，三兩則五，三三則九，九中則五。故聖人借五明中，借九衍疇，執中用九，而天地、帝王之事備。天地之數會于五。五者，四象合而成中也。故《圖》《書》皆中五。天數五，地數五，天地參伍爲十五。十五者，五其十，十其五也。故數不越五十，大衍之用也。《圖》數十其五而多一，《書》數十其五而少一，進退各成十五，故衍數用十，所以則《圖》。疇數用九，所以則《書》。然《書》數方隅、中央相對，亦各十五，故疇雖九，而其目五行、五事、八政、五紀、三德，稽疑七、庶徵六、福五、極六，合之亦五十。故《易》亦兼《書》，疇亦兼《圖》，所以謂之疇則《洛書》也。皇極無數，所以象中，無常主也。九宫陽數居四正，陰數居四隅，參和匹配，所以爲攸敘，共會皇極也。禹則《書》敘疇，大畧不過如此。蓋《洛書》之精藴，已盡于《易》，即神禹無能加，故但摹其九宫環極之數以配道，曰《洪範》，使天下萬世知君德莫大于執中。王道與造化同神，故初一爲五行，以《洛書》本五行也。一居初，故以五行當之。終于福極者，以善惡之極，歸于禍福也，故以九當之。五事脩己，八政治人，五紀法天，以次居皇極之内，所以立極之體也。三德運治，稽疑審事，庶徵占驗，以次居皇極之外，所以達極之用也。總之，八者皆所以維極，而合爲九疇。九事兼備，則常道得而天下治；九宮布列，則天地位而化育行。箕子之意，主于論治，不在衍《書》。後儒專執五行，譚災異，則鑿矣。

惟十有三祀，王訪于箕子。王乃言曰：「嗚呼！箕子。惟天陰騭(質)下民，相協厥居，我不知其彝倫攸敘。」箕子乃言曰：「我聞在昔鯀陻(因)洪水，汩(骨)陳其五行。帝乃震怒，不畀洪範九疇，彝倫攸斁(妒)，鯀則殛死，禹乃嗣興，天乃錫禹洪範九疇，彝倫攸敘。」

十有三祀，武王即位之十有三年，誅紂後二年也。紂死既久，乃訪箕子以道。知箕子罔爲臣僕，卒然未敢叩，至是始訪之，故曰「王乃言」「箕子乃言」也。史稱武王問箕子殷所以亡，箕子不忍言，以存亡之道宜告，是也。箕，國名，未詳。今山西大原府大谷縣有箕城，未知是否。蓋商之故封。今北京永平府有朝鮮故城，則周之封邑也。嗚呼！箕子云者，恐其不言，發嘆以自鳴其誠也。騭，進也。猶升陟之陟，扶助之意。天生下民，冥冥之中，進而陟之，輔相調和，使各得所。蓋民可使由，不可使知。正德厚生，天實默相。人君代天理民，得其常道，順其倫類，使億兆遠邇，清静咸和，無紛争乖戾，是爲彝倫攸敘。苟無條理區别，何以經綸天下，爲民物主。武王之問，即《洪範》之大旨也。箕子以亡國之臣，義不欲答，而武王虚懷延訪，大道爲公，乃肯言之。《洪範》九疇，初禹有此書，箕子衍之，以《洛書》九宮之數，配帝王經世之法。《洛書》九宮，無非五行變化，其詳已盡于《三易》。禹但借其數，以次序九類，而謂之疇，猶田之有井界也。先言洪水者，禹敷水土既平，正天陰騭下民，相協厥居之初，禹作此以敘彝倫者也。其言鯀，何也？疇兼善惡，因禹及鯀，明戒也。紂之不善，如鯀之汩陳。武王聞道，如禹之嗣興。鯀、禹父亡而子得，商、周君亡而臣得，皆天也。世儒緣此，謂禹治水時，神龜負《洪範》九疇授禹。按：夫子贊《易》謂「河出《圖》，洛出《書》，聖人則之」，皆言《易》耳。龜有文合數，聖人則而象之，所以爲神。若實有書，如所謂「一曰五行」云者授禹，是後世天書之誕，且何必聖人然後能則之。既則《洛書》，無一語合數，但填補其目，是何伏羲則《圖》，如彼其精奥，而神禹則《書》，如此其疏漏也。且箕子亦未嘗明言禹則《洛書》，學者因九疇漫擬，奈何更加穿鑿乎？鯀陻洪水，汩陳五行者，言鯀不察五行之理，不順天地水土之宜，強用私智，很愎自遂，陻高塞下，是亂五行、拂天道也。災變何由弭，道化何由興，倫類何由敘，是所謂「上帝震怒，不畀九疇」，而鯀所以死者，蓋寓言紂也。神禹嗣興，大智順理，觀天之道，相地之宜，法五氣之運，六府孔脩，庶土交正，別生分類，大化洪而萬品遂，上當天心，九疇乃錫。此禹所以興，蓋寓言武王，以明道之待人而傳也。道莫大于自然，自然之謂天。順理則治，自用則亂。鯀以方命敗族，禹以無事平成，故孟子曰：「天下之言性也，故而已。故者，以利爲本。禹之行水，行所無事也。智者若禹之行水。」即彝倫攸敘之意。蓋五行之道，莫大于順。萬物皆本五行，而水、土居先，故因治水發端。天人相與之際，舍五行無可據者。故爲九疇之本，而初一遂陳五行也。

「初一曰五行，次二曰敬用五事，次三曰農用八政，次四曰協用五紀，次五曰建用皇極，次六曰乂用三德，次七曰明用稽疑，次八曰念用庶徵，次九曰嚮用五福、威用六極。

此九疇之綱也。天地之間，孰非五氣。《洛書》九宫，皆五氣運行，而初一獨配五行，是疇固無取于《書》義之合，但用其數而已。蓋疇所重，在一、五、九。《洛書》一居下，五居中，九居上，故以一當五行，爲萬事根本。五當人主，爲皇極居中。九當福極，爲治亂安危之應而居上。東西四隅，六位各以天道、人事錯列，互相維持。左三爲八政，人也。而東北隅爲庶徵，東南隅爲五紀，皆天也。右爲稽疑，天也。而西北隅爲三德，西南隅爲五事，皆人也。天人交濟，以調五氣，建皇極，脩福而遠凶也。五行不言用，次八言用，即用五行也。天下萬事萬物，皆五氣之用。五事脩身，即次五行居二，爲敬用也。八政治人，故次五事居三。政首民事，爲農用也。五紀治曆授時，故次八政居四。時以人合天，爲協用也。皇極，大君所以樹表于中，八方取則。居五，五爲中，方隅合成中。皇極無數，八者咸宜，即極立，故建用也。三德，皇極所以致治，故次極居六，爲乂用也。治有得失，惟稽乃明。故次三德居七，爲明用也。人事有得失，天道有徵應，不可不省念，故次庶徵居八，爲念用也。先事有徵驗，究竟有禍福。福則當向，禍則可畏，故次福極居九，爲嚮用、威用也。夫武王問彝倫攸敘，而箕子必推本五行，分爲九疇，何也？天道五氣運而四時敘，歲功成，王者奉承天運。故曰「百工惟時，撫于五辰，庶績其凝」，堯、舜所以治也；「威侮五行，怠棄三正」，有扈所以敗也。《易》曰「時乘六龍，以御天」，言奉天時也。故五行者，聖人所以法天時行。九疇各爲其類者，王者所以調劑萬品，順天道，因時宜，裁成輔相，而偕之于大造，所以謂洪範也。

九疇配洛書之數

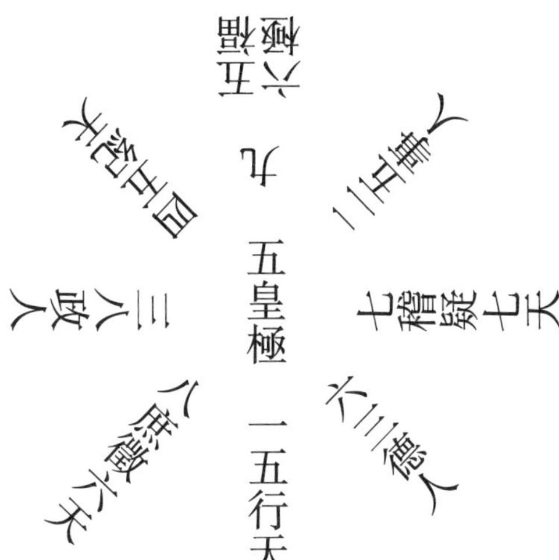

「一，五行：一曰水，二曰火，三曰木，四曰金，五曰土。水曰潤下，火曰炎上，木曰曲直，金曰從革，土爰稼穡。潤下作鹹，炎上作苦，曲直作酸，從革作辛，稼穡作甘。

此以下九條，皆九疇之目也。綱者，禹所傳；目者，箕子所衍也。水、火、木、金、土相生之序，詳見《易》大衍之數章。朱子曰「五氣之初，濕而已。濕則蒸溽，蒸溽則條達，條達則堅凝，堅凝則有形質」，是也。潤下五者，皆以質言其用也。作鹹五者，皆以氣推其性情也。水能生物，潤濕而就下。火能熟物，炎熱而升上。木能曲能直，隨繩墨成材。金從變革，隨範成器。土能生物，於是播種爲稼，收斂爲穡，以致養。五行之變不勝窮。獨以味言者，味人易辨，因味可識性情之微也。水初不鹹，惟潤下之極，沈聚作鹹。火初不苦，惟炎上之極，焦枯作苦。水純陰，火純陽也。木與金，陰陽二氣雜，故木可曲直，金從人革。曲直者其味酸，酸亦味之雜，故木實酸也。從革者其味辛。辛，新也。故金出冶，其臭腥，腥亦辛也。土稼穡成五穀，味作甘。土生百物，不必皆甘，而五穀以甘養人，故甘爲土正味。知五行之味，則性情之理與調劑之宜，可類通矣。天下萬事萬物，孰非五氣之變。所以首九疇而爲初一也。

「二，五事：一曰貌，二曰言，三曰視，四曰聽，五曰思。貌曰恭，言曰從，視曰明，聽曰聰，思曰睿。恭作肅，從作乂，明作哲制、哲二音，聰作謀，睿作聖。

五行在天地間，無之非是，不可分析論也。經以五行配五事，合庶徵，亦就人身五官驗五氣，以明天人合一、彝倫攸敘之理，非斷然以某事司某行、應某徵也。若然，則箕子于八政、稽疑、三德、六極，奚不皆言五而爲是參差不齊者邪？貌、言、視、聽、思，水、火、木、金、土，其次序既不相合，而八政、稽疑、福極，多寡不等。按：疇索徵，往往不驗。儒者恐人君忽天戒，遂强爲説，不知一不驗而五皆妄，反以褻天，而甚世主之疑耳。夫天道可畏，惟其不測。人心腹腎腸，日用萬應，孰非五氣。第執貌、言、視、聽、思，論五行，合庶徵，亦拘泥不通甚矣。箕子意欲人君脩身克己，全體陰陽之德，調養中和之氣。視、聽、言動時，思儼若，則五德兼體。皇極立而參贊之功成，乖沴不生，民居協而彝倫敘矣。作範本意，不過如此。但敘倫，則條理次第，不得不詳，故謂之九疇云爾。其實一洪範也。世儒不達洪範之理，割裂九疇之序，舉目遺綱。一目之綱，可以得鳥乎？先儒以貌配木，言配金，視配火，聽配水，心配土，近似，而于五行庶徵之序不相合。或以貌屬水，言屬火，視屬木，聽屬金，于五行庶徵序合，而其類又不甚似。貌以潤澤屬水猶近，而言以氣盛屬火，木以肝故屬目，金以聲亮屬耳，則支矣。陰陽變化，五事各有五行，五行各含五事，錯綜其數，無所不配，今拘拘然一事按一行，合一徵，必不然矣。然經以貌、言、視、聽、思爲序，何也？自外而裏，由粗而精。貌爲形，言爲聲，視聽爲精，而思爲神也。恭、從、明、聰、睿五者，德也。肅、乂、哲、謀、聖五者，用也。貌之德恭，容止脩，斯儼若矣。言之德從，議論公，斯順服矣。視之德明，目擊則昭徹矣。聽之德聰，耳聞則審諦矣。思之德睿，精慮則通微矣。貌恭作肅，莊涖則無侮也。言從作乂，當理則令行也。視明作哲，見真則無不照也。聽聰作謀，知音則無不審也。思睿作聖，識微則無不通也。五者總歸于敬，故曰敬用。今以貌有容華屬木，或以爲有潤澤屬水，皆可，而欲以貌治雨則難。以言爲決斷屬金，或以爲宣揚屬火，皆可，而欲以言治暘則難。以視爲外光屬火，或以爲發散屬木，皆可，而欲以治燠則難。以聽爲內明屬水，或以爲收斂屬金，皆可，而欲以治寒則難。以思主五官，土主五行相配，亦可，而欲以治風則難。有此理，不必有此事。有此理者，神所造，無此事者，形所格也。儒者必强附之曰：姑以示戒，言不由衷。非所以説經也。

「三，八政：一曰食，二曰貨，三曰祀，四曰司空，五曰司徒，六曰司寇，七曰賓，八曰師。

八政爲農用，故食爲首，財貨即次之。食以養民，貨以足國，一日不可缺也。百物備則祭，報本反始，大事也。司空、司徒、司寇，古三卿。司空主水土，司徒主民，司寇主刑，得人則庶政舉矣。賓，禮諸侯也，王者親諸侯則賓之。師，衆也。天子六師，有不服則討之。八者皆食爲本，故曰農用也。

「四，五紀：一曰歲，二曰月，三曰日，四曰星辰，五曰曆數。

堯之時，洪荒初開，曆象未正，故治曆授時爲首。商周之際，曆象既明，故五紀次農政。歲者，正一歲之四時。月者，定十二月之晦朔。日者，定一日之刻漏。星者，五緯二十八宿皆是。辰者，星之次舍。凡星皆有舍，如日月所會之處爲十二辰也。曆數，謂自上古至今以後，天地四時日月星辰運行之數。曆數明，則歲、月、日、星辰無不正。彰往察來，可坐而致，所以爲協用也。

「五，皇極：皇建其有極，斂時五福，用敷錫厥庶民。惟時厥庶民于汝極，錫汝保極。凡厥庶民，無有淫朋，人無有比德，惟皇作極。凡厥庶民，有猷有爲有守，汝則念之。不協于極，不罹于咎，皇則受之。而康而色，曰予攸好如字德，汝則錫之福。時人斯其惟皇之極。無虐煢獨而畏高明，人之有能有爲，使羞其行，而邦其昌。凡厥正人，既富方穀，汝弗能使有好于而家，時人斯其辜。于其無好德，汝雖錫之福，其作汝用咎。無偏無陂坡，遵王之義俄，無有作好，遵王之道。無有作惡，遵王之路。無偏無黨，王道蕩蕩。無黨無偏，王道平平。無反無側，王道正直。會其有極，歸其有極。曰皇極之敷言，是彝是訓，于帝其訓。凡厥庶民，極之敷言，是訓是行，以近天子之光。曰天子作民父母，以爲天下王。

《洪範》之旨，貴寬平豁達，而惡夫硜硜刻削者。羅八荒以爲度，攬九有以執中，故能容蓄萬品，調燮庶類。所稱「彝倫攸敘」「相協厥居」，非蕩平正直，不足臻此。治本在君身，故九疇之要在皇極，而言之獨詳。八者皆所謂保極，皇則八者之所待以錫極也。皇，大也，君也。《詩》云：「皇矣上帝。」孔子云：「大哉堯之爲君，蕩蕩乎唯天爲大，唯堯則之。」莊周所謂：「無門無旁，四達之皇皇。」是也。極，至也。《易》曰「至哉坤元」，子云「中庸其至矣」，言極至無以加也。極心爲中，中本無中，心自無心，故曰大。《禮》云：「喜、怒、哀、樂未發謂中。」中者，大虛自然之名，故《易》有大極，極即中，中斯大。天子爲世教名物宗主，大建其道，無人我，無適莫。允執厥中，以爲民極，天下有一民一物，吾此道不足以諧其分、適其願。即不謂之極，大公至正，自然無私，而八方取則，如《大學》絜矩，乃能皇建其有極，斂崇高富貴之福，以經世宰物，敷施此極于庶民。惟是庶民，皆承風向化于汝極，與汝共保此極。《詩》云：「羣黎百姓，徧爲爾德。」大平之化，非君一人所能興也。皇建極而錫民，是君極通于天下也。民于極而錫君保極，是民極合于一人也，所以彝倫敘而爲洪範也。天下無淫朋，在位無比德，惟以大君之極作極，此之謂君錫民極，民保君極也。「凡厥庶民有猷」以下，所謂斂是五福，錫極于民也。蓋其蕩平正直，含洪翕受，養天下以和平之福，無比昵之私，而恩無不溥，有旌別之明，而量無不容，所以皇極爲《洪範》樞紐也。言皇極而及福，何也？太平無象，天下褆福，則皇極備。皇極者，無爲無成。八疇列，斯皇極建。八疇時敘，即皇極功成。故五事、八政、三德，皆所以脩此極，而皇極不自營。庶徵、稽疑、五紀、五福、六極，皆所以成此極，而皇極不獨成。皇非空大無實，極非虛中無用。故自君于民，見極之錫焉；自民于君，見極之保焉。于上下大順，一世同風，見皇極之建焉，故以錫福相保言極。然而又有五福、六極，何也？極在中五，則斂爲福。陽九過亢，得則爲福，失則爲禍。夫極，中而已者也。過則窮，亦若《乾》上九則亢悔。故不曰五極，而曰六極。五則中，中則皇極，皇極則斂時五福矣。有謀猷，有作爲，有操守，得一于此，君則念之。

即未協于中，而已不陷于惡，此中材士也。用人求備，人將弗堪，則當受之。而康和其色，以教之曰：予有美好之德，夫攸好德，君之福也。寬柔以教人亦勉于德，是汝錫民之福。人之歸極，亦君之極矣。《易》之言泰也，亦曰「包荒，利用馮河，朋亡，得尚于中行」，即錫福康色受之之義。説者謂康色，爲其人自薦，則錫之福，亦太濫矣。豈非所謂無好德而錫福作汝咎者邪？蘇子瞻引唐武則天令百官、百姓得自舉爲證，豈可爲不易之典常乎？齒及武氏，尤不倫矣。勿虐煢獨，善雖窮必録也。勿畏高明，不善雖貴不私也。如是則凡人之有能有爲者，使之皆得進于上，衆正向用，世風丕變，邦其昌盛矣。凡人君欲正人，必先使之富足。方可責以善道，汝弗能使之衣食饒足，俯仰得所美好于其家，是人救死不贍，斯罹于其辜矣。皇極之主，所以當容保民無疆于有能有爲者，不可不亟錫之福也。若濫及私人，彼無好德，汝雖寵昵，而淫朋比德，敗壞汝極，其作汝用咎耳。美哉皇極！執中無爲，好德錫福，而天下順治。上無刑戮之加，下無淫比之俗，家皆樂利，人皆可封，斯王道之極已。「無偏」以下十四語，反覆諷詠，使人深思自得，所謂皇極之敷言也。偏，不中也。陂，不平也。不中不平，非皇極也。有心而愛，是謂作好。有心而憎，是謂作惡。有心非皇極也。有偏黨，則崖異而不蕩平。有反側，則機變而不正直。皆非皇極也。六者盡無，廓然大公，洞然大虛，天子懋建中和，而會其有極，可以錫民矣。天下遷善不知，而歸其有極，相與保極矣。斯言也，是曰「皇極之敷言」。蓋疇莫大于皇極，故言莫詳于敷極，此彝常之理，是爲大訓。上帝所以錫禹者，我不過敷衍于其帝之訓耳。豈獨君當訓行？庶民于此敷言能訓能行，則錫君保極，受君之福，以親近天子之光輝。若爲天子者能訓行之，則可以作民父母，人皆尊之親之，以爲天下王矣。曰，猶若也。更端之辭。武王之伐紂也，殺伐用張，箕子欲濟以寬和，故言錫福。所謂「而康而色」「作民父母」，即《詩》云「豈弟」「樂只」，以易其維揚之武，而綏之以中和也。故武王韜弓戢矢，歸馬放牛，遏劉偃武，惟日不足，夫亦有感于箕子之訓也。夫此皇極建中之旨，而朱元晦謂皇不可訓大，極不可訓中，不謹乎至微，而務爲寬廣，其弊必墮于漢元帝之優游、唐代宗之姑息，是非顛倒，賢否貿亂，而禍敗隨之，故其訓中曰：「無過不及。」夫六經論道，天地聖人之事也。今指衰世庸主之弊，而慮皇極之太廣，是物有疵癘，而責天地俯就也。皇極數五位中，純體即中，何過不及之足言。執中無中，用中無象。中者，聖人之事。故曰：「從容中道，聖人也。」非可以中爲一物，于無過不及之間求也。以無過不及訓字，則遺左右。以無過不及論道，則規規然子莫也。子莫執中無權，堯、舜允執中，權也。可與立，未可與權。權與立反，立執而權無執，所謂無可無不可也。無過不及者，立也，一定不移之象。中無象，不可以一定求也，故曰：「執其兩端，用其中于民。」兩端而中無不在，故曰：「陰陽不測之謂神。」神者，中也。一陰一陽之謂道。道者，中也。子思云：「喜、怒、哀、樂未發之謂中。中者，天下之大本。」賢智愚不肖之間，擬議摹倣之迹，非所以求中也。是以皇極不言中，皇極即中，中無言也。孟子謂：「天下之言性，故而已。」性無可言，言則皆故。有意用中，非中。有中可用，亦非中。皇極以數則五，以疇則八者之心。心即中也。八者敘而中在，如土旺四時，四時行而土在也。堯文思安安，允執厥中，文王不識不知，順帝之則，夫子從心所欲不踰矩，乃可爲中。故中者，天道不言之則，聖人無心之矩，如之何拘拘于過不及之間求也？

漢唐之主，優柔姑息，尚不知三德何物，而妄言皇極。憂寬大之爲累，是未立求行也。以無過不及言三德則可，以言皇極，是以管闚天也。以道言，則「易有大極」是也。以君言，則「大哉堯之爲君」是也。是謂皇極，無過不及，不足言也。餘詳《禮記·中庸》篇。

「六，三德：一曰正直，二曰剛克，三曰柔克。平康正直，彊弗友剛克，燮友柔克。沈潛剛克，高明柔克，惟辟[必]作福，惟辟作威，惟辟玉食。臣無有作福、作威、玉食。臣之有作福、作威、玉食，其害于而家，凶于而國。人用側頗僻，民用僭忒。

皇極居其所無爲，而其張弛在三德，是故次皇極。位居西北乾方，與五事居坤方，所以配至德也。正直彷彿皇極，但自君身作用，未離執守，故曰德。正直者，渾然中和，無剛柔之名與克治之迹。剛克者，以奮發勝。柔克者，以含容勝也。平康之世，行所無事，正直而已。遇彊梁弗友順者剛克，以剛治剛也。遇燮和友順者柔克，以柔治柔也。資性沈潛者，頹靡不起，剛克以矯其柔。資性高明者，激昂不平，柔克以濟其剛。參和不偏，所謂三德也。然亦有辨，剛者君道，柔者臣道。君彊而臣燮，君高明而臣沈潛，德之分也。故惟君作威作福，享有珍奉，以別于臣也。臣而效之，則敗家亡國之道。在位之人反側頗僻，則民皆習爲僭忒，此尤用剛柔者所當辨也。詳箕子之意，常人柔順可用，剛不可過用。《易》道亦然。可以參伍觀也。

「七，稽疑：擇建立卜筮人，乃命卜筮。曰雨，曰霽，曰蒙，曰驛，曰克，曰貞，曰悔，凡七。卜五，占用二衍忒。立時人作卜筮，三人占，則從二人之言。汝則有大疑，謀及乃心，謀及卿士，謀及庶人，謀及卜筮。汝則從，龜從，筮從，卿士從，庶民從，是之謂大同。身其康强，子孫其逢吉，汝則從，龜從，筮從，卿士逆，庶民逆，吉。卿士從，龜從，筮從，汝則逆，庶民逆，吉。庶民從，龜從，筮從，汝則逆，卿士逆，吉。汝則從，龜從，筮逆，卿士逆，庶民逆，作内吉，作外凶。龜筮共違于人，用静吉，用作凶。

疇至七八，而脩身立政之事備矣。聖王以爲萬有不同之幾事，欲諧萬有不齊之人情，亦難矣。惟鬼神無心，可以服人。于是乎有卜筮，是非可否，素定于衷，而羣疑未釋，衆志未同，借此决之。故五事、八政、皇極、三德脩，而後及卜筮、庶徵，則疇之所先可知也。後世以卜筮爲《易》道，因《盤庚》《洪範》，武王、周公誓誥皆言卜，而不知其爲默順羣情，開愚蒙，神道教之微權也。豈其德政不脩，謀猷不審，而一切倚仗枯骨腐草乎？筮法詳見《周易》。龜兆不著于經，其法先以墨識龜，灼以火，察其雨、霽、蒙、驛、克之象，而占其貞、悔，無蓍策四營十八變之法。蓋《易》道之旁岐、八卦之支流，無關于理，而物依人重，衆人信之，即以爲羣情之符。聖人因民用，亦用之，則以爲聖人之器云爾。非若五行、五事、八政、三德亘古不易也。九疇用之，以協羣情，接鬼神，疏疑滯，極致其彝倫之敘，而贊成皇極耳。然五卜獨言龜，何也？疇本于《書》。《書》，龜也。故但言龜。《左傳》謂蓍短龜長，《周禮》又謂先筮後卜。《周禮》《左傳》皆後世之書，然謂先筮後卜，近之。蓋筮本《易》，而龜于《易》遠，惟貞、悔合《易》，而其説雜緯，故孔子譏居蔡。秦漢以後，廢而不講。商周之季，龜爲政，箕子因以敘疇也。稽疑者明知事理當然，而羣議不協，故借卜以謀于鬼神，定猶豫。非本茫然無據，徒徼倖于鬼神爾也。卜人司龜，筮人司策，有卜筮則命之。擇建者，擇諳卜筮之人建立之也。或曰擇至公無私者，然則必羲、文、周、孔而後可矣。「曰雨」以下五者，皆龜兆之象。有濕潤爲雨者，有開明爲霽者，有昏闇爲蒙者，有聯絡爲驛者，有相侵爲克者，有吉祥爲貞者，有凶禍爲悔者。故《洛誥》成王曰：「卜休恒吉，我二人共貞。」言同吉也。《左傳》曰：「蠱之貞，風也。其悔，山也。」謂《蠱》卦内吉外凶，風不遇山不成蠱。而後儒遂以内卦名貞，外卦名悔，非也。又以雨、霽、蒙、驛、克配水、火、木、金、土，雨、霽、蒙近似，而驛、克殊不似。即五行、五事、庶徵、稽疑似，而他疇不似，决非箕子意矣。稽疑有七，卜用雨、霽、蒙、驛、克五者，而占止用貞、悔二者，衍而推之，以考其差忒，蓋占事與龜兆雖多，要不外吉凶兩途耳。掌卜筮者非一人有疑，再三卜，或吉或凶，從其多者。如二人同，一人異，則從其同也。下文云「謀及乃心」，卿士庶人，同多則吉，少則凶，即此意。而或者謂筮卜必立三人，又謂龜有三兆，卦有三易，皆附會之説。國家大疑，未有不先斷于心者。故謀及乃心，情形理勢，灼然已審，然後以己所謀者，質諸在朝卿士大夫。以卿士大夫所謀者，内參諸己，如是亦審矣。猶恐國人不同，乃以所謀于朝廷者，參諸邦國庶人。夫謀及庶人，可無不明之疑。然羣庶人而謀，又其難調之口，故必質諸鬼神，問諸卜筮。豈卜筮之謀，的然可據，勝于己心與卿士庶人乎？

非也。亦惟以决嫌疑，定猶豫，誘羣蒙，齊物議耳。皇極之主，五事脩，三德備，八政舉，君臣合德，上下同心，猶必稽之卜筮，所謂質諸鬼神而無疑也。是以己心可，龜筮亦可，卿士庶人亦可，人神協應，謂之大同。不獨身康彊，子孫亦逢吉。若己心可，龜可，筮可，卿士庶民不可，則是己心見信于鬼神，而或不信于人，爲之亦吉。卿士可，龜可，筮可，汝心不可，庶民不可，則是卿士大夫所謀合于鬼神，從卿士爲之亦吉。庶民可，龜可，筮亦可，于己心不可，卿士亦不可，則是庶民所謀者合于鬼神，從庶民爲之亦吉也。凡此三者，同多而異寡，故皆吉。如己心可，龜可，筮不可，卿士不可，庶民不可，則同異半。作内事吉，以己之所可合于龜也。作外事凶，以卿士庶人所不可合于筮也。吉凶亦半也。如龜不可，筮又不可，雖己心與卿士皆可，而謀不協于鬼神，無論事非，即是亦當且止。是天不欲成就其事，而羣情已疑，所謂止或尼之也。静則雖否亦吉，作則雖是亦凶，正聖人所以諧羣情、定大謀之道。然豈有皇極建而人神不協同者，稽疑論卜而已。讀者不可不察也。

「八，庶徵：曰雨，曰暘，曰燠，曰寒，曰風，曰時。五者來備，各以其敘，庶草蕃廡[武]，一極備凶，一極無凶。曰休徵：曰肅，時雨若；曰乂，時暘若；曰哲，時燠若；曰謀，時寒若；曰聖，時風若。曰咎徵：曰狂，恒雨若；曰僭，恒暘若；曰豫，恒燠若；曰急，恒寒若；曰蒙，恒風若。曰王省惟歲，卿士惟月，師尹惟日。歲、月、日、時無易，百穀用成，乂用明，俊民用章，家用平康。日、月、歲、時既易，百穀用不成，乂用昏不明，俊民用微，家用不寧。庶民惟星，星有好風，星有好雨，日月之行，則有冬有夏。月之從星，則以風雨。

此後世言災祥之始。天地人物，本同一氣，合爲一體。天地以內，莫匪人物。人物徹底，渾是天地。五行之氣，貫通三才，其精靈發竅于人，故宇內夭喬飛走。木石瓦礫，無一不與造化通，而人最靈。所不及天地者，天地大而人小。人在天地中，其包絡本不相及。天地純氣，活潑不停，而人積形。天地無心，乘運自然，而人有意。故天地一闔一闢，能轉人物。人窮智極巧，不能轉天地，其分量違也。惟聖人能守氣凝神，踐形盡性，以法天。惟天子父天母地，統民物，精神力量，充塞兩間，而感通易。聖人爲天子，則敬五事，乂三德，以措之八政，建諸天地，質諸鬼神，無一民一物，不戴德煬和。四時序，三光調，風雨寒暑，莫不順成，此豈聖人形氣能主宰天地，豈天地精神倚辦于聖人？蓋天子中和建極，則萬民安。萬民安，則品類無不敘。五氣之行，得以順布而無壅閼之者，五材之生，得以遂養而無戕賊之者，是以乾坤清寧，上下奠位，如家人妻子兄弟，內外大小，恩誼隆洽，則父母亦厎豫矣。反是不肖之主，酗淫頗僻，德政不脩，百姓受害，怨毒塞于兩間。恣睢暴殄，五材銷索，五氣淫癘，以致風雨不節，四時失序，日月晦冥，山川崩竭。父母雖慈和，而一家睽離，欲無震怒，不可得已。此明白自然之理，非必屑屑然，求其類應，亦何敢泄泄然玩其爲無有也。蓋天之蒼蒼，氣耳。氣之浮動不定。

天之昭昭，神耳。神之變化不測。以其不測，運其不定。人欲一一推測比儗，則有時不應。欲恣睢放易，謂無是事，而事忽響至矣。故聖人中和位育，有必至之祥。昏主得罪天地，有必然之殃。天人同體，豈得謂災祥一毫無與于人；人備五氣，豈得謂善惡一毫無與于天。玩者忽而不信，拘者比而不合，故夫達天人難也。然則箕子以五事配休咎，又何其拘邪。蓋天地既與人通，人主精神既與天通，觸類推求，其理固然，乃所謂彝倫者也。事事物物，各具天則，造化之理，不遠人身。故貌、言、視、聽、思，即身中之五行，而雨、暘、燠、寒、風，皆人身所本有。非謂貌肅即致雨，不肅即招水災之謂也。然則何以謂之徵？蓋人主之貌、言、視、聽，非自爲也，是億兆人之貌、言、視、聽也；人主之心思，非自爲也，是億兆人之心思也。善則天下受福，而不善則天下受禍。一人之貌、言、視、聽，不足以動天，天下人之禍福安危，是即天道。五行，善惡動而休咎應，自然之理也。然則又有不應者，何也？是曩所謂氣之不定，與神之不測。《詩》云「不可度思」，矧可射思者也。如謂無徵，則天與人漫不相關，而天道頑冥不仁，必無之理也。如謂一一求徵，則天爲人役，而神爲定局，亦必無之理也。是以百家伎術，星相卜兆，謂爲無之而時亦奇中，謂爲有之而萬無全獲。故夫周天之度，三百六十五足矣，而必多四分度之一；日月五星，同行可矣，而必參差歲功乃成。苟禍福之數，皆整齊截一，則皆可揣摩安排，而人皆得趨避矣。此言庶徵者所當知，非無是、烏有之謂也。大抵人主至于皇極建，德政脩，人神協從，然後可言庶徵。則庶徵之于九疇後矣。而較之卜筮，亦爲後矣。世主忽人事，譚蓄異，不倒置乎？雨、暘、燠、寒、風，或分春夏秋冬，以配五行。夫五者之來，無日無之，豈春獨雨而夏獨暘？

非也。且風何必獨主土，尤非也。時謂歲、月、日、時。「五者來備」以下，雨、暘、燠、寒、風之徵；「王省」以下，時之徵。來備，各以其敘言，五者皆有而不過也。庶草蕃廡，則百物可知，此休徵也。過則極。極備，言過多也。極無，言過少也。二者皆凶、咎徵也。休，以其時也。咎，以其恒也。徵，謂以人事爲主，五者爲驗也。休徵者，五事脩，五氣以時應。咎徵者，五事失，五氣以極應也。若，順也。貌恭肅，有洗滌方新之象，在天當爲時雨以順之。時雨，則萬物洒濯一新，是亦天象之肅恭也。言從乂，有熙明整飭之象，在天當爲時暘以順之。時暘，則萬品宣昭，是亦天象之乂治也。視明哲，有通融爽快之象，所謂智者樂也，在天當爲時燠以順之。時燠，則陽氣通暢，亦天象之明哲也。聽聰謀，有嚴凝静密之象，所謂安静能慮也，在天當爲時寒以順之。時寒，則陰氣沈静，亦天象之聰謀也。思睿聖，則有洞虚四達，微妙玄通之象，在天當爲時風以順之。時風，則周旋上下，無微不入，亦天道之睿聖也。此爲休徵，即所謂「五者來備，各以其敘，庶草蕃廡」，聖人位育之能事也。反是則爲五失。狂反肅，如人病狂，容貌不脩，則時雨之徵，反爲恒雨以順之矣。僭反乂，亂而不治，則時暘之徵，反爲恒暘以順之矣。豫反哲，哲者英鋭，而豫者優柔，則時燠之應，反爲恒燠以順之矣。急反謀，謀者從容，而急者躁擾，則時寒之應，反爲恒寒以順之矣。蒙反聖，聖者通明，蒙者晦塞，則時風之應，反爲恒風以順之矣。此謂之咎徵，所謂「極備凶，極無凶」也。然極備、極無謂之恒，何也？五事五徵，旋相爲用，非主一偏勝也。如其可以偏用，則豈休徵之肅，致時雨，而或少時暘。咎徵之僭，招恒暘，而或無恒雨乎？餘可知也。五徵此極備者，即是彼極無。五事此能脩者，即是彼兼成。未有耳不聰而目獨明，貌不恭而言獨乂，貌、言、視、聽失德而心獨聖明者。或曰：雨、暘五者，不可以恒。肅、乂五者，恒何傷。夫肅、乂五者，亦迭用也。貌有時肅，亦有時不必肅。如見賓、承祭則肅，父黨無容。燕居無容，則不必肅。耳、目、心思皆然。大畧肅、乂二者相濟，視、聽二者亦相濟。雨濟暘，暘濟雨，燠濟寒，寒濟燠，故時也。人肅恭必寡言，多言必舒散。專謀者常瞑目，專視者常錯聽，故暘亢而時雨，雨集而時暘，燠盛而時寒，寒洌而時燠。雨無暘，則成恒雨。暘不雨，則成恒暘。燠寒亦然。然則休徵之時，以五者參和，咎徵之恒，以五者偏勝也。則夫肅、乂、哲、謀、聖，又豈偏舉者哉？故不當肅而肅，則肅即是狂；不當乂而乂，則乂即是僭；不當哲而哲，則哲亦即豫；不當聖而聖，則雖聖亦蒙。蓋狂者亦自以爲聖，僭者亦自以爲乂，豫、急、蒙者亦自以爲哲、謀、聖也。是以五事同而得失異，故五徵同而時恒異也。時暘而時雨，自覺雨降而萬物起色，肅肅如也。久雨不止，則浸淫汎濫，爲狂而已。時雨而又時暘，自覺開霽，而萬類整齊，乂乂如也。久晴不止，則百物萎槁蒙茸，爲僭而已。時寒時燠，則陽氣達，而金石亦透，哲無不察也。恒燠不止，則桃李冬華，緩而不收，爲豫而已。時燠而時寒，則陰氣凝而生意隱藏，謀無不精也。恒寒不止，則九夏飛霜，當生而殺，爲急而已。時風而風，則導鬱疏滯，變動鼓舞，是謂聖矣。久風不止，則飛砂伐木，昏霾四塞，反成鬱閉，如人儵忽變詐，精神疲勞，昏氣勝而靈性死，爲蒙而已。故五行合而爲天道，五事合而成至德。聖以時措，而極以中建。曰時曰恒，兩言蔽休咎之理。箕子之説，本自融通。俗儒割裂分配，虚誕不應，豈箕疇本旨哉？「曰王省」以下，皆曰時之徵。王者兼統臣民，如歲之統日、月。一歲之休咎，皆王之休咎也。卿士輔王，如歲之有月。其休咎分王十二分之一。師尹，衆官之長，如歲之有日。其休咎又分王三百六十分之一。蓋職有尊卑，責任有大小，要之歲雖大，而除月、日，亦無歲。君雖重，而無卿士、師尹，亦難獨舉。故君臣各以其類脩省，協共和衷，然後可以調元化，承天休也。一歲之中，歲統月，月統日，四時順序，雨、暘、燠、寒、風時若而無變易，是王、卿士、師尹之休也。以百穀則成熟，以政治則脩明，以賢人則顯用，國家平康，此休徵也。有如日不順月，月不順歲，氣候顛倒，雨暘五者失時變易，是王、卿士、師尹之咎也。以百穀則不成，以政治則昏亂，以賢士則隱微，國家不寧，此咎徵也。君、卿士、庶尹所以貴交脩，至于庶民雖賤，尤不可忽。庶民則五紀之所謂星也。彼其欲惡難齊，向背無常。如星有好風者，箕之類是也；又有好雨者，畢之類是也。箕本東方木宿，而風爲中央土氣，木克土爲妻；畢本西方金宿，而雨爲東方木氣，金克木爲妻，各好其所尅也。又箕以簸揚，風象也；畢以漉魚，水象也。其類亦相應。民心有欲，亦猶是耳。民以所欲待于上，星以所好待于日月，故日月亦不能違星也。日月之行有冬夏者，日有中道，月有九行，天體如彈丸，北高南下。北極出地上三十六度，南極入地下三十六度，南北極相去之中，東起角，西至婁，爲黄道，即中道也。黄道北，爲黑道者二。黄道南，爲赤道者二。黄道西，爲白道者二。黄道東，爲青道者二。通爲九行也。北至東井，去北極近。南至牽牛，去北極遠。日南行至牽牛，則爲冬至。北行至東井，則爲夏至。中行角婁，則爲春秋分。此日行也。月立春、春分，行青道。立秋、秋分，行白道。立冬、冬至，行黑道。立夏、夏至，行赤道。此月行也。道以日月之行按之，黄、赤、白、黑云者，以方色名之，非天真有道，道真有五色也。日月行雖各有常道不可變易，而月之從星，則因其星之所好。如從箕，則其月多風；從畢，則其月多雨也。獨言月者，月陰精而風雨陰氣也。不言日者，日爲陽主，月與星皆從之。故月有從，而日不言從也。星雖微，日月不以風雨違其好。庶民雖微，王、卿士、庶尹不以所好從之。亦如星能爲日月之咎，故念庶徵者，尤不可忘民也。

「九，五福：一曰壽，二曰富，三曰康寧，四曰攸好如字德，五曰考終命。六極：一曰凶短折，二曰疾，三曰憂，四曰貧，五曰惡，六曰弱。」

九言福極，爲得失之終，天人之合也。福極居九，則禍福爲尤後矣。然必銷患蒙福，乃謂彝倫敘，皇極建，天人應而成洪範也。蓋王者敬五事，乂三德，錫皇極，則五福自備。壽本于天，故最先。養生次之，故二曰富，無患難又次之。生而爲善人，有美好之德，又次之。考成以終天命，得正而斃，無所虧辱，又次之。由五而上，似緩而要，好德考終，士君子之所謂福也。自一而下，似要而緩，壽、富、康寧，衆人之所謂福耳。五者合而君子、衆人之福全。苟以富、康寧爲福，則賢士君子不能盡得。如以好德、考終爲福，則羣黎百姓不能盡得。此之五福，君可錫，民可保，無人不偏者也。蓋陰陽和，則民多壽；農政脩，則國多富；福極錫，則康寧；五事、三德敬乂，則攸好德；人鬼協從，則考終命。是五福所由來也。反是則凶喪而短折，不壽也；多疾病，不康也；多憂愁，不寧也；困于財，不富也；生爲不善之人，無攸好德也；羸弱無强幹之力，如《禮・王制》云「跛」「躃」「侏儒」之類，體有虧欠，不成考終也。是謂六極。雖然，五事脩，必五福備，則仲尼不窮，而顔淵不夭矣；五事失，必六極至，則盗跖不飽，而夷、齊不餓矣。故疇惟敘其倫耳。福、極未可硜硜論，而五行、庶徵未可區區合也。福言五，而極言六者，五爲中數，六過五爲極，則凶，故極不可過也。九本陽，得五，則乾之飛龍。過六，則亢而有悔。故五爲陽，而六爲陰，五福而六極，此聖人則《洛書》之義也。

尚書辨解卷四終

尚書辨解卷五

金縢

金，鎖屬。縢，猶閉也。古者卜筮之書，用櫝藏，加鍵閉曰金縢。卜則啟，既卜，以其祝册與所得兆辭併藏之。昔武王有疾，周公卜請代，史藏其册于匱。其後成王以管叔流言疑公，公避謗居東，天大風雷，王啟匱卜，得公前册感悟，迎公歸。史記其事，命曰金縢。《序》謂周公自作，非也。如公自作，則請代與藏册，皆私意矣。學者讀《金縢》，但當思聖人忠孝誠敬，迫切至情，而不必奇其事。如謂武王疾愈，果以周公之請，愚不敢知。倏短自然，未可以請代免也。如謂風雷之變，天果欲啟金縢之册，愚亦不敢知。天何心，未必爲金縢風雷也。武王無周公之請，亦必不死。成王不因風雷之變，則未肯悟。聖人精誠之極，適與事會，《易》所謂「盡性以至于命」也。方其迫切請代，惟知臣爲君死。何暇計事之有無，而藏册金縢，亦何期後日見知。仁孝誠敬，惟自盡其心。至于受命如嚮，莫之致而至。命也夫！

既克商二年，王有疾，弗豫。二公曰：「我其爲王穆卜。」周公曰：「未可以戚我先王。」

公乃自以爲功，爲三壇同墠善。爲壇於南方，北面，周公立焉。植璧秉珪，乃告大王、王季、文王。

克商後二年，即訪箕子《洪範》之年。弗豫，弗悦也。二公，太公、召公也。穆卜，猶敬卜。戚，憂也。功，事也。自以爲功，言辭二公，自以爲事，父兄有急，子弟之事也。累土爲壇，除地爲墠。三壇皆北方南面，三王之位也。一壇獨南方北向，公自立之位也。植，置也。珪璧，所以禮神。

史乃册祝曰：「惟爾元孫某，遘厲虐疾。若爾三王，是有丕背子之責于天，以旦代某之身。予仁若考，能多材多藝，能事鬼神。乃元孫，不若旦多材多藝，不能事鬼神。乃命于帝庭，敷佑四方，用能定爾子孫于下地。四方之民，罔不祗畏。嗚呼！無墜天之降寶命，我先王亦永有依歸。今我即命于元龜，爾之許我，我其以璧與珪，歸俟爾命。爾不許我，我乃屏璧與珪。」

册，祝版也。元孫，指武王。某，武王名。史臣諱言也。遘厲，遇災也。虐疾，重疾也。三王，大王、王季、文王也。若，揣度之辭。丕、背通，《史記》作「負」。言武王之病，或是三王負天之子，天責償，旦亦三王子，請以旦代。蓋上帝左右，必善承順多材藝奔走服事鬼神者乃可，王皆不如旦。至于奉命帝庭，以敷化助民，安定三王子孫，使民敬畏，旦又皆不如王，故可相代也。當今人心新附，四方未定，俾王無恙，以不墜天之降重命，我三王之祀，亦永有依歸矣。即，就也。命，三王之命。既祝，乃就卜聽命。許，謂疾瘳也。以璧珪歸俟命，待疾瘳，以事神也。屏璧與珪，蓋憾辭。謂三王若不許，則武王不生。周家四方未定，七廟未有主，珪璧將焉用，所以屏棄也。此見聖人迫切至情，子孫告祖父語直，事死如生也。

乃卜。三龜一習吉，啟籥見書，乃并是吉。公曰：「體，王其罔害。予小子新命于三王，惟永終是圖。茲攸俟，能念予一人。」公歸，乃納册于金縢之匱中。王翼日乃瘳。

卜三龜，歷問三王也。一習吉者，三龜一同重習吉善也。籥、鑰通，管鑰以開鎖鍵者。啟，開也。以籥開金縢，視卜兆之書，三兆辭皆吉也。體，卜兆之體。《詩》曰：「爾卜爾筮，體無咎言。」公謂據此兆體，王其無害。予小子，公自謂。新命于三王，惟永終是圖，言三王許己代王終也。茲攸俟，言安以待命，即祝辭所云「歸俟爾命」也。能念予一人，言舍武王也。公歸，史臣記公既卜，遂歸俟命也。乃納册于金縢之匱中者，卜史自收其祝册，與所得卜兆，并藏之匱中。蓋古者有大事，既卜得兆，必録其兆辭，與龜同藏。《周禮》占人之職：「凡卜筮，既事，則繫幣，以比其命。歲終，計其占之中否。」是也。啟書、藏册，皆卜人常司，非此册獨藏，亦非待公命而後藏也。翼日，卜之明日，凡今日前後皆謂翼日，猶言挾日，如鳥之有兩翼也。瘳，疾愈也。

人死可以代免乎？曰：否。然則周公爲之，何也？臣子迫切至情，猶之病而請禱，非鬼能療也。

死而求復，非復能返也。情窮計迫，無復之矣。《詩》云：「如可贖兮，人百其身。」此之謂也。然則歸俟命，何也？曰：聖人誠信之至請代，則恨不即代矣。

武王既喪，管叔及其羣弟，乃流言於國曰：「公將不利於孺子。」周公乃告二公曰：「我之弗辟避，我無以告我先王。」周公居東二年，則罪人斯得。于後公乃爲詩以貽王，名之曰《鴟鴞》。王亦未敢誚公。

武王克商後七年崩。蓋周公卜金縢之後，又五年也。武王年八十生成王，成王立，年十有三，周公爲相。管叔者，武王弟，周公兄。其羣弟，蔡叔鮮、霍叔度也。初武王誅紂，封其子武庚禄父于商，使管叔監之。及武王崩，管叔以商壓，兄終弟及，謀作亂，畏周公在内。乃與羣弟爲反間流言于國曰：「周公將不利于孺子。」以蠱成王。凡言不知其所自起之謂流。國，西京王國也。孺子，謂成王。不利，謂將篡位。周公告于太公、召公曰：人言如此，我不可不避。辟與避同，謂去位也。《詩》云「公孫碩膚」，孫即避也。我無以告我先王，言若有變，則已將無以自白于祖考也。東謂殷土。管叔監殷在東，周京在西，謂中原爲東也。是時成王因流言疑公，公處此，唯有去位。不然，内疑而外叛，禍將大。所謂無以告我先王者，公之慮遠矣。然去不之他，之東，何也？東方初定，人情叵測，公知流言自東來，有變必以西討爲名，不若因而就之。果事由管叔，則以兄弟之誼感之，變起，可親察其情形。諺云：「百聞不如一見。」《詩》云：「鴻飛遵渚，公歸無所。」即此行也。其居東二年，何也？王疑久未釋也。則罪人斯得，謂管叔始伏辜也。公初至東，管叔謀阻，而終不肯改步，明年將以叛。成王覺，使人執而殺之，故曰罪人斯得。罪人即管叔也。不曰討，而曰得，不用師，以計得也。誰得之？王與二公得之。公不知乎？曰：不知也。公居東，叔叛，王疑公黨叔，故取叔，必不使公知。公知，亦不敢爲叔請，進無以白于王，退無以解于兄。管叔所以驀然被戮，公所以黯然沈痛，不能伸一臂之力，于後公知，而乃作《鴟鴞》之詩貽王也。《鴟鴞》見《豳風》，然史不稱叔，稱罪人，何也？叛故曰罪人。孟子云：「管叔以殷叛。」朝廷以叛殺罪人，非以流言殺叔也。何以知之？以王不悟知之。何以知王不悟？得《鴟鴞》之詩，猶不悔也，欲誚讓公而未敢耳。如王以流言殺叔，自知公無罪矣。何待風雷啟金縢，然後悟邪？惟王不悟，故殺叔不以流言，以叛也。以叛爲罪，則以流言爲忠。以叛爲罪，知叔之當討。以流言爲忠，不察公之無辜。甚矣！成王之蔽于讒也。蓋流言初不知所起，公知而不言，及公居東久，管叔既以叛誅，而王尚不悟流言之即叔也。使元宰淹恤在外，故史臣記罪人斯得于公居東之年，以正叔之罪，以舒公之冤，即《詩》云「蒼天蒼天」「豈不爾受，既其汝遷」之意。世儒不達，誤謂公以流言得叔。嗟夫！古人立木求謗，聞謗動色，即非聖人。況口舌風聞，殺兄自明，視管叔所爲，賢不肖之相去，其間不能以寸也。或曰：何據而知其非公得邪？曰：公得必以師，是世儒所謂東征也。時成王方以流言疑公，公欲出師，則必請，請則王必不從。不請獨行，則王愈疑。人謂己不利，而又專制興師，是救焚益薪也。故當時聞謗不辨，輒自引避。處憂患而巽以行權，非聖人不能。豈有倉皇東征之事乎？東征之説，由漢儒誤解我之弗辟爲刑辟。孔書承訛，僞撰《蔡仲之命》，謂公以流言致辟管叔，囚蔡叔，其説緣飾于《春秋傳》。衛祝佗云：「管叔啟商，惎間王室，王殺管叔，蔡蔡叔以車七乘，徒七十人。其子蔡仲，改行率德，周公舉爲己卿士。見諸王，而命以蔡。」此言成王殺管叔，周公不能救，而推恩其子，始末甚明。杜元凱釋之云「周公以王命殺之」，將爲公文殺兄之過，而不知公本未嘗殺兄也。據孔書爲辟叔，而不知孔書後人僞增也。《詩》詠《東山》「破斧缺斨」，是爲東征在成王悔悟迎公歸之明年，非居東之二年也。爲討武庚禄父，非討管叔也。爲黜商命，非爲流言也。是時罪人已得，管叔已死。《序》謂「將黜殷，作《大誥》」「既黜殷，殺武庚」是也。故《書·大誥》後《金縢》，《詩·東山》後《鴟鴞》，編次正同。世儒誤以居東爲東征，不思《書》記居東二年，《詩》詠東征三年也。又以《大誥》爲討管叔，今《大誥》在，何嘗一字及管、蔡。曖昧片語，奚損盛德，而擅興師旅，甘心同氣。兄弟之惡，不過鬩墻。而羽檄星馳，播告四方，豈聖人所爲？況聞謗之初，既不忍累兄自白，避位之後，又豈肯因謗殺兄。學者窮經，此何等事，可以不辨。既厚誣公矣，乃詭稱大義滅親，援湯、武放殺爲解。夫湯、武放殺，無地可避，公一避而心迹昭然。桀、紂負天下，天下棄之。兄雖負弟，弟詎忍棄兄？《常棣》一歌，千古含悽，《七月》《鴟鴞》，皆爲傷兄作。《大誥》《康誥》，垂泣而語，《無逸》戒譸張亂殺，《立政》教敬爾由獄，《詩》云「鼠思泣血，無言不疾」，公蓋終身未忘于管叔之死也。豈其既殺兄，而呻恫至此極乎？《孟子》之書，最爲近古。陳賈問孟子曰：「周公使管叔監殷，管叔以殷叛，有諸？」孟子曰：「然。」陳賈曰：「知而使之，是不仁；不知而使之，是不智。」孟子曰：「周公，弟也。管叔，兄也。周公之過，不宜乎？」皆言公失于使兄耳。若更有殺兄之事，陳賈巧詆，豈不盡言，而孟子又豈直以誤使爲過。不知誤使猶爲過，况其殺之，豈但過而已邪？故愚嘗竊幸公所以得免于殺兄。成王、二公所以能取罪人如反掌者，正以公居東一行耳。使公聞謗不早避，避不即東，管叔之叛，何待二年。旦夕率紂子倒戈西向，公于此時，欲避不及，欲不與于殺叔，不可得矣。惟其聞言即去，不利之謗自解。去而居東，反側之謀坐銷。是以管叔之叛，遲至二年之後。東方情形，悉于居東之久。公在外，二公在内，罪人束手，社稷晏然，而公亦賴以免于推刃同氣之慘。此其應變精密，幾事能權，豈尋常思慮可到。當世疑公殺兄，亦以是耳。嘗觀虞舜愛弟，周公愛兄，同也。舜寧不有天下，而不忍亡弟。公寧不有冢宰，而不忍亡兄。其志同也。顧舜爲人主，力可曲全，而公爲人臣，勢不能兼芘家庭之變。舜慘于公，而遇主之知。公不及舜，舜所以卒能容弟，而公卒不能救兄。今古遭逢，有幸、不幸哉！孔子贊公曰：「不驕不吝。」詩人詠公曰：「公孫碩膚，赤舄几几。」自古大臣功高謙冲，未有如公者。東征屢出，王幼，必奉以行。一訓一誥，必稱王命。雖尊居叔父，貴爲冢宰，而鞠躬盡瘁，身先百辟，流言蔽主，一辭不辨，而引咎待命，故其自矢曰「作周孚先」，可不謂萬世人臣之師表與？必如世儒誣公負扆明堂，朝諸侯，流言殺兄，此其暴戾衡行，何異莽、操。鄉原不爲，而謂聖人爲之乎？世儒又有疑《金縢》非古者。嗟夫！不有《金縢》，公之冤不白于後世矣。其曰「我之弗辟，無以見我先王」，傳寫聖人心跡，曠世如見。曰「公居東二年，則罪人斯得」，立言有體。紀時紀事，可徵可信，爲千古尚論公案，後人得據此以折服。

好事之口，作史之功，于斯爲大。世儒不察孔書爲妄作，顧謂《金縢》爲可疑，愚嘗哂千古少讀《書》人，非誑語也。

秋大熟，未穫，天大雷電以風，禾盡偃，大木斯拔，邦人大恐。王與大夫盡弁，以啓金縢之書，乃得周公所自以爲功，代武王之説。二公及王乃問諸史與百執事，對曰：「信。噫句！公命我勿敢言。」王執書以泣曰：「其勿穆卜。昔公勤勞王家，惟予冲人弗及知。今天動威，以彰周公之德。惟朕小子其新逆，我國家禮亦宜之。」王出郊，天乃雨反風，禾則盡起。二公命邦人，凡大木所偃，盡起而築之。歲則大熟。

秋，即得罪人之年之秋，公居東之二年也。弁，禮冠。啓金縢之書，將以卜也，得周公向所辭二公自爲之事。蓋請代之事，二公亦不知也。諸史，即諸卜人也。對，卜史對也。信，實有也。噫，歎辭。言實有此事。公命我勿與人言，蓋祈禱事秘，言則褻鬼神，且不欲武王與在廷諸臣知，非逆料其有他日之事也。王言「勿穆卜」者，知天變以公，不必卜也。念公欲代兄死，而况肯奪兄子之位乎？故執書泣，悔之至也。冲，幼也。新逆，先儒謂當作親逆，王欲親往迎公歸，感之至也。《詩·伐柯》詠娶妻，諷王親迎，以此。一時天人震動，廷臣有請王親往東土迎公者，故《詩》《書》并記之。王言亦禮所宜然，未果親往也。《詩》歌《九罭》，但以上公之服迎公，亦未言王親行也。王出郊，以天變告于郊。因遣使迎公出送，示親迎之意也。禾盡起，言不傷也。按：是時太公爲大師，召公爲大保，心知流言之誣，而不早爲王言，何也？蓋周公所以處此者，極盡其道，無容于言之也。公之避位，非徒自靖，亦以善成王也。成王以幼冲之年，過聽讒邪，使老成不敢言，元宰不得關其忠。罪人誅而不悟，《鴟鴞》貽而不悔，豈非好察多疑之主與？浸潤之譖，其入方深，而元老同辭，其跡似黨。惟有退避之，誠感之，從容俟之，彼將自動，動則其悔必深。若强諫過激，猜疑四起，讒險在外，人心動摇，周之兄弟同姓五十餘國，其孰非覬覦者。變且不測，故惟有去。二公與諸臣居中，自可無憂。卒使成王一悔，悟徹終身，夫非公之善處曲成之與？

大誥

周公以管叔流言，避位居東二年。管叔叛，成王執而誅之，公傷之，爲作《鴟鴞》。是時，紂子武庚猶在東也。及成王感風雷之變，迎公歸，東方徐、奄諸國，又以武庚叛。公乃大誥天下，奉王東征，爲討武庚，平徐、奄也。時管叔已死，故曰：「天降威，知我國有疵。」又曰：「我有大艱于西土，西土人亦不静。」即指管叔之事。《詩》云：「周公東征。」又云：「自我不見，于今三年。」孟子謂：「周公伐奄，三年，討其君，滅國五十。」即此行也。或曰：管叔既誅，紂子不亦可舍乎？曰：否。孽由紂子，管叔死，紂子安得獨生。公賦《鴟鴞》，傷其取我子，視武庚已爲不共之讐矣。朱元晦誤以此行爲討管、蔡，且疑其辭緩不切，徒歸重卜筮。嗟乎！惟此可以諒武王、周公之心。武王苟欲黜殷，殄紂子，豈待牧野後。惟其欲存之，故處以舊都。及管叔叛，徐、奄又叛，雖欲存之，而不可得矣。蓋武王受命晚，周京僻在西隅，朝歌以東，薄海五十餘國，尚觀望二主間。武庚若在，天下終未可平。但殺其父，而又殄其子，人其謂何？徐、奄方以興復爲名，故不得不折之以卜，示之以天意，而推本于武王。夫殷之亡，周之興，皆天也。武王伐商，故周興。今王不黜殷，則周亡。先王始之，今王不得不終之。全商而欲安天下，無兩利之策，此當世不得已之勢，安危一定之理。以爲緩而不切，特未之思耳。是以武庚誅，微子即封。公不忍亡殷之仁，不得不黜殷之義，反覆其辭。聖人之情，可深思，不可言傳也。昔紂無道，人心欲亡紂，故《牧誓》之辭簡而直。今商亡，人心思舊，故《大誥》之辭詳而婉。聖人于此，真有所不得已焉耳。嗟夫！紂子猶不忍，而況于兄乎？

王若曰：「猷大誥爾多邦，越爾御事，弗弔，天降割于我家，不少延。洪惟我幼冲人，嗣無疆大歷服。弗造哲迪民康，矧曰其有能格知天命？已予惟小子，若涉淵水，予惟往求朕攸濟。敷賁敷前人受命，兹不忘大功。予不敢閉于天降威。」

王若曰者，周公代爲成王言也。是時王年十五，而公奉王東征，《多士》所謂「昔朕來自奄」是也。篇中凡言「小子」「冲人」，皆王自稱。雖成王之命，皆周公之志也。猷，圖也。商謀之辭，或曰語辭。越，於也。弔，憂閔也。《詩》云：「不弔昊天。」言爾多邦不弔閔乎。割，害也。不少延，傷武王速崩也。洪，大也。嗣君所任大也。歷，曆數也。服，行也。造，至也。迪，猶訓也。言年幼嗣統，行不能造于明哲，以訓迪安民，而况能格天知命乎？已予者，自後之辭。渡水曰涉，既渡曰濟。敷，布也。賁，光也。敷賁敷，言布先德而光布之也。敷賁而曰敷賁敷，猶今蠢而曰今蠢今，厥逸而曰逸厥逸。恒言多類此。天降威，言武庚不靖，天威伐之。我不敢閉，蓋武王誅紂而存其子，聖人之本願也。天下初定，主少國危，反者四起，則殷嗣不得不殄，天實爲之。是以大告發端，傷天降割不少延。聖人之心，大不得已焉耳。

「用寧王遺我大寶龜，紹天明句，即命句，曰：有大艱于西土，西土人亦不靜。越茲蠢殷小腆，誕敢紀其敘。天降威，知我國有疵，民不康，曰予復，反鄙我周邦。今蠢今。翼日，民獻有十夫予翼，以于敉米寧武圖功。我有大事休，朕卜并吉。肆予告我友邦君，越尹氏、庶士、御事。曰：予得吉卜。予惟以爾庶邦，于伐殷逋播臣。爾庶邦君越庶士、御事，罔不反曰：艱大民不靜，亦惟在王宮邦君室，越予小子考翼不可征。王害曷不違卜？

承上言天命而决之卜也。寧王，武王也。武王安定天下，故曰寧王。大寶龜，武王卜伐商之龜。今以卜東征，明東征武王志也。紹，猶紹介之紹。天有明命，因龜受命，故曰紹天明。即命，與《金縢》

「即命于元龜」之即命同，就卜聽命也。曰，兆辭也。西土，周也。有大艱于西土，言東人有謀周者，謂武庚也。西土亦不静，言我周室之人，亦有不安静，與之同謀者，謂管叔與羣叔也。卜兆如此，是寧王明示我以當討，蓋吉兆也。于今蠢然無知之殷，小厚之國耳。乃敢違我無疆大歷，紀續其既絶之緒，乘我西土不静、國有疵病、民不安康，而曰予將復興，反卑鄙我周邦。今殷乃蠢如今日乎，怪而嘆之也。翼日，猶昔日，武王伐紂之日也。凡今日前後，皆謂翼日，如鳥之有兩翼也。《顧命》「延入翼室」，亦謂兩夾室也。民獻，人賢也。十夫，即十亂也。翼，輔也。于，往也。敉，撫也。言昔日有民賢十人，爲我輔翼伐商，以往撫安其民，贊武王圖功。我有大事休美，我卜并吉，無有不驗者，龜之可信如此。今予以所得大艱西土之兆，告我友邦君輩曰：予得吉卜，將以爾庶邦往伐殷逋逃播越之臣。而爾反謂兆所云艱大民不静，惟在王宫庭，與諸侯之同室者，不在四方異姓也。蓋是時，管叔既誅，《金縢》所謂「罪人斯得」。而公又興師東征，人或言罪不在武庚，故公體羣情而告諭之如此。考翼不可征，言考之十夫翼武王之事，如商不可征，則當日武王曷不違卜而必于伐紂乎？寧王既不能違卜于昔，小子又安敢違卜于今，蓋公意有隱而難言者。管叔之死，武庚陷之。子弟于父兄之讐，一也。紂囚西伯，而武王有牧野之事。紂子禍管叔，而周公有黜殷之舉。殺人之父，人亦殺其父。殺人之兄，人亦殺其兄。西土人不靖者，既伏其辜，而人之大艱我西土者，容可逭乎？公之此舉，其深有嗛于管叔之死也。二千餘年來，承訛不察，使公冒殺兄之名，識者恨之。後之君子，諒同此心耳。

「肆予沖人，永思艱，曰：嗚呼！允蠢，鰥寡哀哉！予造天役，遺大投艱于朕身，越予沖人，不卬（昂）自恤。義爾邦君，越爾多士、尹氏、御事，綏予曰：無毖于恤，不可不成乃寧考圖功。已予惟小子，不敢替上帝命。天休于寧王，興我小邦周，寧王惟卜用，克綏受茲命。今天其相民，矧亦惟卜用。嗚呼！天明畏，弼我丕丕基。」

此再告也。肆，猶遂也。予沖人，王自謂也。永思大艱之卜，而曰：信哉！殷之蠢也。自作不靖，禍延鰥寡，可不哀哉。予之造于此，皆天實役之。遺此重大，投此艱難于我身。予雖幼沖，不我自恤。卬，我也。爾等于義當念其艱大，而安我曰：勿畏于恤，不可不成就爾考寧王所圖之功。毖，畏也。寧考，猶言寧王、寧人，皆指武王。予小子，王自稱。言今討武庚，乃上帝之命，我不敢廢。昔寧王伐紂，惟卜是用，故能安受天命。今討武庚，天助我民，况亦惟卜是用。豈得替上帝，違寧王，而獨不用卜乎？不詳告殷所以當黜，蓋聖人有難言之情，而但託諸卜，以通衆志耳。嗚呼者，信而嘆之之辭。言天之明威，將弼助我周邦丕丕莫大之基，所謂無疆大歷也。○恒情好信惟鬼神。武王伐紂，以卜吉克，衆所傾信也。今即武王所遺之龜，卜黜殷之事，其兆又吉。前作後承，事同一體。此舉惟以勉卒先猷，故借卜以承先志，非專倚卜也。《詩》云：「我寵受之，蹻蹻王之造。載用有嗣，實維爾公允師。」此之謂也。

王曰：「爾惟舊人，爾丕克遠省，爾知寧王若勤哉！天閟毖我成功所，予不敢不極卒寧王圖事。肆予大化誘我友邦君，天棐忱辭，其考我民，予曷其不于前寧人圖功攸終？天亦惟用勤毖我民，若有疾，予曷敢不于前寧人攸受休畢？」

此三告也。爾，指邦君、諸臣。舊人，即十亂也。舊臣豈不知舊事？遠省武王創業之勤，則知後人當善成也。閟毖，戒警意。成功所，言成功所在，即大艱處也。天將以大艱警懼于今日成功之所，予不敢不極力以卒寧王所圖之事，故我大開化勸誘我友邦君。天匪有忱信之言，其稽考我民而已。棐、匪通，猶《詩》云「天難忱斯」也。今兆有吉辭，而鰥寡哀哉。天意可知，予曷不于前寧人圖其功之所終乎？天以大艱勤勞毖我民，如有疾痛，予曷敢不于前寧人所受休美而畢成之乎？寧人，即寧王。今日之舉，皆終武王之事，非得已不已也。

王曰：「若昔，朕其逝，朕言艱日思。若考作室，既底法，厥子乃弗肯堂，矧肯構？厥父菑，厥子乃弗肯播，矧肯穫？厥考翼其肯曰：予有後，弗棄基？肆予曷敢不越卬敉寧王大命。若兄考，乃有友伐厥子，民養其勸弗救。」

此四告也。若，順也。昔，指武王昔伐商也。逝，往也。朕其逝，言己亦欲嗣往事也。我嘗誦大艱之兆，日自思惟。如人父作室，既底定成法，其子乃不肯築堂基，况肯結構成室。又如治田，父既芟闢，其子乃弗肯播種，况肯求收穫。其子怠惰如此，其父欲輔翼，肯曰予有後嗣，弗廢棄基業乎？必惡其子，而不欲輔翼之，明矣。故今我不敢不于我身撫循寧王之大命。如有弟于兄既考終，乃有朋友侵伐兄子，其弟以民當安養，勸止不救，是豈人情？則其當往救，明矣。吁！公言及此，惕然有冲人之慮，慘然有兄弟之懷，其自責深矣。武庚所以卒不見貰也。

王曰：「嗚呼，肆哉！爾庶邦君，越爾御事。爽邦由哲，亦惟十人迪知上帝命。越天棐忱，爾時罔敢易法，矧今天降戾于周邦？惟大艱人誕鄰，胥伐于厥室，爾亦不知天命不易。」

五告也。肆，陳也。肆哉，勉以盡力也。《論語》曰：「陳力就列。」爽，明也。言通達國事，必由明哲，亦惟亂臣十人，啟知天命。爾時牧野之事，上帝臨汝，猶謂天命匪忱，不敢慢易其法，則所謂勿貳爾心也。況今天降災戾，武王已崩，人有大艱于我西土者，與之爲鄰，而我西土人，又自相伐于室。天命之不易甚矣，爾尚不知乎？何今昔之不相侔也？誕，乃也。

「予永念曰：天惟喪殷若穡夫，予曷敢不終朕畝？天亦惟休于前寧人，予曷其極卜，敢弗于從？率寧人有指疆土，矧今卜并吉。肆朕誕以爾東征，天命不僭，卜陳惟若茲。」

六告也。言己深思周之於殷，如穡人之治田，芟夷不盡，難以望歲，何敢不終畝盡治。天亦惟休美于前寧人，我曷其極至之卜，敢弗于從乎？寧人有指，示我大艱于西土。我當率循有指之疆土，謂殷以東，及徐、奄五十國也。況今卜兆并吉，我以爾東征，天命不差忒。寧王大寶龜所卜陳若此，夫復何疑？蓋殷、周不兩存，興衰之大勢也。武庚若在，則反側未已。管叔死而武庚存，非法也。此意難于播告，但言成就先業，不得不東征，而天下大勢已曉然于言外。凡聖人告戒，不盡其辭，更端反覆，使人深思。《易》云「重巽申命」，此之謂也。是以《盤庚》《大誥》，迴波宛轉，學者病其詰屈煩複，而聖人隱微之情，正寄乎此。千載而下，想其上下相商，不激不迫之情，當世所以神受嘿喻也。然必歸本于卜，何也？古人于衆志難通，羣言不齊，則借鬼神通之，假卜筮齊之。鬼神無心，卜筮無心，聖人亦無心。因至公以明至公，所以决疑成謀之微權也。夫古聖人作卜筮，通《易》之變，非教人全仗之。其用卜筮以通衆志，亦非己全仗之。惟有聖人先覺，然後可命蓍龜，亦惟古人心術醇，然後蓍龜應。豈蓍龜靈，人心之靈，與聖人之靈也。後世人主德不脩，政不舉，事幾惶惑。己志不蔽，僉謀不同，卿士庶人不協，徒倚枯骨朽草，巫史聒聒牀下，而緯稗邪説，附合慫慂，以望嚮應，豈不謬乎？世道交喪久矣，人自魑魅，家自蓍蔡，即有寶龜神策，命之不從，雖箕子、周公，《洪範》《大誥》，如此人心何？故漢唐以後，龜策廢而不講，好事之徒，作爲讖緯符命，自稱彰往知來，惑世誣民，大亂滋起。不可謂非卜筮作俑，而聖人亦初不意其濫觴至此極也。是以孔子中庸之教，不語鬼神，唯告之以可知可行。其贊《易》也，不主卜筮，慮深遠而見明灼，真所謂生民以來未有者。尤讀《大誥》所當知。

康誥

《康誥》《酒誥》《梓材》，皆周公所以告康叔也。康叔名封，武王同母弟。初武王伐商誅紂，以其地封管叔及羣叔，監紂子武庚治殷。封康叔于康，亦殷土也。後數年，武王崩，東方反者數起。成王既誅管叔，周公奉王東征，討武庚，盡有殷地，以其半封微子嗣殷爲宋，以半益封康叔爲衛，晉牧伯，官兼司寇，監于東土，遂相洛營東都。蓋周先王十五世皆居西，文王有二，亦惟西南諸州。自冀以東，薄淮、海、青、徐，猶殷土也。東西相距五千里。武王伐商，止及朝歌。自朝歌東，惟知有紂子。徐、奄五十國，皆挾以叛，而西京遠不相及。周公居東二年，悉其情形，計紂子在，則反側未已。徐、淮諸國不大創，則遠人不威。東都不建，則天下之勢偏安。三大事舉，而後天下可定。故歸即奉主東征，還相洛，會諸侯，升康叔爲伯，作此告之，亦所以告東諸侯也。然辭稱武王，何也？凡周公所爲勤勞天下之事，莫非武王之事也。故《大誥》則稱「寧王」。《詩》《書》所載，周公制作，靡不稱先德，聖人仁孝之至，而况封爵尤非臣子所專。古爵人于祖，而康叔以諸父，冲人未宜致訓。公人臣無制命禮，兄弟之國，封自武王，故辭必稱武王也。雖然，公有難言之隱，管叔之死，天倫大變，公在外，朝廷殺叔，公不能救，故賦《鴟鴞》曰「既取我子」「恩斯勤斯，育子閔斯」。《大誥》曰：「若兄考，有友伐厥子，民養其勸弗救。」今《康誥》亦曰：「弟弗念天顯，兄亦不念鞠子哀。」《無逸》曰：「人或譸張爲幻，不寬綽厥心。亂殺無辜，無言不痛。」蓋有憾于王之率殺，而或者康叔初亦與聞之，故奉皇考之訓，動以一本之思，使追念先德，共惇天顯，弘濟時艱，告叔又以告王也。子承父志，兄垂弟訓，事死如生，有不覺覼縷之至者。聖人定大謀，仁孝爲本，故夫子贊曰：「武王、周公達孝。」嗚呼！盡之矣。蓋管叔不肖，始于一念不孝友。子弟不孝友，賢父兄之過。不教而誅，非聖人之心。周家十五世忠厚，而突有管叔之事，公所爲拊心痛也。故惓惓以孝友爲勸，以率殺爲戒。不直陳己意，但宣揚父兄之訓。而説者不達，謂編次在《大誥》後，不宜稱武王。既云「朕其弟」「小子」，又云「寡兄」，則不宜屬成王。又謂「康叔武王弟」，則不當于成王時始封，封則不應專言刑罰事。不知康叔受封，在武王初年，而益地晉伯，則成王也。《詩·旄丘之葛》序謂「衛不能脩方伯連帥之職」，《史記·衛世家》稱「伯」，本此。其官兼司寇，故屢言刑罰，亦深懲于王之殺管叔，而致儆于司寇耳。是時東方騷動，國無長君，紂死子誅，人情思舊，隱憂方深。故託康叔心膂，處之殷墟，假以大權。齊亂民，不得不威。彊弗友剛克，并用不悖也。周之典章，大抵出周公手。雖《多士》《多方》成王之命，皆公之辭，不獨三誥也。先儒謂爲武王作，欲移置《金縢》前，以篇首「惟三月」至「大誥治」四十八字爲錯簡，移置《洛誥》「周公拜手稽首」上。今以篇次考之，洛成雖在七年，而初基則自茲始。諸侯咸會，故洪大誥，非錯簡也。若使武王尚在，人心慴服，奄、徐未敢動，何至費辭若此。今讀三誥，憂患懲毖之意宛然。武王初封，兄弟之國十五，何獨于康叔呶呶爾？使東土當武王時，早得牧伯如康叔者，何至有管叔、武庚之事。説者不深思，議改舊章，非也。

惟三月，哉生魄，周公初基，作新大邑于東國洛。四方民大和句**，會侯、甸、男邦、采、衛百工，播民和，見士于周。周公咸勤，乃洪大誥治。**

周三月，夏之正月。蓋公東征還之明年孟春也。據經，公居東二年，東征又三年，此蓋成王之六年。王在西京，而公與召公東來相宅也。哉，始也。月既望而光減，魄始生，蓋三月十有六日也。初基，始謀基也。新大邑，即東國也。洛在洛水之汭也。四方民大和，謂武庚誅，徐、奄定，四方民心和集，無復叛離也。周制，王畿千里，外五百里侯服，又五百里甸服，又五百里男邦，又五百里采服，又五百里衛服。去王畿三千里外，復有蠻夷鎮藩，共九服。兹所會者，東都附近諸侯，非必三千里外盡至也。百工，百官也。播民和，播布德教，調和民心，猶《周禮》「正月之吉，始和」，即所謂洪大誥治也。士，殷士。東土初定，士至者，公皆虛己延接，不辭勤勞，即史所謂「吐餔握髮下白屋」者也。是時康叔新益衛封爲伯，東方之事，悉以委之。公因諸侯咸在，多士畢集，乃訓康叔以治民之道，即所謂「播民和」也。此節史臣敘作誥之由，世儒謂爲錯簡，非也。

王若曰：「孟侯，朕其弟，小子封。惟乃丕顯考文王，克明德，慎罰，不敢侮鰥寡，庸庸祇祇威威顯民，用肇造我區夏，越我一二邦以脩**句**。我西土惟時怙冒，聞于上帝。帝休，天乃大命文王，殪戎殷誕受厥命，越厥邦厥民惟時敘。乃寡兄勗，肆汝小子封在兹東土。」

周公洪大誥于洛，以訓康叔。成王幼冲，未宜致訓，公以人臣代言，不敢專制。而兄弟之國，分封自武王，故公述武王之志，呼康叔告之，亦示成王以承先之孝也。王若曰者，若爲武王言也。孟侯，長侯也。牧伯爲諸侯之長。封，康叔名。文王嘗爲牧伯，明德以正己，慎罰以治人，用其可用，敬其可敬，威其當威，以顯示民，始事區内諸夏及一二邦以脩，如戡黎、伐崇之類。馴至于我西土，盡被怙冒，上帝休嘉，乃命殪滅大商。戎，大也。天下之民，是以敘理。寡兄，武王自稱。勗，勉也。言我又能勉力不怠，故爾今得有茲東土。文考明德慎罰之功，不可忘也。此一節，公述父德，代兄言發端，使康叔深念父兄而傾聽也。

王曰：「嗚呼！封，汝念哉！今民將在祗遹乃文考，紹聞衣德言。往敷求于殷先哲王，用保乂民。汝丕遠惟商耇成人，宅心知訓，别求聞由古先哲王，用康保民弘于天。若德裕乃身，不廢在王命。」

爲武王言再告也。遹，述也。衣，服也。衣德，猶所謂卑服。今治民將在敬述文王，繼聞其衣德之言，如明德慎罰，庸庸祗祗，皆文考身所服德之訓言也。然義理無盡，汝居殷土，當廣求殷先哲王所以保治民者。可不遠思商之老成人所以存心者，知其教訓，又别求聞由商以前古先哲王所用康民者，以保安民而弘化于天。若爾能多識蓄德，充裕乃身，在王命亦可無廢墜矣。

王曰：「嗚呼！小子封，恫通瘝關乃身，敬哉！天畏棐忱，民情大可見，小人難保。往盡乃心，無康好逸豫，乃其乂民。我聞曰：怨不在大，亦不在小。惠不惠，懋不懋。已！汝惟小子，乃服惟弘王，應保殷民。亦惟助王宅天命，作新民。」

三告也。恫，痛也。瘝，病也。言當自儆惕，如痛病在身。棐、匪通。天威匪信難測，民情向背，昭然可見。小民之心，難于保留。往盡乃心，無安好逸樂，乃所以治民也。民怨無大小，在人君順與不順、勉與不勉耳。已，猶後也，藐末之意。亦語辭，猶恒言之云却也，前言終而承之之辭。服，事也。應，順也。《詩》曰：「應侯順德。」汝小子之事，惟在恢弘王化，順應保安殷民。亦惟助王安天命，作興更新之民，移風易俗，是汝之事也。

王曰：「嗚呼！封，敬明乃罰。人有小罪，非眚，乃惟終，自作不典，式爾，有厥罪小，乃不可不殺。乃有大罪，非終，乃惟眚災。適爾，既道極厥辜，時乃不可殺。」

四告也。此言制刑之意，非用刑之例也。刑以懲罪，罪有故有誤，誤者使之從新無路，非制刑本意也。有心爲惡者，雖小必刑。無心詿誤者，雖大必赦。其要使民易惡遷善而已。眚，災也。遇眚災，非有心也。終，怙終也。終于此而不改，則有心矣。典，法也。式，猶用也。自作不法，用意爲爾。雖小不可不殺。殺，猶刑也。謂不可赦，非即斃之也。非終，言始誤也。乃惟災眚適爾。既道極其罪，得其情，是乃可憐憫，不可殺也。敬明乃罰，當如是。

王曰：「嗚呼！封，有敘時，乃大明服，惟民其敕懋和。若有疾，惟民其畢棄咎。若保赤子，惟民其康乂。非汝封刑人殺人，無或刑人殺人，非汝封，又曰劓藝刵二人，無或劓刵人。」

五告也。刑罰有敘而不亂，是乃治理大明而人服，民乃知謹敕而勉于和順也。去民之惡若己有疾，則調治得宜，而民畢棄其咎矣。保民如赤子，則愛護必周，而民康治矣。爾雖制刑殺之柄，非汝刑殺之，奉天討也。無或以私意刑殺人。其刑殺人，非汝封也，天也。王又曰：劓刵人，五刑之輕者。亦勿或以己意劓刵人可也。截鼻曰劓，截耳曰刵。

王曰：「外事，汝陳時臬司，師茲殷罰有倫。」又曰：「要囚，服念五六日，至于旬時，丕蔽要囚。」

六告也。外事，謂東土之事。陳，設也。臬，所以限制門者。牧伯爲限制之司，今之觀察，亦稱臬司。設是臬司，所以師此殷民，使刑罰有倫敘也。要，約也。緣情比律，約而合之，謂之要囚，即獄辭也。要約囚罪，服膺思念，至五六日，或至旬，或至三月，然後乃決。丕，不輕意。蔽，斷也。觀于此言，公于王之殺管叔，真有遺憾矣。此以下，言愈切而愈悲，所以託諸武王也。

王曰：「汝陳時臬事，罰蔽殷彝，用其義刑義殺，勿庸以次汝封。乃汝盡遜，曰時敘，惟曰未有遜事。已！汝惟小子，未其有若汝封之心。朕心朕德，惟乃知。凡民自得罪，寇攘姦宄，殺越人于貨，暋敏**不畏死，罔弗憝**隊**。」**

七告也。臬事，臬司之事，謂刑法也。言罰斷殷民之常法，當酌天理人情用之。如所謂律設大法，禮順人情，謂之義刑義殺也。如後世申、韓之刑殺，不義也。次，遷就也。勿用遷就汝封之心。即使事事盡遜順于義，雖曰是敘，汝勿自喜，惟曰未有遜事，如是而後不敢忽耳。人未有若汝封之心者，善繼述之心也。朕心者，不嗜殺之心也。朕德者，保乂斯民之德也。嗟夫！止殺安民，是武王未成之志。不泯之心，亦周公難言之曲衷也。體其意而告之，誠切至矣。東征之役，武庚之誅，豈得已乎？使人臣皆如管、蔡，則武王、周公此心此德，何由而慰？所以深致望于康叔也。「凡民自得罪」以下，舉其自作不典者。寇盜攘奪，謀爲姦宄，殺人顛越，人以取其財，暋强不畏死，此等之人，誰不憝怨。豈朕欲殺之，所謂朕德朕心，惟汝知也。暋，强也。憝，怨也。

王曰：「封，元惡大憝，矧惟不孝不友。子弗祗服厥父事，大傷厥考心。于父不能字厥子，

乃疾厥子。于弟弗念天顯，乃弗克恭厥兄。兄亦不念鞠子哀，大不友于弟。惟弔茲，不于我政人得罪，天惟與我民彝大泯亂，曰：乃其速由文王作罰，刑茲無赦，不率大戛。矧惟外庶子訓人，惟厥正人，越小臣諸節，乃别播敷，造民大譽，弗念弗庸，瘝厥君，時乃引惡，惟朕憝。已！汝乃其速由茲義率殺。亦惟君惟長，不能厥家人，越厥小臣、外正，惟威惟虐，大放王命，乃非德用乂。汝亦罔不克敬典，乃由裕民，惟文王之敬忌。乃裕民曰：我惟有及。則予一人以懌。」

八告也。承上言寇盜姦宄元惡之人，大可怨恨，汝尚知朕心，不忍殺之。況惟是父子兄弟之間，各有良心，乃不孝不友。子弗敬行父之事，大傷父心。父亦不能愛其子，乃疾其子。爲弟弗念天倫明顯，弗能敬兄爲兄者，亦不念父母養子之哀，大不順于弟。鞠，養育也。《鴟鴞》之詩云「恩斯勤斯，育子之閔」，斯正此意。我惟弔閔此人，非于我政人得罪，惟天所與我民之常道，大泯亂耳。曰：若此者，汝其速由我文王止孝止慈，兄友弟恭之道，作不孝不弟之罰刑，犯此無赦，以教戒之。不率者，大擊之。況外庶子之官，本以訓人。訓人者，惟其能正人。及小臣諸禮節，皆當訓之，而乃别播陳詭道，欺世盜名。弗肯念君，弗肯效用，惟逞己私，以病其君，如流言輩者，是乃不能正人節人，而引人爲惡也，惟我怨之。汝爲臬司，其速由茲引惡之義，一切連率而殺之乎？亦惟汝爲君爲長，不能惇行孝友，齊其家人，以及小臣、外正，惟威虐淫刑，放棄王命，夫乃有非德而可以治人者乎？汝未有不克敬典常，由刑殺而可以寬裕民者也，其惟文王之能敬能畏。乃能豈弟作人，寬裕其民耳。汝如曰：我惟有及，勿吹求已甚。平易近民，則政之中道，乃所謂朕心朕德，予一人以悦也。孔子曰「親者無失其爲親」，及之謂也。觀于此言，公蓋深有憾于王之殺管叔，而難于顯言也。

王曰：「封，爽惟民迪吉康句。**我時其惟殷先哲王，德用康乂民作求**句。**矧今民罔迪，不適不迪，則罔政在厥邦。」**

九告也。爽，明也。明思所以啟迪斯民于吉善安康。惟殷先王德之可以康乂民者，是作求。《詩》云「世德作求」，謂作起敏求也。云「殷先哲王」，戒勿若紂也。民無有啟迪而不適從者。君不迪民，則刑罰不中，無政于其邦矣。

王曰：「封，予惟不可不監，告汝德之説于罰之行。今惟民不静，未戾厥心，迪屢未同，爽惟天其罰殛我，我其不怨。惟厥罪無在大，亦無在多，矧曰其尚顯聞于天？」

十告也。監者，監其失。如下言今民不静是也。告汝以用德之説，于用罰之行，謂明德以慎刑也。民不安静，心未戾止，屢啟迪之而未肯同心者，無他，君德不脩。天罰殛之，又誰怨乎？勿曰無罪，罪豈必大必多，但一事少差，天監在兹，况今罪尚顯聞于天乎？蓋深有憾于管叔之事，而痛自懲毖也。觀此節之意，周公代言甚明。若武王存日，自命康叔，則此言皆無謂矣。讀者詳之。

王曰：「嗚呼！封，敬哉！無作怨，勿用非謀非彝，蔽時忱。丕否則敏德，用康乃心，顧乃德，遠乃猷，裕乃以民寧，不汝瑕殄。」

十一告也。無作怨，無作可怨之事。淫刑濫罰，斂民之怨也。非謀非彝，謀爲非常不循理之事也。蔽，斷也。凡所謀所行，一斷之以誠信之心，不敢欺詐。無此數者，則敏勉其德矣。康乃心，勿躁急也。顧乃德，常内省也。遠乃猷，勿見小也。如是，則政寬民和，永保長世，不汝瑕疵殄絶矣。

王曰：「嗚呼！肆汝小子封，惟命不于常，汝念哉！無我殄享句，明乃服命，高乃聽，用康乂民。」

十二告也。命，天命也。無我殄享者，子孫永保，則宗廟不絶祀也。服命，所被服牧伯之命。明思王所以爵命之意也。聽卑則過察，居上而能高其聽，則猷遠而見大。無急切之政，有曠覽之明，而可以安治其民矣。

王若曰：「往哉，封！勿替敬句，典聽朕告。汝乃以殷民世享。」

十三告也。典，常也。世享，享其國也。按：善訓人者，不在辭之便便，精誠不接，利口炙轂，聽者不給，而言者易盡。聖人以精誠動物，意滿語塞，使人聽而思，思而又言，言者不迫，而聽者心惟。

浸潤涵育，曉人于語言之外。《易》所謂「重巽申命」，孔子所謂「有餘不敢盡」，而後能入人深也。讀者疑其煩複，豈爲知言者哉？

酒誥

此亦周公承武王之志，以告康叔也。紂之亡天下也，始于酗酒。酗于酒，則淫于色。酗淫則無所不至，於是有掊克聚斂、瓊室玉門之侈，有深宮長夜、男女倮逐之行；於是有殺諫臣，剔孕婦，炮烙罪人諸凶暴之事。其臣下效之，沈湎廢政；其民間化之，荒淫成俗。故酒之流禍，亡國敗家，不可不戒也。或曰：亡國之事多矣，而特爲《酒誥》不已細乎？曰：否。禍莫憯于傷心，鏌邪次之。君者，天下人之主。心者，人主之主也。雖有聰明，醉則心狂。顓蒙愚夫，力不能舉鶩雛，醉則狎虎豹。跛者不能歷康莊，醉則越谿澗。天下狂暴之事，由常人作者少，惟醉者作事，無非狂暴，何也？其心喪也。人心喪則死，心喪則無所不爲。心喪則教亦不悟，失亦不悔。酒之爲害至于此。吁，可畏也哉！故飲酒者，不必皆狂，吾見狂愚之人，未有不好飲者。殞身喪家，不必皆酒，吾見縱飲之禍，未有不至殞身喪家者。始于既醉不覺，終遂大迷不反，禍亂已成，猶舉觴自快曰：吾以忘憂。滔滔者天下皆是。故夫傷心之害莫如酒，防心之害莫如遠酒。醒則善言可入，迷則聖人難化。禹所以惡旨，仲尼所以憂困，《詩》《書》諄諄，非無故也。公繫《易》于《未濟》終曰「飲酒濡首」「有孚失是」，其作《無逸》，亦歸于「無若紂之迷亂酗于酒」而已矣。蓋飲則愿者變而爲狂，不飲則躁者反而爲静。家之多事，俗之侈靡，未有不由崇飲者。勤儉之門，守禮之家，謹厚之士，未見有荒于酒者。聖人之訓，其切要也哉！

王若曰：「明大命于妹邦。乃穆考文王，肇國在西土。厥誥毖庶邦庶士，越少正、御事，朝夕曰：祀兹酒。惟天降命，肇我民惟元祀。天降威，我民用大亂喪德，亦罔非酒惟行。越小大邦用喪，亦罔非酒惟辜。文王誥教小子，有正有事，無彝酒。越庶國飲惟祀，德將無醉，惟曰我民迪小子，惟土物愛，厥心臧。聰聽祖考之彝訓，越小大德，小子惟一。」

王若曰，周公若爲武王言也。明大命者，明示大教令也。妹本作沬，即《詩》云「沬之鄉矣」。衛，朝歌之地，紂所都也。變沬言妹者，少婦之稱，幼昏之意。紂飲酒，昵婦人，酗淫亡國，故謂殷邦爲妹邦。《易·歸妹》：「天地不交，而萬物不興。」其象曰「君子以永終知蔽」，聖人所以示戒也。醉者昏昧，故明大命覺之。穆考，文王廟次爲穆，武王則昭考也。文王爲西伯，故舉治西土事告之肇始也。毖，戒也。言文王告戒庶邦諸臣，朝夕惟曰：祭祀方用酒。今世人以酒爲小物。夫是物也，能使天下後世無知愚皆溺，貽禍至昏心敗德，亡國喪家，非小物也。始爲事神灌獻之用，惟天地祖宗能享之，高年有德能安之，仁人孝子賢君能薦之。其得則爲福祉，失則爲鴆毒，豈非天命天威所係乎？故古聖人始作酒，是天之降命，以肇我民大祭也。今人沈湎，是天之降威也。我民用大亂喪德，惟此酒之行。小大邦喪亡，亦惟此酒之罪。故文王告教爾後人，有官政，有職事，無常于酒，及庶國飲酒，惟于祭祀旅酬，以德將扶，無至于醉。文王惟曰：我民各訓迪子孫，耕田稼穡，土物是惜，勿糜穀爲酒，則事省用儉，淡泊清心，善所生也。爲子孫者，亦當聰耳聽祖父之常訓。德無小大，小子惟一視，勿以飲酒爲小過，不飲酒爲小德而不聽也。

「妹土，嗣爾股肱，純其藝黍稷，奔走事厥考厥長。肇牽車牛，遠服賈（古），用孝養厥父母，厥父母慶，自洗腆，致用酒。庶士有正，越庶伯、君子，其爾典聽朕教。爾大克羞耇惟君，爾乃飲食醉飽。丕惟曰：爾克永觀省，作稽中德。爾尚克羞饋祀，爾乃自介用逸，兹乃允惟王正事之臣。兹亦惟天若元德，永不忘在王家。」

「嗣爾股肱」以下，告民也。「庶士」以下，告臣也。嗣股肱，謂手足繼作也。純，專一也。言專力稼穡，奔走勤勞，以事父兄。肇，啓行也。車牛，以載貨。服賈，事商賈也。此皆資生營業之事，與湎酒相反者也。耕田貿易，以孝養父母，父母有慶，如歲時伏臘，嘉禮稱觴之類，子弟親自洗以爲潔，腆以爲豐，致用酒，是乃子弟勤儉孝友以奉其親也。典聽，常聽不忘也。大克羞耇，大行養老之禮也。惟君，惟國君也。人臣高年有德，君問道乞言，饋食酳爵醉飽，所以大養爾。惟曰：爾老成多識，遠能觀省，作稽考中德，爾尚能爲仁人孝子，能進食祭祀。爾乃介此得飲酒安逸。丕，大也。介，猶因也。此乃信爲王家正事模範之臣。兹亦惟天順我以元老大德，王家所永不可忘者，是當養之以酒也。

王曰：「封，我西土棐徂，邦君御事小子，尚克用文王教，不腆于酒，故我至于今，克受殷之命。」

三告也。棐徂，非遠也。言文王儀刑近也。腆，厚也。沈湎之意。武王以不腆于酒而受殷命。聖人非誑語。觀幽王將亡，詩人作《頍弁》曰：「樂酒今夕，君子維宴。」衛武公作《賓之初筵》《魚藻》《瓠葉》，皆刺幽王腆于酒也。子孫既以飲酒亡，祖考以不飲酒興，復何疑？士君子不敢崇飲之心，何心？小人宴樂好飲之心，又何心？存亡之介，學者反觀自得矣。

王曰：「封，我聞惟曰：在昔殷先哲王，迪畏天顯小民，經德秉哲。自成湯咸至于帝乙，成王畏相。惟御事厥棐有恭，不敢自暇自逸，矧曰其敢崇飲？越在外服，侯、甸、男、衛邦伯；越在内服，百僚庶尹，惟亞惟服宗工，越百姓里居，罔敢湎于酒。不惟不敢，亦不暇。惟助成王德顯，越尹人祗辟。我聞亦惟曰：在今後嗣王酣身，厥命罔顯于民，祗保越怨不易。誕惟厥縱淫泆于非彝，用燕喪威儀，民罔不衋隙傷心。惟荒腆于酒，不惟自息乃逸，厥心疾很，不克畏死。辜在商邑，越殷國滅，無罹。弗惟德馨香祀，登聞于天。誕惟民怨，庶羣自酒，腥聞在上，故天降喪于殷，罔愛于殷，惟逸。天非虐，惟民自速辜。」

四告也。又引殷事勸戒之。殷先哲王，湯也。迪畏，迪行敬畏也。天顯小民，言天道顯明，在小民也。經德，行有常也。秉哲，志不昏也。此言能畏民也。成王畏相，言能成王道，畏輔相，如湯于伊尹，高宗于傅說，惟恐治事匪有恭敬，不敢暇逸，况敢崇尚飲酒乎？此言能畏臣也。是以外服侯伯，内服百僚，正次宗官，下及百姓里居，皆化上之德，不敢沈湎于酒，且亦無暇時可飲，上欲助天子顯明其德，下助官長敬事天子，此殷先王不飲酒之效也。後嗣王，紂也。酣身，酣飲身先也。命人昏亂，罔顯于民，祗以保聚民怨，不肯改易。衋，痛也。至于民痛傷心，猶不自止其放逸也。其心疾很而不畏死，罪在商邑，滅亡而不憂罹，皆腆于酒者之情狀也。無明德馨香祭祀，升聞于天，乃惟民怨與羣小，及身酣腥穢之氣上聞，故天亡殷而不愛殷，惟放逸之故。豈天虐之，人自取罪耳。此殷後王崇飲之禍也。

王曰：「封，予不惟若茲多誥。古人有言曰：人無於水監，當於民監。今惟殷墜厥命，我其可不大監撫于時？予惟曰：汝劼（轄）毖殷獻臣，侯、甸、男、衛，矧太史友、内史友，越獻臣百宗工，矧惟爾事服休、服采，矧惟若疇，圻（祈）父（甫）薄違，農父若保，宏父定辟，矧汝剛制于酒。厥或誥曰：羣飲，汝勿佚，盡執拘以歸于周，予其殺。又惟殷之迪諸臣惟工，乃湎于酒，勿庸殺之，姑惟教之。有斯明享，乃不用我教辭，惟我一人弗恤，弗蠲乃事，時同于殺。」

五告也。言予非徒爲此多告，而引湯與紂之事，乃所以爲監也。惟欲汝協力戒勉殷之賢臣，侯、甸、男、衛之君，矧皆有太史、内史爲友，以相箴規。及賢臣、百官輔導，矧惟爾牧伯之事，惟服行休美以從事，不在暴虐妄殺也。服，行也。采，事也。若疇，猶若屬也。矧惟若屬，有司馬爲圻父，以驅逐違背。有司徒爲農父，以順保民。有司空爲宏父，以定君。皆可相助爲理，矧汝但正己率屬，剛正斷制于酒，人豈有不化者？不能身教而輕率用刑，過聽人言，或有告羣飲者，教汝勿縱佚，盡執拘係，以歸于周，予其殺之乎？又思惟此屬，乃殷紂所導迪之諸臣工。上失其教，乃湎于酒，勿用殺之，姑惟教之可也。以禮厚下曰享。既有斯明享，殷臣乃有不用我教辭，不體恤上之德意，不蠲除己之舊事者，我雖不殺，是乃自同于殺矣。觀于此言，聖人之不貴刑殺如此。

王曰：「封，汝典聽朕毖，勿辯乃司，民湎于酒。」

六告也。言汝爲牧伯，常記我之毖戒，勿聽小人辯言，易乃官守。方今民沈湎于酒，不可不慮也。辯者必曰：酒，民所常需。申命誥戒，何若是瑣瑣也。夫物有養而爲毒，小而害大者，莫如酒。明者以爲當戒，庸衆人以爲不必戒。天下明者少，而庸衆人多。言法便者少，而言法不便者多。民方昏淫，多言亂聽，是教之不信也。聖人灼見理亂之源，似緩而實切。辯言亂政不可聽，故曰「勿辯」。昔魯定公問：「一言喪邦，有諸？」孔子對曰：「言不可以若是其幾。人之言曰：惟予言而莫之違，不幾乎一言而喪邦乎？」酒之流禍也，幾乎以天下喪也。羣飲之同于殺也，幾乎可殺也。故曰知幾其神，桀未生，而禹先疏儀狄。幽王未生，而周公先作《酒誥》。衆人見已然，不見將然。惟聖人知幾，故曰「勿辯」，守而勿失，至于此而後見也。不然，聖人豈不近人情者哉？後世不達誥戒之意，用不情之法，禁私釀，摧酒酤，因以爲利，而曰禁民飲，雖殺之不從矣。善乎蘇軾有言曰：「甲笞子責之學也，故其子服。乙笞子而奪之食，故其子不服。」此周公所以能禁酒，而後世不能禁也。

梓材

此亦周公爲武王言訓康叔也。篇中有「若作梓材」之語，因以命篇。梓，美材，寓愛養成就之意。聖人設官分職，創制垂訓，所以愛養天下，而征伐刑獄，非其本願。司寇明刑，惟以弼教；方伯監視，惟以裕民。首篇戒慎刑明設官之意，次篇戒崇飲革沈湎之俗，此篇戒刻厲，培忠厚之基。古語淵懿，讀者因疑爲錯簡。今繹其義，圓婉周匝，其孰爲錯簡乎？

王曰：「封，以厥庶民暨厥臣達大家，以厥臣達王，惟邦君。汝若恒越曰：我有師師，司徒、司馬、司空、尹、旅。曰：予罔厲殺人。亦厥君先敬勞，肆徂厥敬勞。肆往、姦宄、殺人、歷人，宥。肆亦見厥君事，戕敗人，宥。王啟監，厥亂爲民。曰：無胥戕，無胥虐。至于敬寡，至于屬婦，合由以容。王其效邦君越御事厥命，曷以引養引恬？自古王若茲，監罔攸辟。」

亦爲武王言也。將教康叔以恬養和懌爲政，先言爲邦君者，可以無爲而治也。大家，大臣之家。邦君之下惟大家，邦君之上惟王。蓋尊爲天子，上無可以自達。卑爲臣民，下無可以自代。唯邦君有王以專其責于上，而下惟稟其成，有臣民以分其事于下，而上惟通其意，故可以無爲而治也。今汝爲邦君，苟常自念曰：我有上下相師師。司徒農父若保，司馬圻父薄違，司空宏父定辟，及尹正、衆旅，何憂不治。予欲無虐殺人乎？惟其爲君，先恭敬勸勞耳。遂往恭敬勸勞其民，遂于姦宄謀殺人者，知見過歷者，皆從寬宥。其臣司徒、司馬輩，見君行事，遂于戕敗人如姦宄等者，亦從寬宥，而國家無厲殺之政矣。此惟邦君爲能。然今王開置監司，其治爲民，亦欲無相戕賊虐害。愛養調護，至于敬其貧寡，聯其婦女，合人同由，以相容保。王其亦欲如邦君之于司馬、司徒、御事，罔厲殺人之命。曰：曷以長養長安，亦無厲殺人乎？是亦在邦君而已。蓋以厥臣民達大家達王，惟邦君。故自古哲王能如此命者，其監亦惟身先敬勞。正己率屬達王而已，何用刑辟爲。

惟曰：「若稽田，既勤敷菑，惟其陳修，爲厥疆畎。若作室家，既勤垣墉，惟其塗塈茨。若作梓材，既勤樸斲，惟其塗丹雘汪入聲。**」**

惟曰者，言立監之意，非欲過求也。是時武庚已殄，奄、徐已平，東方已定，惟在撫循安養，勿復事煩擾紛更也。稽，治也。敷菑，徧布芟菑也。陳修，陳列修治也。疆，田畔也。畎，水道也。卑曰垣，高曰墉。塗，泥飾也。塈、墼通，土塼也。累墼爲屋，以泥塗飾也。茨，茅蓋屋也。粗具曰樸，致巧曰斲。

臒，采色有五，朱曰丹。如田既敷菑，室既垣墉，器既樸斲，但當守其已成，修飾潤色而已。

今王惟曰：「先王既勤用明德，懷爲夾庶邦享句，作兄弟方來。亦既用明德，后式典集，庶邦丕享。皇天既付中國民，越厥疆土于先王，肆王惟德用，和懌先後迷民，用懌先王受命。已！若兹監。」惟曰：「欲至千萬年，惟王子子孫孫永保民。」

再申言立監之意。先王，文王也。文王昔爲方伯，既勤明德，懷安夾輔庶邦。庶邦來享，作爲兄弟，自遠方來。既又以明德爲后，式用典刑，安集天下，庶邦大享，皆明德懷集之效也。今中原底定，皇天既付中國之民與其疆土，皆先王明德之賜。肆王今亦惟德，用以和悦先後迷惑之民，亦用以悦懌先王所受之命。如是則民悦，先王亦悦，天心亦悦，太平長世矣。今爾爲監，亦惟曰：千萬年王子子孫孫永保民耳，他又何求。蓋康叔以司寇典刑爲伯監殷，公感于管叔之死，恐其督責過急，故《梓材》之言，尤以仁厚屬之，教康叔，亦以諷成王也。

尚書辨解卷五終

尚書辨解卷六

召誥

《召誥》者，召康公告成王也。周公營洛邑爲東都，召公以大保爲司空，掌營建，因周公自洛西歸，作此以達王。本爲營建作，而無一語及營建，惟拳拳夏、商之興廢與受命之脩短，勸王敬德畏民，祈天永命。首言殷民藏瘝籲天，終言王末有成命。王亦顯，隱然謂國家延歷，不在都邑，在君相敬德，上下勤恤，而因周公以達王，亦若効忠告于周公云爾。按史，東都之建，非獨成王、周公意也。武王克商，遷九鼎于洛，謂周公曰：「自洛汭延于伊汭，居易無固，其有夏之居。我南望三塗，北望嶽鄙，顧瞻有河，粤瞻伊洛，毋遠天室。」將營周居于洛邑，事未就而武王崩。周公懲四國之亂，西京偏安，欲乘東征餘力，克成先志。召公以爲大難初殄，瘡痍之衆不得少休，冲人初服，將啟其好事之端。故以敬德諷王，因公納誨，亦守成之至訓也。然此一舉也，惟此一時，失此不爲。天下已定，人情偷安。二公亡，則東都不復可作矣。卒之幽王罹犬戎之禍，九廟不祀，東都一綫，延祚八百，夫非周公貽之與？雖然，無洛邑，平王亦不至舉岐豐棄之。祖父美別業，故不肖子輕去其堂構，是故曰「我不敢知」，曰「不其延。惟不敬德，乃早墜厥命」，真萬世守成者所宜服膺也。夫子删《書》，以《召誥》先《洛誥》，旨深哉。

惟二月既望，越六日乙未，王朝步自周，則至于豐。惟太保先周公相宅，越若來，三月惟丙午朏匪。越三日戊申，太保朝至于洛，卜宅。厥既得卜，則經營。越三日庚戌，太保乃以庶殷攻位于洛汭。越五日甲寅，位成。若翼日乙卯，周公朝至于洛，則達觀于新邑營。越三日丁巳，用牲于郊，牛二。越翼日戊午，乃社于新邑，牛一、羊一、豕一。越七日甲子，周公乃朝用書，命庶殷侯、甸、男邦伯。厥既命殷庶，庶殷丕作。

篇首序營洛月日，不及年。以《洛誥》《金縢》考之，蓋成王之六年，周公東征歸之次年也。二月，周正建丑之月也。既望，望後十有六日庚寅也。越六日乙未，二十有一日也。朝，早也。步，行也。周，鎬京也。豐，文王舊邑，在鎬西二十五里，文武廟在。將以營洛，告于廟也。太保，召公也。先周公至洛，相視居宅，越若來者，不記啓行之日，而擬之之辭。三月丙午，初三日也。月初生爲朏。越三日戊申，初六日也。是日之朝，太保乃至洛。古人大興作必卜，卜而後經營，以定衆志也。經營者，經晝營度其城郭廟社朝市之位也。越三日初九庚戌，經營定，大保乃以東土殷庶民，攻治所經營之位于洛汭。水北曰汭。越五日甲寅，十有三日也，營位乃成。翼日乙卯，十有四日也。是日早，周公至洛，偏觀新邑營位。越三日丁巳，十有六日也。公代王告天于郊，用牛二，上帝與配享各一也。是日即公洪《大誥》告康叔、諸侯、士民之日。越翼日戊午，十有七日也。祀后土于新邑，牛、羊、豕各一，用大牢也。越七日甲子，二十有三日也。是日早，周公以攻作之事書于册，分命庶殷侯、甸、男邦伯國均作，既命，庶殷乃大作。稱殷者，東本殷土，東人本皆殷人也。商《詩》云：「邦畿千里，惟民所止。」紂都朝歌，去洛邑纔四百里，豈必朝歌之民始爲殷庶邪？殷亡猶稱殷者，從初，且志戒也。世儒謂以叛民供役，聖人豈疾其民而勞使之乎？非也。説者拘此，遂謂先遷殷民後作洛邑，尤非也。丕作，大作也。郊天告地，而後板鍤大興。是年十二月，功乃成。

太保乃以庶邦冢君出取幣，乃復入，錫周公曰：「拜手稽首，旅王若公。誥告庶殷，越自乃御事。嗚呼！皇天上帝，改厥元子兹大國殷之命。惟王受命，無疆惟休，亦無疆惟恤。嗚呼！曷其奈何弗敬？天既遐終大邦殷之命，兹殷多先哲王在天，越厥後王後民，兹服厥命句。厥終智句，藏瘝在夫句。知保抱攜持厥婦子，以哀籲天，徂厥亡出執。嗚呼！天亦哀于四方民，其眷命用懋，王其疾敬德。」

東役丕作，召公留洛，周公將西歸。召公欲納誨于王，因諸侯奉幣，召公并以誥錫周公達王也。曰以下，皆誥辭。拜手，手至地；稽首，首至手也。旅，陳設而獻也。乃御事，指周公之執事者。本告王而因公，因公而又自御事，自御事而又託告庶殷，其婉也如此。元子，指紂也。言周受殷命，無窮之美，亦無窮之憂，不可不敬。蓋天雖永絶殷命，然殷先哲王在天，其子孫與民，今雖服從周命，終以智包藏瘝痛在匹夫之心。皆知保抱攜持其妻子，以哀號于天，往欲亡去，又被拘執。天以此亦哀憐四方之民，予奪未定。今欲其眷命，須用勉懋，乃可以固結天心。王其速務敬德，不可緩也。

「相古先民有夏，天迪從子保，面稽天若，今時既墜厥命。今相有殷，天迪格保，面稽天若，今時既墜厥命。今冲子嗣，則無遺壽耇，曰其稽我古人之德，矧曰其有能稽謀自天？嗚呼！有王雖小，元子哉！其丕能諴咸于小民今休句。王不敢後，用顧畏于民碞岩。王來紹上帝，自服于土中。旦曰：其作大邑，其自時配皇天。毖祀于上下，其自時中乂，王厥有成命，治民今休。王先服殷御事，比介于我有周御事，節性，惟日其邁。王敬句，作所不可不敬德。我不可不監于有夏，亦不可不監于有殷。我不敢知曰：有夏服天命，惟有歷年。我不敢知曰：不其延。惟不敬厥德，乃早墜厥命。我不敢知曰：有殷服天命，惟有歷年。我不敢知曰：不其延。惟不敬厥德，乃早墜厥命。今王嗣受厥命，我亦惟兹二國命，嗣若功。王乃初服。嗚呼！若生子，罔不在厥初生，自貽哲命。今天其命哲，命吉凶，命歷年，知今我初服。

此舉夏、商二代興亡之故，反覆戒王以敬德也。相，視也。迪，啓佑也。從子，傳子也。相視有夏，天迪與子保受。禹嘗面考天心順若，其後王不敬，今已墜從子之命。相視有殷，天迪格正夏命保受，湯嘗面考天心順若，其後王不敬，今已墜格保之命。天心無常，祖德難恃如此，惟老成稽古達天。今冲子嗣，無遺壽耇，以稽古人之德，况能稽古德。即能稽謀自天，可遺壽耇乎？諴，誠也。今休，即受命無疆惟休也。小民，即知藏瘝籲天之民。言小民可畏，正在今休。王豈不能誠念于小民今休乎？即無疆休、無疆恤之意。王若有不敢後之心，惟視其可畏于小民之傾險，則自不至于後矣。嵒，險也。今王來營東都，欲紹繼上帝，自服事洛邑以爲天下之中，公旦亦曰：其作大邑，自是可對越皇天，敬事神明。自是可宅中乂治，王其有此成命以治民，即謂今日無疆之休乎。是未易也。王必敬以脩己，先服其殷士之御事者。蓋殷士難服，王猶知畏，比介于我有周御事，王乃縱性自恣，非所以進德也。王當節制其性，常若讐人介于其側，勿恣喜怒，勿狎近習，孜孜敏德，惟日其邁。王其敬之，夫德有吉有凶。王作德，當作其所不可不敬之德。蓋天不可不敬，民不可不敬，左右近習不可不敬，王身心不可不敬。敬則吉，不敬則凶；敬則德，不敬則失。是所謂不可不敬之德也。視作大邑，不爲尤急乎。所謂不可不敬德者，不可不監視夏，不可不監視殷也。監視殷、夏，自知不可不敬。敬則雖促亦延，不敬則雖延亦促。不必問其歷年，但問其敬。不必問其命延與不延，但問其德敬與不敬。後之視今，猶今之視昔。今王嗣受厥命，亦惟以殷、夏之受命者，繼嗣若事耳。蓋皆不能舍敬肆爲脩短也。功，事也。凡人脩短，定自初生。王今初服，如人生子，罔不在初。初生賢哲，則終身賢哲。今天其將命爲哲乎，其命爲吉爲凶乎，其命歷年爲脩短乎？我皆不敢知，知今我初服而已。初服能敬，則爲哲爲吉爲歷年永。不敬則反是。所以不可不敬也。

「宅新邑，肆惟王其疾敬德。王其德之用，祈天永命。其惟王勿以小民淫用非彝句**，亦敢殄戮用乂民，若有功**句**。其惟王位在德元**句**，小民乃惟刑，用于天下，越王顯。上下勤恤，其曰：我受天命，丕若有夏歷年，式勿替有殷歷年。欲王以小民受天永命。」拜手稽首曰：「予小臣敢以王之讐民、百君子，越友民，保受王威命明德。王末有成命，王亦顯。我非敢勤，惟恭奉幣，用供王能祈天永命。」**

今王宅新大邑，雖有成命，配天毖祀中乂，非祈天永命之本也。惟王其速敬德，其惟德之用，可以祈天永命耳。欲敬德莫如保民，保民莫如慎刑。其惟王勿以小民淫泆作非常，王亦敢于殄戮，謂用此治民，爲若有功乎。夫多殺爲功，非功也。其惟王，位在長人。德本體元，小民乃惟德爲儀刑，以此用于天下，于王其光顯矣。上能勤勞憂恤乎下，下亦勤勞憂恤乎上。上下交相勤恤，庶幾曰：我受命歷年，大類有夏乎，不減有殷乎？民心所願，天命亦歸。故我欲王以小民受天永命，然後可以配天毖祀中乂，無疆惟休也。「拜稽首」以下，祝願之辭。予小臣，召公自稱也。王之讐民，即殷民之藏瘝籲天者。百君子，殷御事也。友民，周家友順之民。威命，以讐民言。明德，以友民言。保安承受，皆平定之意。末，無也。成命，即王厥有成命。言人心如此，雖王無成命，王亦光顯矣。今我非敢自以營洛爲勤勞，惟恭奉此幣，用供王之祈天永命而已。納誨而曰供幣，謙也。

洛誥

《洛誥》者，史逸承王命，記周公宅東都之事。謂之誥者，中多周公告成王語。語非一時，而皆營洛事，故曰《洛誥》。自「周公拜手稽首」以下，公初在洛，遣使歸報成王之辭。「周公曰王肇稱殷禮」以下，洛邑既成，公從王至洛祭告之事。「公曰已汝惟冲子」以下，朝享頒賜，而公誨王之辭。「王若曰公明保予冲子」以下，王贊公，留公于洛之辭。「周公拜手稽首曰王命予來」以下，公承命後洛之辭。「伻來毖」以下，王歸，公在洛，將遷殷士于洛之事。「戊辰」以下，史逸總記其事之歲月日也。先儒誤以爲一時事求之，故疑其有脱簡耳。

周公拜手稽首曰：「朕復子明辟王句。如弗敢及天基命定命，予乃胤保，大相東土其基句，作民明辟。予惟乙卯，朝至于洛師。我卜河朔黎水，我乃卜澗水東，瀍水西，惟洛食。我又卜瀍水東，亦惟洛食。伻崩來以圖及獻卜。」王拜手稽首曰：「公不敢不敬天之休，來相宅，其作周匹休。公既定宅，伻來，來視予卜休恒吉。我二人共貞。公其以予萬億年敬天之休，拜手稽首誨言。」

《洛誥》繼《召誥》作，故不復記日月，因于《召誥》也。此一節，即周公乙卯朝至洛達觀新邑營，遣使西歸復王之辭。拜手稽首，遣使之禮，如親覲王也。朕，公自稱。復，報命也。子明辟王，稱成王也。子者，冲人之稱。明辟王，猶言明天子。《詩》云：「載見辟王。」孔註以「子明辟」爲句，謂周公前此攝政，今以政復還王，非也。如弗敢及天基命定命，即《詩》云「不敢康，夙夜基命」之意。言及天始基命而安定之，汲汲之意也。予，公自謂。胤，繼也。保，大保，召公也。公言已繼太保往大視洛邑，其何地可爲基，作明君之居乎。乙卯，即《召誥》所記公至洛，三月十有四日也。師，衆也。洛師，猶言京師。河朔，河北也。黎水在河北，商都河北，故先卜，不吉。澗、瀍、洛三水，皆在河南。澗水之東，瀍水之西，洛水之北，新邑王城在焉。故曰「惟洛食」。食者，以墨畫龜板，灼以火，折從墨曰食，則吉也。瀍水之東，下都成周在焉，所謂東郊也，亦在洛北，故又卜。亦曰「唯洛食」也。伻，使也。圖，洛地圖。獻卜，以卜兆辭獻王也。王拜稽首，答公之禮也。「曰」以下，復公之辭。公言王如弗敢及天基命，故王推公不敢不敬天休，來相宅也。公言其基作民明辟，故王言與公同休也。「公既定宅」以下，答獻卜之意。視，示也。言公示我以卜兆休美永吉，我與公二人，共此貞吉也。《洪範》稽疑，占用二，曰貞曰悔，悔凶而貞吉也。公此舉，其將以我萬億年敬天休命。拜手稽首，謝公教言也。

按：王言「匹休」，言「共貞」，則已有與公東西分治之意矣。

周公曰：「王肇稱殷禮，祀于新邑，咸秩無文。予齊百工，伻從王于周，予惟曰：庶有事。今王即命曰：記功宗，以功作元祀。惟命曰：汝受命篤弼，丕視功載，乃汝其悉自教工。孺子其朋，孺子其朋，其往。無若火始燄燄，厥攸灼，敘弗其絶。厥若彝，及撫事如予，惟以在周工。往新邑，伻嚮即有僚明作有功，惇大成裕，汝永有辭。」

此記公告王肇祭新邑之事。史以公言代敘事也。肇，始也。稱，舉也。殷，盛也。七年正月，王來新邑烝祭。四時之祭，惟烝備物，爲大享，故曰殷。咸，皆也。秩，常祭也。無文，言新邑始祭，無舊典可據也。故予整齊百官，使從王于成周。予惟曰：庶幾供有事。王就命我曰：但記其有功于新邑者爲主。以營新邑功，論官助祭也。汝者，公述王命己之辭，王惟命我曰：汝受命勤篤輔弼，大相東土，功自汝始。乃汝其悉自教爾執事臣工，助祭可也。孺子謂王，家人叔父之稱。對祖考在上而言也。重言其朋者，慨王失命也。偏黨曰朋。奉此命以行，則用人不公，始政若此，如火燄燄不息，厥攸燔灼，歷敘不其絶乎？其順若彝常，徧及撫事之臣，如予所齊在周百工。往新邑伻從者嚮用之，即有平日在官僚，精明振作有功，及惇厚寬大老成餘裕之臣，雖無新邑之功，使亦得供事，則王永有辭于百官，無偏黨之失矣。蓋假廟盛典，新邑肇祀，諸臣皆以有事爲賢。禮，天子試士躬宮，比于禮樂中多者，乃與于祭。數與祭，則有慶；數不與祭，則有讓。故人臣以與祭爲賢。奈何偏及東人，盡以冢宰官屬充之乎？王蓋敬公，而不知其不可，故公誨之。

公曰：「已汝惟沖子，惟終。汝其敬識百辟享，亦識其有不享。享多儀，儀不及物，惟曰不享。惟不役志于享，凡民惟曰不享，惟事其爽侮。乃惟孺子頒，朕不暇聽。朕教汝于棐民彝，汝乃是不蘉忙，乃時惟不永哉！篤敘乃正父，罔不若予，不敢廢乃命。汝往敬哉！茲予其明農哉！彼裕我民，無遠用戾。」

此公教王敘官行賞之事。新邑肇祀，百辟來享，故有頒賞之典。已汝惟沖子，言未諳練也。惟終，言當圖厥成也。天子爲百辟之宗，其賢否順逆，須敬識之。同一來享，而玉帛庭實，物也。温恭不侮，儀也。忠貞不爽，志也。儀由志生，物以將儀，而後成享。苟物多儀少，彼其心，惟曰不享。物雖具，而志不用，雖稱貢虛禮，非純臣也。故曰：享亦識其有不享。此之不識玩愒成風，凡民惟曰：上可不必享。惟事其爽侮耳。蓋鑒别明，而後頒賞公。王今頒賞，凡冢宰之職，我所聽者不敢失序，乃惟孺子所頒。或有近侍私恩，我不暇聽者，教汝于匪失民彝。汝乃不勉，豈永終之道？蘉，勉也。賞必先德，厚敘乃正德之父，罔不順予所教，其誰敢廢乃命而不從乎？蓋諸侯述職，以民事爲先。茲我其擇力農者厚敘之，明示天下以農政之當先。彼勸農之君，寬裕我民。民生既遂，自勿遠往，正父所以當篤敘也。周家力農開國，《豳風·七月》丁寧稼穡，《小雅·楚茨》《大田》，幽厲所以不克先業也。古王者巡狩，諸侯田野治，土地闢，則有慶。《商頌·殷武》「稼穡匪懈」，箕疇八政，治先農食。故東都朝會，勸王明農，以序百辟，《無逸》所以繼此而作也。説者謂公有歸農之志，謬矣。

王若曰：「公明保予沖子。公稱丕顯德，以予小子揚文、武烈，奉答天命，和恒四方民居師。惇宗將禮，稱秩元祀，咸秩無文。惟公德明，光于上下，勤施于四方，旁作穆穆迓衡，不迷文、武勤教，予沖子夙夜毖祀。」王曰：「公功棐迪篤，罔不若時。」王曰：「公，予小子其退，即辟于周命句。公後，四方迪亂，未定于宗禮，亦未克敉公功迪句。將其後，監我士師工，誕保文、武受民，亂爲四輔。」王曰：「公定，予往已。公功肅將祇歡，公無困哉！我惟無斁其康事，公勿替刑，四方其世享。」

此記王將西歸，留公後洛之辭。王四請而公不答，王意愈懇，而公沈思其當也。開示曰明，調護曰保。稱，舉也。公舉其大明之德，以我小子對揚文、武之光，奉答天命也。不爭曰和，不變曰恒。居師，安衆也。惇宗，孝先也。將禮，秉禮也。稱秩，舉祀也。舉大祀，新邑無舊典，而公皆制禮秩祀也。旁，無方也。《易》曰：「旁行不流。」穆穆，幽深意。迓，引導也。衡，平也。公不動聲色，轉移開導，使我得其制事之衡，不迷于文、武勤勞政教，皆公明德勤施之功也。予沖子，復何爲哉？惟夙夜慎毖，守先祀而已。王曰者，公不答，而王再言也。言公之功，不但啓迪沖人爲篤厚，即凡天下之事，公無有不若是勤篤者也。予退即辟于周命者，王言己將西還，即位受命于周也。公後，請公留洛也。或云封伯禽，非也。後，猶留也。《論語》曰：「三子者出，曾皙後。」迪亂，開治也。言今四方多事，賴公迪治。未定所以尊公之禮，亦欲借公勤施，未能敉止公功之迪治也。將其者，企望之辭。

將公其肯留乎，以監我官士，師此百工，保安文、武所受之民，而治以爲四維之輔，言四方皆倚仗也。此三請也。公定者，請公定止于洛，而己西歸也。肅將，言人皆畏而奉之。祗歡，言敬而悦之。無困，勸公勿慮也。我今西歸，惟無厭怠其安民之事。公留此，勿替儀刑于四方，則世世享公之德矣。康事，猶康功。此四請也。按：王勤請，其意有二。公不答，其意惟一。新邑既建，王西歸則東土爲虚，非公疇託，一也。王歸即辟，臨羣臣百官，不欲以臣禮煩公，居公于東，所謂「匹休」「共貞」，以宗禮公，二也。公亦知新邑不可無人，而冲人初政，保明未定，不容舍王，所以踟蹰不答，獨以此與。

周公拜手稽首曰：「王命予來，承保乃文祖受命民，越乃光烈考武王，弘朕恭。孺子來相宅，其大惇典殷獻民，亂爲四方新辟，作周恭先。曰：其自時中乂，萬邦咸休，惟王有成績。予旦以多子越御事，篤前人成烈，答其師，作周孚先。考朕昭子刑，乃單文祖德。」

公以王命懇切，而王又能以無斁康事自任，故公幡然承命也。弘朕恭者，言王以恭敬祖考之道廣己，不敢不承也。「孺子」以下，公贊王之辭。所以答王稱己之意，而歸美于上也。來相宅，言新蒞洛也。其大惇典殷獻民者，言祭告朝享，頒賜殷士士民，治爲四方新君，爲周家後王恭敬之先倡也。曰，祝願之辭。言王其自是宅中乂治，使萬邦咸休，則惟王有成績矣。多子，猶多士。公言己與諸臣，篤厚文、武成功，以答衆望，作周家臣子忠信之先倡也。考，成也。昭子，猶言子明，指王也。刑，儀刑也。單，盡也。言成就我明子儀刑，乃單盡文祖之德，無遺憾也。此公以治洛自任也。

「伻來毖殷，乃命寧予。以秬鬯二卣，曰明禋，拜手稽首休享。予不敢宿，則禋于文王、武王。惠篤敘，無有遘自疾，萬年厭于乃德，殷乃引考。王伻，殷乃承敘，萬年其永觀朕子懷德。」

此公在洛，將遷殷士于洛，王使人來，公答王之辭也。伻，使臣也。來毖殷，公將遷殷士于新邑，王使人來命戒也。寧，問公起居安寧也。秬，黑黍一稃二米。鬯，香也。秬黍釀酒，搗香草和之，宗廟祭以祼尸也。卣，中尊。二卣者，文王、武王各一卣。將遷殷士，告于文、武之廟也。曰者，伻將王命之辭。明潔禋祀，拜手稽首，和休奉享，欲公代享也。不敢宿，急君命也。「惠篤」以下，祭之祝辭。惠，順也。篤，加厚也。敘，亦順也。《詩》曰：「駿惠我文王，曾孫篤之。」言願王惠順先德，篤厚而益順之也。遘，遇也。無因而災曰自疾。厭，足也。引，長也。考，成也。言萬年厭飽王德。殷士由此永遠考終，無復違背也。王使來，殷乃承命順敘萬年之久，其永觀法朕子，懷恩其德。朕子，指王也。

戊辰，王在新邑句**，烝祭歲**句**。文王騂牛一，武王騂牛一。王命作册，逸祝册，惟告**

周公其後。王賓，殺禋咸格，王入太室祼。王命周公後，作册，逸誥，在十有二月。惟周公誕保文、武受命，惟七年。

此史臣總記其年月日也。戊辰者，成王六年十二月之晦日也。詳見《疏》義。周十二月，夏正十月也。厥明己巳改歲，即夏正仲冬也。烝，冬祭也。禮四時之祭，皆用仲月。周正月仲冬烝祭，即新歲，故曰「烝祭歲」也。宗廟用大牢。言牛，舉其大者。羊、豕無騂，故但舉騂牛。騂，赤色。周所尚也。王命作册者，命有司作祝版也。逸，史官名。祝册，逸作祝辭也。惟告周公其後者，祝辭惟稱周公留守。蓋東都之祭，周公攝之。惟王來朝會，賓禮諸侯，殺牲禋祀，上下神祇咸格，王乃主祭，入清廟之中太室而祼也。賓，猶《多士》「四方罔攸賓」之「賓」。營洛，所以賓四方也。王命周公後作册者，又命有司作誥册版也。逸誥，謂史逸作今《洛誥》辭也。王命在十有二月，即戊辰王至之日也。誥成公留，則明年也。公留洛，即王烝之新歲，惟七年也。不云留洛，而云「誕保文、武受命」者，因于王留公之辭也。說者謂公居洛七年乃薨，然則誥作于成王之十四年矣。十二月，王所命作之册，又何册邪？按：成王元年至二年，公居東。三年至五年，公東征。六年春，公營洛。是年冬十二月，洛工成，王與公至洛朝祭。七年，公留治洛。經文編次甚明，紛紛諸說，不足據也。

周公稱成王爲孺子，蓋國史代公之辭，體成王尊崇叔父之意云爾，非自周公口出也。古者臨文不諱。叔父如周公，不當孺子成王邪。此史臣尊公意也。

多士

《多士》者，周公徙殷士居洛，而告之之辭。按：夏、商之亡也，夏孔甲以來，五世無道，而桀尤甚。在位且五十餘年，遇成湯而始放。商之亡也，紂以帝乙之子，世多賢君，《酒誥》曰：「成湯至帝乙，成王畏相。」今《多士》亦曰：「自成湯至帝乙，罔不明德。」《多方》亦曰：「至于帝乙，罔不明德慎罰。」惟紂身爲不善，武王一戎衣而遂誅之。故自古亡天下之易，未有如商者。蓋其所遇者，周家父子兄弟之聖。而自古得天下之難，未有如周者。蓋其所遇者累世積德之商。故自古亡國忠臣義士，亦未有多于殷士者。蓋六七賢君養士，士之報禮重也。方紂無道，人戴周仁，則以誅爲幸。及商既滅，人思先澤，則以亡爲悲。故三監叛，五十國亂。周公破斧缺斨，三年乃定，而河洛之士，終未肯附也。河洛之地，殷二十八王六百四十有四年，撫茲土也。商之有河洛，猶周之有岐豐。東人不忘商，猶西人不忘周也。人心所係，迫之愈堅。故不得不營東都，倚公之重，坐而撫之。所以調護維持，而薰染漸摩之道也。然則公惡殷士乎？曰：否。忠臣義士，公敬而矜之，故曰：「予惟率肆矜爾。」臣不忘君，子不忘父，此天之所以立命，人之所以立心也。天命有興亡，人心有順逆，聖人有威德。行乎至公，由乎大順，易地皆同。何惡之有？然則謂之殷頑，何也？曰：此非公之言也。孔書《君陳》曰：「無忿疾于頑。」《畢命》曰：「毖殷頑民，遷于洛邑。」《序》曰：「成周既成，遷殷頑民。」《序》與孔書，皆非古也。若《康誥》《酒誥》《洛誥》《多士》《多方》，何嘗有此語？蓋聖人所不赦者，一代之憲章，而所不能滅者，萬古之名誼。伯夷、叔齊叩馬直諍，武王終不以爲非。若周公詆殷士爲頑民，則叩馬之言，爲不則德義之經。而首陽高節，爲千古庶頑之首。又何以廉頑立懦，爲百世師乎？嘗觀公之繫《易》也，于《蠱》之上九曰：「不事王侯，高尚其事。」《蠱》，受《隨》者也。《序卦》曰：「以喜隨人者，必有所事。故受之以蠱。」《隨》《蠱》之間，商、周之象。《隨》上九曰：「拘繫之，乃從維之，王用享于西山。」文王之事也。《蠱》以子「幹父」，武王之事也。上九「不事王侯」，非首陽之兄弟與東郊之多士邪？以文王終《隨》，以高尚終《蠱》，公蓋不忘文考之至德也。不忘文考所以事殷，而寧肯惡殷士之不從周者乎？故曰公敬而矜之。是以于《文王》之雅，稱殷士曰「膚敏」，《酒誥》曰「殷獻臣」，兹曰「商王士」、曰「殷多士」、曰「天邑商」，自稱曰「我小國」，推崇殷士，卑以自牧，雖聖人温恭之至，亦殷士之賢，有以當聖人之褒嘉也。其肯詆之爲頑民，比之于放流乎？然則遷多士于洛，何也？蓋殷世臣故家之在朝歌者，如後世徙大姓實京師園陵之類。朝歌距洛四百里，移其大族于新邑，朝夕親近勸誨，以馴其不率。巨室定，則庶民定。故傳曰：「爲政不難，不得罪于巨室。巨室所慕，一國慕之。」即此意也。豈其放流之，禁錮之乎？洛城雖大，不過數十里。舉殷都千里之民，盡驅而閉之一城之内，是後世長平、新安阬之而已。民方思亂，而牽率婦子，流離道路，欲以弭亂，所謂治絲而棼之也。夫遷民以防亂，非聖人之識；詆義士爲頑民，非聖人之心。誣聖人于已往，壞名誼于將來，孔書所以爲妄作耳。

惟三月，周公初于新邑洛，用告商王士。

此史臣記公所以作《多士》之故。洛邑新成，將移朝歌世家往居之。王士者，尊禮之稱。

王若曰：「爾殷遺多士弗弔句。旻天大降喪于殷，我有周佑命，將天明威，致王罰，敕殷命終于帝。肆爾多士，非我小國敢弋殷命，惟天不畀，允罔固亂弼我，我其敢求位？惟帝不畀，惟我下民秉爲，惟天明畏。」

此以下，告殷士之辭。王若曰者，王伻來毖殷，而公遂以王命代言也。弗弔者，弗用憂憫也。旻，高遠冥邈意。喪，亡也。佑命，猶言佐命。將，奉也。致王罰，致王者大公之罰也。敕殷命，革正殷之國命也。終于帝，終上帝之事也。肆爾多士，呼之也。我小國，謙言周也。弋，取也。猶弋鳥之弋。言天苟不付畀我，信非天罔固留殷亂，而輔弼我，我其敢于求天位乎？今惟上帝不肯畀殷，惟我下民執天所爲，惟天威明顯，我是以不得辭耳。

「我聞曰：上帝引逸。有夏不適逸，則惟帝降格，嚮于時夏。弗克庸帝，大淫泆有辭。惟時天罔念聞，厥惟廢元命，降致罰。乃命爾先祖成湯革夏，俊民甸四方。自成湯至于帝乙，罔不明德恤祀。亦惟天丕建，保乂有殷，殷王亦罔敢失帝，罔不配天其澤。在今後嗣王，誕罔顯于天，矧曰其有聽念于先王勤家？誕淫厥泆，罔顧于天顯民祗，惟時上帝不保，降若茲大喪。惟天不畀，不明厥德，凡四方小大邦喪，罔非有辭于罰。」

我，爲王自稱也。聞，聞夏桀之事也。引逸，不適逸，言天欲引導安全，而桀不肯從也。崇高富貴，是天所以逸明主。憂勤惕勵，是明主所以適于逸。引逸適逸，所以啟多士遷居之意。惟帝降格，謂天降災異，如史稱桀之時，星殞地震，伊洛竭，泰山崩之類。嚮于時夏，天以意嚮示之使改，而桀弗能用上帝之意，大爲淫蕩放泆，有可討之辭。如民所謂「曷喪」「徯后」，皆辭也。天乃不念恤，聞其辭而廢其大命，降致其罰，乃命成湯革夏正，與賢人甸治其四方也。帝乙，紂父。明德恤祀，脩德敬神也。成湯至帝乙，皆天所大建以保治殷，而諸王亦克庸帝，不敢失墜，故君澤無不配天澤也。在今後嗣王，謂紂也。罔顯于天，猶言不知命。命且不知，况能聽念先王所勤勞于家邦者乎？天顯民祗，猶《商頌》云「天命降監，下民有嚴」也。所以上帝不保，降此大凶，天不付畀，惟以紂不如乃祖明德，故降喪有辭也。凡今四方小大邦，如奄、徐諸國之喪亡，無非有可罰之辭，故奉天以罰之耳。

王若曰：「爾殷多士，今惟我周王，丕靈承帝事，有命曰割殷，告敕于帝。惟我事不貳適，惟爾王家我適。予其曰：惟爾洪無度，我不爾動，自乃邑。予亦念天即于殷大戾，肆不正。」

再告也。我周王，周先王也。上帝命周割絶殷命，而告其敕正之功。我從事不敢貳心，一順天命以往，非有私意利商求位也。惟爾紂自即于亡，不能不歸于我周耳。予其曰惟爾洪無度者，指革命以後，殷畔之事。無度，猶言無量。《詩》云：「美無度。」言我周寛宥爾殷，無有限量。禍變之作，非我驚動，由爾商邑自作也。予亦念天方就爾殷，大降災戾，故不爾正，言不甚責備也。

王曰：「猷告爾多士。予惟時其遷居西爾，非我一人奉德不康寧，時惟天命無違句。朕不敢有後，無我怨。惟爾知，惟殷先人，有册有典，殷革夏命。今爾又曰：夏迪簡在王庭，有服在百僚。予一人惟聽用德，肆予敢永爾于天邑商，予率肆矜爾。非予罪，時惟天命。」

三告也。上既以天命、祖德、興亡曉之。殷士有大戾，既不究正，今乃惟欲遷之耳。西，謂洛在朝歌西。不康寧，言以多士遷也。不敢有後，謂既告而不聽，後不再告加之罪，無我怨也。册，史籍也。殷革夏命，舊典可稽。興亡代有，匪獨今日。多士皆商舊臣，又推探其意，言殷革夏命，則凡夏之舊臣，商簡用之。今殷舊臣，周無用者，不知天命有德，予一人惟聽用德。今予豈敢過求爾德于天邑商。商士之不得用，天也，故曰天邑商。予惟一切大哀矜爾，敢過求爾德乎？此非我罪，是惟天之命也。夫多士國亡家破，不肯從周，非所謂忠臣義士與？周蓋欲用之，而不可得耳。言惟聽用德者，望其爲周不貳心之臣，是多士所必不能矣。公以此致責望之意，而非真言多士之無德也。曰率肆矜爾，乃見聖人不得已之心。謂爾無德，其孰非忠義者；謂爾有德，其孰能不叛周者。既不可用，又不可棄，是多士遭遇之窮，而聖心良苦，亦末如之何矣？此公憐惜多士，婉爲辭以感動之，非必多士真有此意。聖人體惜愛護，多士所以終于孚化耳。

王曰：「多士，昔朕來自奄，予大降爾四國民命。我乃明致天罰，移爾遐逖，比事臣我宗多遜。」

四告也。朕，爲王自稱也。來自奄者，五年東征奄而歸也。言我昔自伐奄歸洛，予大降黜爾四國民命，不忍加誅，我乃明致天之罰，欲移爾遠去西土，比于事臣我宗周之多遜順者，不但欲移之新邑之近而已。

王曰：「告爾殷多士。今予惟不爾殺，予惟時命有申。今朕作大邑于兹洛，予惟四方罔攸賓，亦惟爾多士攸服，奔走臣我多遜。爾乃尚有爾土，爾乃尚寧幹止，爾克敬，天惟畀矜爾。爾不克敬，爾不啻不有爾土，予亦致天之罰于爾躬。今爾惟時宅爾邑，繼爾居。爾厥有幹有年于兹洛，爾小子乃興，從爾遷。」

五告也。予惟不爾殺者，不食大降爾命之言也。予惟是移爾遐逖之命，有重申也。大作邑于兹洛，又非遐逖也。所以作兹大邑者，予惟是西土遐逖，四方諸侯無所賓禮。又爾多士今已攸服，可無事遠移，即茲大邑，奔走臣我，自多順遜，所以營洛爲爾居。今爾往洛，所居即爾土。尚其保有爾土，耕田自養。幹，身軀也。尚寧爾身，安居自逸也。爾若能敬畏循理，天惟付畀矜恤爾。爾若妄作，不克敬，豈但無土，予致天之罰，身且不保。今爾惟宅新邑以爲家，繼爾居以求永，爾身方强壯有幹，爾方未死有年，于茲洛，爾之子孫乃有興起者。其從爾遷，于何不得？

王曰：「又曰時句，予乃或言爾攸居。」

又曰時，猶言彼時。曰，語辭。因上文言遷居以後之利也。于彼時始信予或言爾得所居，今果然矣。聖人告人，委曲如此。或者，豫度之辭。

無逸

《無逸》者，周公以恭儉訓成王也。凡人主之惡，生于驕惰；國家之禍，成于奢侈。兩者皆謂之逸。故憂勤者，生之徒；卑約者，治之本。人情莫不好逸，莫不惡勞。聖人丁民，則使之逸。于人主，則不欲其以凡民自待，以恒情自恕，而獨致戒曰無逸。蓋民好逸，未必得逸。人主好逸，則無所不逸。生長于富貴，耳目錮于紛華，不知小民之艱難，則好逸。優游歲月，厭勵精爲勞瘁，適意行樂，以爲養生延年，則好逸。初服明作，中道遇小人蠱惑鮮終，則好逸。任情躁急，喜佞惡忠，無安靖寬綽之度，則好逸。而受病之源，由于不知艱難。不知艱難，由于不知稼穡。稼穡者，民所以生。而民者，君所以生。故《易》曰「觀我生」，觀民也。有艱難，而後有稼穡。有稼穡，而後有民。有民之稼穡，而後有貢賦。有貢賦，而後有經制。有經制，而後有百官、有司、朝廷、宗廟、倉廩、府庫，有崇高富貴、深宮壯麗之居，有錦衣玉食之奉，無一不依民以供，無一不自艱難出。若之何登枝而捐本也？是以公于《洛誥》教王明農，于《豳風・七月》誨以稼穡，此戒以無忘稼穡艱難，無以惟征之供。爲于田、于遊、于觀，深思小民之依，則庶乎無驕奢淫泆之事，而君德可脩。有撙節愛養之意，而壽命可永。有謙恭受教之益，而忠諫不愎。有從容詳密之思，而讒邪不張。蓋既知艱難，自視天下之人，無一敢侮，視己無一敢驕，操心慮患，約己裕民，而君道庶幾矣。

周公曰：「嗚呼！君子所句**，其無逸**句**。先知稼穡之艱難乃逸**句**，則知小人之依。相小人厥父母，勤勞稼穡，厥子乃不知稼穡之艱難乃逸**句**。乃諺既誕，否則侮厥父母曰：昔之人無聞知。」**

君子，謂君也。所，處也。猶《春秋》言「王所」，《禮》言「君所」。人君之所，耳目玩好，居處服御，孰匪安逸。然自賢主視之，其無一可以自逸者。蓋君享其逸，而逸非君自有也。君之逸，是乃小民惟征之供，君依小民以爲逸者也。小民之供，本于稼穡。人君但知逸爲逸，不知稼穡之艱難，則焉知小人之爲依。故先知稼穡之艱難，是乃君逸，則知小人之貧賤，是乃富貴者之所依憑也。凡不知稼穡之艱難者，以其身未親稼穡之事耳。視彼小人，其父母勤勞稼穡，其子但知安逸，不知厥父母艱難，乃有是逸，乃習爲世俗鄙諺，誕妄不檢，非議侮慢其父母曰：前人無有聞見知識。蓋以壯麗爲威嚴，則薄前人之堂構爲苟簡；以侈汰爲得意，則鄙前人之恭儉爲纖嗇。此繼體之通患，亦即下文所爲譸張幻語者也。其弊皆由不知稼穡之艱難。

周公曰：「嗚呼！我聞曰：昔在殷王中宗，嚴恭寅畏，天命自度，治民祗懼，不敢荒寧。肆中宗之享國，七十有五年。其在高宗時，舊勞于外，爰曁小人作句。其即位，乃或亮陰，三年不言，其惟不言，言乃雍。不敢荒寧，嘉靖殷邦。至于小大，無時或怨。肆高宗之享國，五十有九年。其在祖甲，不義惟王，舊爲小人作。其即位，爰知小人之依，能保惠于庶民，不敢侮鰥寡。肆祖甲之享國，三十有三年。自時厥後立王，生則逸。生則逸，不知稼穡之艱難，不聞小人之勞，惟耽樂之從。自時厥後，亦罔或克壽。或十年，或七八年，或五六年，或四三年。」

此再告也。引殷三王之知艱難乃逸者，以明之。人主崇高富貴，無所不得，其難必者惟壽。以有宴安爲之酖毒，嗜慾爲之斧斤也。知艱難之君，惜福則能斂福，敬天則能得天，畏民則能長民，寡嗜慾則元氣不損，多憂勤則神明日新，無人怨則無鬼禍，養和氣則招吉祥。故自古壽考之福，不在優游豫樂，而常得于艱難之中。歷舉殷王，近代事之易見者也。中宗，大戊也。自度，以天命自簡制也。高宗，武丁也。舊在民間，與小民同力作，故即位知艱難。乃或亮陰者，謂三年不言，非常然，乃或因居喪而然也。雍，和也。此事無與稼穡艱難，然非知艱難之主，不能恭嘿守禮也。嘉靖，和美安靖也。祖甲，高宗子，祖庚弟。不義惟王，高宗欲立祖甲，祖甲逃居民間，故與小民同力作也。殷三宗享國長久者，皆以其知小民之艱難。而後王生長安逸，不知艱難，惟知有逸，不知小民之依，惟知有己，是以驕奢淫泆，福過災生，人怨神怒，天年不永矣。

周公曰：「嗚呼！厥亦惟我周，太王、王季，克自抑畏。文王卑服，即康功田功。徽柔懿恭，懷保小民，惠鮮鰥寡。自朝至于日中昃，不遑暇食，用咸和萬民。文王不敢盤于遊田以庶邦惟正之供句**。文王受命惟中身，厥享國五十年。」**

三告也。又引周之先王知艱難乃逸者徵之。抑，貶損也。卑服，謙卑服事也。康功，安民之功。田功，即稼穡也。徽、懿，皆美也。柔則闇汶，徽則柔而能文，恭則拘簡，懿則恭而能安。惠鮮者，鰥寡之人，枯槁無色，而惠之使鮮澤也。自朝旦至日中，又至日昃，言終日不食也。咸和，皆和也。「文王不敢」以下十五字爲句。盤，盤桓也。正，征也。惟正之供，下所當供。小民以艱難生之，而賢主以什一稅之者也。言文王不敢以小民稼穡之供，恣遊田之費，所謂知艱難也。中身者，文王年四十七即位，九十七終，享國五十年也。按史，文王即位之元年，帝乙之二十九年也。帝乙時，商道未衰。文王受命，猶帝乙命之。嗣位十有八年，帝乙乃崩，紂立。文王事紂，又三十有二年。然則三分有二，蓋紂之末年。所受庶邦惟正之供，非文王征之，小民喜于歸周樂供之也，而文王猶以致之于商。故《易》曰：「王用享于西山。」夫非有二之供享之與？夫子曰：「以服事殷。」夫非以惟正之供服事之與？小心恭慎，止仁止敬，故其享國長久，子孫爲天子，綿祺八百。無逸永年，信不誣也。後世晉重耳以徂詐立國，逼天子取彤弓，自稱侯伯。身死而其子孫驕奢無度，迫脅友邦朝聘供幣，豈非以西伯惟正之供爲口實乎？夫西伯卻之而不能也，晉人則紾而奪之也。文王不敢以供遊盤而服事殷，晉人以自供其奢侈而王室曾不得一縷一粟之入。所以六卿支解，子孫煙銷，先諸侯亡。無逸永年，豈欺我哉？

周公曰：「嗚呼！繼自今嗣王句**，則其無淫于觀、于逸、于遊、于田以萬民惟正之供**句**。無皇曰：今日耽**貪**樂。乃非民攸訓，非天攸若，時人丕則有愆。無若殷王受之迷亂酗**虛去聲**于酒德哉！」**

四告也。則，法也。法文王也。十九字爲句。淫，蕩也。于，往也。觀，玩樂也。如《春秋》「觀魚」「觀社」之類。逸，安逸也。如日晏不朝、不親庶政之類。遊，巡幸也。田，出獵也。皇與遑通，暇也。今日耽樂者，言今日暇且爲樂也。夫爲四海之主，一日萬幾，何有暇時？此小人蠱惑幻語，非所以訓民，非所以順天。爲此言者，是人有大愆。丕，大也。逸欲之漸不可長，始于一念，而終身迷亂，若殷王紂是也。彼其酗于酒，沈湎狂惑，死而不悔，亦始于一日耽樂耳。惟師文王則可矣。酒德，謂以酗酒爲德。

周公曰：「嗚呼！我聞曰：古之人猶胥訓誥，胥保惠，胥教誨，民無或胥譸周張爲幻。此厥不聽，人乃訓之，乃變亂先王之正刑，至于小大民，否則厥心違怨，否則厥口詛祝呪。」

五告也。此承上章「今日耽樂」之語、「時人丕則有愆」之意，而因戒王使受教也。言古人雖德業已盛，君臣猶以得失相訓告，以吉祥相保順，以道德相教誨。國是明而公論彰，故民無或敢相譸詐張狂，以變易是非。此知艱難之主，虛己聽言之效也。苟艱難之訓不聽，則耽樂之言易入。蓋邪正之幾，間不容髮。於是有小人教以變亂先王正法，謂民不足依，謂艱難不足知，如厥子之侮厥父者，譸張變幻，是非顛倒，將使人主驕奢放逸，至于小大之民，不服則心違而怨恨，不服則口詈而詛祝。豈長世之道？祝與呪同，有怨而愬于神曰詛祝。

周公曰：「嗚呼！自殷王中宗，及高宗，及祖甲，及我周文王，兹四人迪哲。厥或告之曰小人怨汝詈汝，則皇自敬德，厥愆曰朕之愆。允若時，不啻不敢含怒。此厥不聽，人乃譸張爲幻曰小人怨汝詈汝，則信之。則若時不永念厥辟，不寬綽厥心，亂罰無罪，殺無辜。怨有同是，叢于厥身。」

六告也。商、周四王，知稼穡之艱難乃逸，知小人之依，故能勤儉憂惕，懷保惠鮮，惟民之恤。所謂迪行明哲之主也。其或讒人告之曰小民怨汝詈汝，則皇皇然自敬其德。其所怨所詈之愆，則曰我之愆。四王之心，信有若是者。豈但不敢含怒而已乎？蓋其心既深知我之逸爲彼之艱難，彼之艱難爲我之依，視民無一不可念，自視無一可逸。雖怨詈之不怒，而有罪則自反。此四王所爲迪哲，世主所當聽也。若此艱難之語不聽，則彼耽樂之言是從，乃或有譸張爲幻者曰小民怨汝詈汝，則信之。不深思爲君之道，不寬大綏綽其心，躁擾峻厲，亂罰無罪，亂殺無辜，天下孰不怨之。怨叢厥身，欲壽考安佚焉得。此惟不知艱難乃逸，妄謂崇高富貴我固有也。惟正之供，彼當供也。斬艾如草芥，而靡費如泥沙。嗚呼㷃怒，嚴刑峻罰，少知艱難，豈至于斯。嗟夫！譸張殺人、不寬綽厥心二語，公蓋深有儆于流言之殺管叔也。成王，猜忌之主。公所以惓惓誨迪，《君奭》所以欲致政去，必非無故。千載之下，不能詳考其事，而删定意緒，隱然可尋。在讀者熟思耳。

周公曰：「嗚呼！嗣王其鑒于兹。」

七告也。語畢而嗟嘆之，丁寧之。所謂言不盡意，忠告至矣。

尚書辨解卷六終

尚書辨解卷七

君奭 弍

此召公欲告老，而周公勉留之辭。奭，召公名。古人質直，相諭以名。國史嚴重，故因名命篇。《序》謂：「周公爲師，召公爲保，相成王。召公不悦，故周公作《君奭》。」司馬遷敘《燕世家》，遂謂周公踐祚攝政，召公不悦，爲《序》所誤矣。成王幼，周公以冢宰攝政，或有之。若踐祚，則《禮記·明堂位》附會之説，先儒辨之已詳。據編次繼《洛誥》《多士》之後，時周公留洛，成王親政，召公奚爲不悦哉？蘇軾謂不悦周公不歸，非也。夫周公固無可歸之義，亦無欲歸之心。公以文王子，武王弟，相武王初定天下。武王崩，反者四起，公以骨肉元老，受父兄託。去則將舉前人未竟之緒，秦越視之乎？雖聞謗居東，成王一悟，遂翩然返，何嘗棄天下。如後世菟裘骸骨之爲，世儒惟誤解《洛誥》「予欲」一「明農」之語，遂謂公歸不果，召公不悦。夫周公不歸，召公亦未歸也。不亦恕己而責人乎？《序》謂「不悦」者，如孔子不悦于魯、衛，孟軻不豫于齊，有去志云爾。當是時，異姓舊臣，皆已就封，十亂皆已彫謝。周公留洛，而召公居中，年老倦勤，故有歸志。或曰：周公不歸，召公獨可歸乎？曰：周家創守之事，皆周公肩之。親則叔父，情不可解。位則冢宰，分無所逃。故篇首公亦自任，義無可去。若召公歷事三朝，主報國酬，引年而退，猶爲庶幾焉。蓋有周公在，其任分。周公留洛，而王幼冲，觀其譸張于流言，朋比于記工。享惟識物，賞不明農，微師保之力，亦顛覆之主耳。篇中云「嗣子孫大弗克恭」「遏佚前人光」，必有所指矣。是時召公齒未甚衰，成王在位三十年崩，而太保尚受顧命，輔康王。以百歲計，時尚未耄，其不悦非無故也。然周公援止即止，老成忠愛，真無已哉。

周公若曰：「君奭，弗弔。天降喪于殷，殷既墜厥命，我有周既受。我不敢知，曰厥基永孚于休。若天棐忱，我亦不敢知，曰其終出于不祥。嗚呼！君已曰時我，我亦不敢寧于上帝命句，弗永遠念天威，越我民罔尤違句。惟人在句，我後嗣子孫，大弗克恭上下。遏佚前人光句，在家不知句，天命不易，天難諶忱，乃其墜命，弗克經歷句。嗣前人恭明德在今句。予小子旦，非克有正，迪惟前人光，施于我冲子。」又曰：「天不可信句。我道惟寧王德延句，天不庸釋于文王受命。」

此周公欲留召公，先言己所以勤勞王家之意。弔，憂也。弗弔，言君奭獨不憂念乎。天命去留在人。天喪殷而周受之，我不敢信以爲美，而不求自保。如天不可信，未必與周。我亦不敢以爲終于不祥，而不求挽回。善則不祥可轉爲吉，不善則休祥亦變爲凶，存乎人耳。嗚呼，嘆辭。君，指召公。已曰時我者，言召公嘗歸責于公也。我，周公自稱。「我亦不敢」下二十一字爲句。言我亦豈敢安寧于上帝之命，不遠念天威，於我民無過違乎？過違，參差意。惟人在，謂祈天保民在人也。「我後嗣」以下十一字爲句。指成王幼冲，不知艱難也。在家不知者，周公以叔父至親，召公同姓宗臣，誼共休戚。雖在家不仕，豈得諉于不知？天命難保，天意難信，無乃墜其命，不能久經歷矣。繼嗣前人恭奉明德，惟在今日。予小子所爲，不敢知不敢寧者，非能有所救正也。但啓迪前人明德之光，施及于我冲子而已。又曰者，前言少間，再申其説也。史記聖人從容勸誨氣象如此。言天不可信，我率行惟武王之德，以延接之，天亦不用遽舍于文王之受命也。我所以思藉文武而保厥命耳。

公曰：「君奭，我聞在昔成湯，既受命時，則有若伊尹，格于皇天。在太甲時，則有若保衡。在太戊時，則有若伊陟、臣扈，格于上帝，巫咸乂王家。在祖乙時，則有若巫賢。在武丁時，則有若甘盤。率惟茲有陳，保乂有殷，故殷禮陟配天，多歷年所。天惟純佑命，則商實句。百姓王人，罔不秉德明恤。小臣屏侯甸，矧咸奔走惟茲句。惟德稱用，乂厥辟，故一人有事于四方。若卜筮，罔不是孚。」

三告也。此又引商先臣壽考佐命之功，見奭不宜告老也。成湯受命以下，言諸臣自効于商。「天惟純佑」以下，言商利賴諸臣。保衡，即伊尹。按：湯壽年百歲，伊尹相湯，湯崩，歷外丙、中壬，又相太甲，是伊尹殆百歲人也。伊陟，伊尹子。湯時有臣扈，至太戊凡百三十年，而扈尚在，則扈殆百餘歲人也。巫賢，巫咸子。伊尹事湯，至太戊百五十年，而其子伊陟尚在。巫咸事太戊至祖乙，百四十年，而其子巫賢尚在，則六人者，皆多歷年所者也。率，皆也。陳，久也。言在位久也。禮，謂天子祀天之禮。陟，升也。配天，天子郊祀，以祖考配天。《詩》云：「殷之未喪師，克配上帝。」商有天下六百四十四年，故曰「多歷年所」。商先功臣，不止六人，此舉其壽考在位者耳。天憖遺老，輔助王家，使之多歷年所。王家因元老得天，亦多歷年所，故老成人者，天篤生以佑人主，人主亦仗老成人，以格皇天。純，全也。佑，助也。天惟全助商命，故商家賢才充實。百姓大族，凡爲王臣者，罔不秉持其德之明，以憂恤國家。況外而小臣，藩屏侯甸，莫不奔走，惟天純佑，故及此。稱，舉也。惟德舉用，乂安其君，故君有事四方，如卜筮，人無不信也。蓋國有老成，則百僚師師，罔非正人。商六七賢君，皆有老成人爲輔，故內外大小，各舉其職，羣賢彙征，而天下治。此周、召所以不容一日去位也。

公曰：「君奭，天壽平格，保乂有殷。有殷嗣天滅威句。**今汝永念，則有固命**句。**厥亂明我新造邦。」**

四告也。平，常久也。言殷諸臣有天壽，能常格天，故保治有殷。其後嗣如紂，耄遜于荒，故天滅之以威。今汝永念天命祖德，則亦如六臣多歷年所，有堅固之壽命。其治明我周新造之邦，亦若殷諸臣之孚于四方也。

公曰：「君奭，在昔上帝割句，申勸寧王之德。其集大命于厥躬，惟文王尚克脩和我有夏，亦惟有若虢國叔，有若閎夭，有若散宜生，有若泰顛，有若南宮括。」又曰：「無能往來茲迪彝教。文王蔑德降于國人，亦惟純佑秉德。迪知天威，乃惟時昭文王，迪見，冒聞于上帝，惟時受有殷命哉！武王惟茲四人，尚迪有禄，後暨武王，誕將天威，咸劉厥敵。惟茲四人昭武王惟冒，丕單稱德。今在予小子旦，若游大川予往，暨汝奭其濟。小子同未在位，誕無我責收句。罔勗不及句，耇造德不降句，我則鳴鳥不聞，矧曰其有能格？」

五告也。又即周先臣之佐命者，喻公之當留也。割，割絶殷命也。申勸，重勉也。寧王，武王也。大命集武王之身，惟文王先能調治諸夏也。文王調治諸夏，又賴此五臣。若無五臣往來啓迪常教，即文王亦無德降及于國人也。惟天純佑文王，故五臣亦如昔商臣秉執其德，迪知天威，惟是光昭文王，迪行之德，著見于下，覆冒之功，上聞于帝，是以受有殷命。至武王時，虢叔已死，惟茲四人，尚迪行有禄後，武王將天威誅紂。惟四人光昭武王，冒覆天下，使大盡稱揚武德。微四人，武王亦不能成功也。其在于今，予小子旦，若游大川，無有津涯，予往汝奭其協力共濟。予雖在位，與未在位同，謙言己無裨于國也。苟無人爲我責任兼攝，獨力難成，終無能勉其不及也。勗，勉也。今爾以耇老高造其德，不肯降留，如視鳴鳥高飛，使我不得聞其聲，矧曰其能使之來下乎？造，至也。《易》曰：「飛龍在天，大人造也。」《詩》云：「金玉爾音，而有遐心。」即不降不聞之意。舊解謂岐山鳴鳳，無謂。

公曰：「嗚呼！君肆其監于兹。我受命無疆惟休，亦大惟艱。告君乃猷裕我，不以後人迷。」

七告也。反覆其辭，時迫時緩，時詳時畧。此數語，又畧而緩，悠然不盡，使人深念也。鑒于兹者，通指上商、周諸臣，言我周受命雖美，亦甚艱難。告君請謀之，當寬裕我，勿躁急獨行。不顧而去，使我後之人，無助而昏迷也。後人，公自謂也。去者以留者爲後。

公曰：「前人敷乃心，乃悉命汝，作汝民極。曰：汝明勗偶王在亶，乘兹大命，惟文王德，丕承無疆之恤。」

八告也。前人，武王也。布乃心者，猶言布腹心、託心膂也。二公同受武王顧命，輔成王爲師、保，故曰作民極。「曰」以下，皆述武王之命辭。偶，輔也。明勗偶王，明勉輔助嗣王也。在亶，在誠信也。今受命而逋，是不信矣。乘，記載也。屬史臣記此命也。惟文王德丕承無疆之憂者，丁寧託付之語，皆武王遺命，而公詳述之。悽然事死如生之感，忠臣孝子惻怛之至。召公欲勿留，得乎？

公曰：「君，告汝朕允。保奭，其汝克敬以予句，監于殷喪大否，肆念我天威。予不允，惟若兹誥。予惟曰：襄我二人，汝有合哉！言曰：在時二人，天休滋至。惟是二人，弗戡。其汝克敬德，明我俊民在句，讓後人于丕時。嗚呼！篤棐時二人，我式克至于今日休句，我咸成文王功于不怠。丕冒海隅出日，罔不率俾。」

九告也。允，誠也。告汝朕允者，告汝以我之誠心也。保奭者，再呼其官與名也。其汝克敬以予者，望其敬以助我也。能左右之曰以。視殷亡大運否塞，遂念我畏天之威，豈不誠允而徒然爲此誥語乎？予惟曰：襄事惟我二人，汝有合于予言。亦曰：在是二人，同心協恭，則天休滋至。但國家多事，賢才無盡，惟我二人，不能勝。其汝克敬德，明揚俊民在位，以遜讓後人于丕時。丕時，猶言彼時。後日也。蓋大臣爲天下得人，不得其人，未可言去。篤，用力也。言用力匪我二人，則我多難之家，式能至于今日之安休乎？今日之休，垂成之功，不敢遂怠。我欲皆成就文王之功于不怠，使自我西土丕冒，東至海隅出日之邦，罔不率從，而後我二人襄事之功畢耳。今功未成，豈可言去。

公曰：「君，予不惠，若兹多誥。予惟用閔于天越民。」

十告也。不惠，不順也。言我豈不順于理，而如此多言。惟憂閔上天，越及下民耳。

公曰：「嗚呼！君，惟乃知民德，亦罔不能厥初。惟其終，祇若兹，往敬用治。」

十一告也。上言閔天與民。此獨言民者，民爲本也。乃指召公，言惟召公老成深念，能知民情，蹔時雖罔尤違，其終難保。可謂今休而不圖永終乎。當祇順此誥，往敬用治，不可忽也。愚竊觀周公之志，而知聖人天行之健，不息之誠，以天地民物爲心，未嘗遲回于衰耄之年，計較于生死之際也。視老之于壯，死之于生，若晝夜呼吸，而吾當爲之事，與夫不可辭之責，一息尚存，不容少懈。吾夫子衰年尚行，不知老之將至，思夢見周公。孟子謂：「公思兼三王，坐以待旦。」讀《君奭》，始信其然。昔堯不遇舜不言老，舜、禹皆以期頤之年，巡行萬里，客死而旋葬焉，其不倦勤如此。後世士衰至便驕，欲以召公爲口實乎？

多方

《多方》者，周公再奉成王討奄，歸至洛，而布告四方之辭。稱「臣我監五祀」，蓋周公治洛之五年也。奄人再叛，時成王在位十有一年，二十有四歲矣。武王崩，三監叛，十餘年間，周公所以撫馭勤勞盡瘁，而奄人猶反側不常。若使當時無公，或如君奭請老，東方之事，誰與圖之？故知《君奭》一誥，周公之慮遠矣。夫子删《書》，序《多方》于《君奭》後，見文、武之業所以底定，綿禩久遠者，秋毫皆公之力也。

惟五月丁亥，王來自奄，至于宗周。

此史臣記周公作《多方》之故。五月不言其年，以經考之，蓋成王之十有一年也。元年至二年，公居東。三年至五年，公奉王東征。六年，營洛。七年，公始居洛。茲經曰「臣我監五祀」，則是成王十有一年矣。是時公已遷殷士，而奄人再叛，公再奉王討之。蓋初征王年甫十六。《多士》曰：「昔朕來自奄。」王幼，故《大誥》之辭稱「沖人」。此行王親總大政，故專稱「王」。王來，反洛也。洛邑朝宗之所，故稱「宗周」。公治洛，王還經洛，諸侯會，故誥于洛也。

周公曰：「王若曰：猷告爾四國多方，惟爾殷侯尹民。我惟大降爾命，爾罔不知。洪惟圖天之命，弗永寅念于祀。惟帝降格于下，有夏誕厥逸，不肯慼言于民，乃大淫昏，不克終日勸于帝之迪，乃爾攸聞。厥圖帝之命，不克開于民之麗，乃大降罰，崇亂有夏。因甲于内亂，不克靈承于旅。罔丕惟進之恭，洪舒于民。亦惟有夏之民，叨懫至日欽，劓割夏邑。天惟時求民主，乃大降顯休命于成湯，刑殄有夏。惟天不畀純，乃惟以爾多方之義民，不克永于多享。惟夏之恭多士，大不克明保享于民，乃胥惟虐于民，至于百爲，大不克開。乃惟成湯，克以爾多方，簡代夏作民主。慎厥麗乃勸，厥民刑用勸。以至于帝乙，罔不明德慎罰，亦克用勸。要囚殄戮多罪，亦克用勸。開釋無辜，亦克用勸。今至于爾辟，弗克以爾多方，享天之命。」

周公曰、王若曰者，公代王言也。殷侯，殷諸侯，即東海奄、徐諸國。以其未忘殷，故稱殷侯。

尹民，宰民之官。大降，猶寬宥。爾罔不知，言爾自當知也。圖，謀也。寅，畏也。天命不可以人力謀。不畏保爾之宗祀也。「惟帝降格」以下，詳言桀之亡夏，湯所以格夏之事，見紂以多方亡也。蓋凡四方之命，迪于天而係于民，存乎上之人，有以勸勉之。上有明主，則四方多士，并受其福。桀惟自逸，憂民之言，曾不出于口。終日淫昏，不能勉行天道，爾等所聞也。民以奠麗而後安，民安即是天命。桀但圖帝命，不開廣小民于麗，大降罰于民，積亂于國，始于嬖妾内亂，遂至蠱惑顛倒，不能靈承于衆旅，不惟進用恭人，寬洪舒徐，以開民麗惟。貪叨忿懥之人，日欽崇，以戕害夏邑，所以天命成湯刑殄之也。此惟天不保全夏桀，故夏賢士并受其累。恭德之士，不使明揚以保享民，而虐民之事，無所不爲。民生窮迫，不得開展。成湯乃以爾多方簡代爲民主，慎民所奠麗，而勸勉之，于民所儀刑，而勸勉之。至紂父帝乙，亦明德慎罰，能勸勉其民。凡要約囚人，殺戮有罪，無非勸勉之也。惟恐民失所，陷于有罪。況肯身爲不善，用不善之人以累之，斯勸民之主，乃能以多方享天命。今至爾紂，不能以爾多方享天命。豈非不勸民所致哉？亟言勸者，見今之誥，正所以勸之也。

「嗚呼！王若曰：誥告爾多方，非天庸釋有夏，非天庸釋有殷。乃惟爾辟，以爾多方大淫，圖天之命，屑有辭。乃惟有夏圖厥政，不集于享，天降時喪，有邦間之。乃惟爾商後王逸厥逸，圖厥政，不蠲烝，天惟降時喪。惟聖罔念作狂，惟狂克念作聖。天惟五年須暇之子孫，誕作民主，罔可念聽。天惟求爾多方，大動以威，開厥顧。天惟爾多方，罔堪顧之。惟我周王，靈承于旅，克堪用德，惟典神天。天惟式教我用休，簡畀殷命，尹爾多方。今我曷敢多誥？我惟大降爾四國民命。爾曷不忱裕之于爾多方？爾曷不夾介，乂我周王享天之命？今爾尚宅爾宅，畋爾田，爾曷不惠王熙天之命？爾乃迪屢不静，爾心未愛。爾乃不大宅天命，爾乃屑播天命，爾乃自作不典，圖忱于正。我惟時其教告之，我惟時其戰要囚之，至于再，至于三。乃有不用我降爾命，我乃其大罰殛之。非我有周秉德不康寧，乃惟爾自速辜。」

再告也。庸，輕易也。非天輕舍夏商，惟紂不能勸民，以爾多方，放肆圖謀天命，瑣屑有辭故耳。夏桀圖政，不集于享，天降之喪。殷邦代之，紂安其安，爲政不蠲除其惡而烝進于善，天降是喪，然非天一旦棄之也。爲聖爲狂，在念與不念，如反覆手，豈容少待，而天之待商已久。成王黜殷，須至五年之久，殷不克念，而後天以五年須暇之子孫作民主，尚復何念可聽乎？殷不可聽，天又非輕與周也。求之多方，大動以降喪之威，開發其可以眷顧者，無之，惟我周王靈承于衆，能舉其德，可以典司百神上天，天乃式教我用休，簡畀以殷命。尹爾多方，豈偶致哉？曷敢多誥者，恐褻天命也。大降爾民命者，寬宥之也。忱，信也。信其大降命之言也。裕，安和也。即前洪舒開麗之意，勿自迫于罪也。屑播，輕棄也。不典，非常也。圖忱于正，謀自信以爲當然也。作不典而求正，理所無也。戰，攻迫也。

要囚，要約囚禁，指滅奄之事也。

王曰：「嗚呼！猷告爾有方多士暨殷多士。今爾奔走，臣我監平聲五祀，越惟有胥伯，小大多正，爾罔不克臬。自作不和，爾惟和哉！爾室不睦，爾惟和哉！爾邑克明，爾惟克勤乃事。爾尚不忌于凶德，亦則以穆穆在乃位。克閱于乃邑謀介，爾乃自時洛邑，尚永力畋爾田。天惟畀矜爾，我有周惟其大介賚爾。迪簡在王庭，尚爾事，有服在大僚。」

三告也。有方，奄、徐諸國也。殷多士，河朔諸臣也。監，牧伯也，如康叔輩。公之治洛，亦監也。五祀，即五年，謂自洛邑成後，周公留治，今五年也。胥伯，吏胥之長。小大多正，皆周官。當世或雜用商舊臣，有附有叛，故不和也。臬，幹正也。和者，安分隨時之謂。官不能幹正其民，而使自作不和，亂之道也。自作不和者，不順于監也。爾室不睦者，同相疑也。爾邑，殷士爲多正者之治邑也。克明，謂政和民睦，則境内清明，是多正之能勤其職也。凶德者，貪亂不睦之人。不忌，不畏也。不可畏其凶而不正，即克臬之意。亦以肅清其官政，而簡閱邑人之賢者，以謀自助。爾乃自是于洛邑，長保爾土，天亦畀矜爾，我周亦大助賚爾。啓迪簡拔，在周王庭，庶幾爾事，有服在尊位者矣。畋與甸、佃通。凡耕獵之事，皆力畋也。按：《多士》曰「予一人惟聽用德，肆予敢求爾于天邑商」，尚未言用之也。今曰「胥伯小大多正，罔不克臬」、曰「乃位」、曰「乃邑」，則是殷士已有被用者，但未在王庭爲大僚耳。公當時治洛之政不可考，于殘編斷簡中，規模次第，大畧可見。《多方》次《多士》後甚明，而解者以《多士》有「昔朕來自奄」之語，謂宜居《多方》後，以遷殷士爲宜居營洛前，則顛倒甚矣。伏書二十八篇，編次井然，斷不可易也。

王曰：「嗚呼！多士，爾不克勸忱我命，爾亦則惟不克享，凡民惟曰不享爾句。**乃惟逸惟頗，大遠王命，則惟爾多方探天之威，我則致天之罰，離逖爾土。」**

四告也。不克勸，即上所謂「不克日勸于帝迪」之勸。不克享，即上所謂「不克永于多享」之享。言爾不相勸信我誥爾之命，則爾亦不克享上之禄。凡民承風亦不享爾，乃放逸頗僻，不和不睦，大遠王命。爾罔克臬，則惟爾多方之士，自探取天威。我將致天之罰，蕩析爾土，言將放殛之也。

王曰：「我不惟多誥，我惟祗告爾命。又曰時，惟爾初不克敬于和，則無我怨。」

五告也。命，天命也。聖人無往不奉天命，不但治亂刑政之大也。事物變化，莫非自然。聖人語嘿動静，順帝之則，動必奉天，言必稱命。殷士順命，則無探天威矣。又曰時者，他時也。與《多士》「又曰時」同。言彼時致罰，惟爾始初不能敬聽于和，自取之耳，勿我怨也。按：《多方》較《多士》，其辭旨加切，亦先後次第之别也。

立政

此周公將没而遺訓成王之辭，丁寧切而屬望遠。末呼太史記録，殆公訓誥之絶筆矣。首尾史臣記事，篇中不復如他誥更端，以其非面陳，如《召誥》及後世遺表之類，故編次諸誥末。名「立政」者，勉王自立云爾。篇中養民慎刑，以得人爲本，得人則政立，因《虞書》皋陶九德，舜言五宅三居，而變化其旨。自虞夏以來，五刑有三居，然必九德咸事，而後五宅三居可用。先宅俊人，然後能宅凶人。先乂三德，然後用三居。三事大夫不得人，而欲三宅無冤民，不可得已。由堯、舜至文、武，帝王之道備，而周公相成王，爲王道之終。故此篇上接舜、禹、皋陶之謨，下及成湯、文、武用人行政之道，終以刑獄戎兵，命史記録，蓋公思兼三王之事，于兹畢矣。國史所編，與夫子删定，思周公之意，周匝完備，學者宜潛玩也。

周公若曰：「拜手稽首，告嗣天子王矣。用咸戒于王曰：王左右常伯，常任準人，綴贅**衣虎賁**奔。」

此一節，史臣敘周公作誥之意。拜手稽首，告嗣天子王者，公將陳訓，而致禮于王。矣者，盡言無餘之辭。王左右常伯，常任準人，綴衣虎賁，記公所戒王慎用之人也。左右，輔弼臣也。常伯，常用庶官之長也。任，用也。準人，公平正直，可爲準則之人。綴衣，猶垂衣。天子扆座之飾，幄帳之屬。

虎賁，武士侍衛之臣，所謂帳下士，如今錦衣衛官僚，執戟護陛，掌刑殺者也。言王左右，常行庶長，常任用準平之人，以爲綴衣虎賁之屬。此周公所用咸戒于王者也。

周公曰：「嗚呼！休茲，知恤鮮哉！古之人迪惟有夏，乃有室大競，籲俊尊上帝，迪知忱恂于九德之行。乃敢告教厥后曰：拜手稽首后矣。曰：宅乃事，宅乃牧，宅乃準，茲惟后矣。謀面用丕訓德，則乃宅人，茲乃三宅無義民。桀德惟乃弗作往任（句），是惟暴德罔後。亦越成湯，陟丕釐上帝之耿命，乃用三有宅，克即宅。曰三有俊，克即俊。嚴惟丕式，克用三宅三俊，其在商邑，用協于厥邑，其在四方，用丕式見德。嗚呼！其在受德暋（閔），惟羞刑暴德之人，同于厥邦，乃惟庶習逸德之人，同于厥政。帝欽罰之，乃伻我有夏，式商受命，奄（掩）甸萬姓。」

前周公若曰者，史臣擬公之辭。此周公曰者，直記公之辭也。休茲知恤，即無疆惟休，亦無疆惟恤之意。言此左右常伯、綴衣虎賁，與君同休，然知憂恤，能得人者少也。古之人，指唐虞之世。堯、舜、禹、皐，君臣也。有夏，謂諸夏競强也。言古人行道，中國帝室强盛，如唐虞之際，尚賢官，天下所謂小德役大德，故曰有室大競；俊乂在官，時亮天工，故曰籲俊以尊事上帝。迪知，知之真也。忱恂，信之篤也。九德即皐陶所陳九德。拜手稽首，唐虞君臣進言納諫，皆拜稽首也。真知誠信有九德之行，然後乃敢陳謨以告君。蓋臯陶雖明刑之官，而謨非先刑也。舜雖有三居之宅，而宅非居罪也。五刑原非安宅，古人以宅論刑，宅可知也。豈非德明而後刑中乎？故其告厥后若曰：宅乃治事之臣，使事得其理；宅乃牧民之臣，使民得其養；宅乃平準之人，使公平正直者，居百揆阿衡之位，以爲治事養民之準。如此三宅，則可以爲君。苟臣不迪知忱恂于九德之行，謀爲面從，大言以訓德，而乃宅斯人用之，則事、牧、準三宅，無有善人，徒法可以化民乎？桀有惡德，惟其弗作求往古任人，是以暴德滅亡而無後也。陟，升也。丕，大也。釐，賜也。耿，明也。言湯升爲天子，上帝大賜明命也。三有宅，謂事、牧、準之位。克即宅，謂用人能各當位也。三有俊，謂事、牧、準之人。克即俊，謂在位能得人也。天下所以嚴敬取法者，以湯能宅俊得所，非徒以刑罪五宅三居之謂也。見德言不見刑也。受德暋，紂尚强也。羞刑，善治刑獄之人，如後世酷吏輩，以刑爲美也。庶習，多習也。欽罰，非妄罰也。伻，使也。我，謂周也。有夏，諸夏也。奄，覆也。甸，治田也。言盡四海之民，皆甸王田也。按：此因《臯謨》九德，五刑五宅三居，而言慎罰先于明德，舉善則不善者自遠。夫子所謂「舉直化枉」，子夏謂「舜有天下，選於衆舉臯陶，不仁者遠。湯有天下，選于衆舉伊尹，不仁者遠」，與此義同。宅俊言三不言九者，《臯謨》九德，不越箕疇之三德，言三而九在其中。古者天子三公曰師、保、傅，此三宅曰事、牧、準，錯綜其旨，以明先德後刑之意，非必以三宅配三公也。

「亦越文王、武王，克知三有宅心，灼見三有俊心，以敬事上帝，立民長伯立政。

任人準夫、牧作三事。虎賁、綴衣、趣蕀上聲馬、小尹、左右攜僕、百司庶府、大都小伯、藝人、表臣百司、大史、尹伯，庶常吉士。司徒、司馬、司空、亞、旅，夷微、盧烝。三亳阪返尹。文王惟克厥宅心，乃克立兹常事司牧人，以克俊有德。文王罔攸兼于庶言庶獄庶慎。惟有司之牧夫，是訓用違。庶獄庶慎，文王罔敢知于兹。亦越武王，率惟敉米功，不敢替厥義德，率惟謀從容德，以並受此丕丕基。

克知、灼見，即上節所謂迪知、忱恂，非面謀者也。克知三有宅心，言在位皆忠臣也。灼見三有俊心，言所用皆真才也。天命有德，即所以敬事上帝也。立民之長伯以立政。任人之平直，以牧養民而作爲三事之臣。《詩》云：「擇三有事。」如前所謂乃事、乃牧、乃準、三有俊，皆大臣也。「虎賁」以下，雜舉内外庶官。大都小伯，大小都邑之伯。表臣，外臣也。庶常吉士，兼指諸在位者，皆循理善人也。司徒、司馬、司空，諸侯之官屬。微、盧，二國，即夷也。烝，衆也。三亳，皆殷舊都，疑即所謂三監之故地也。殷自帝嚳始宅殷土，在今河、洛之間。其子契始封商，則今陝西西安府商州。至湯居亳，從先王居，即今河南歸德府商丘，在大河北，微子之故封，古殷土也。或曰：亳即今河南府偃師縣，在大河南，盤庚渡河所遷都也。或云即今彰德府安陽縣古相州。或云：漢京兆杜陵亳亭，則今陝西西安府咸寧縣也。又山西平陽府絳州垣曲縣亦有亳城，湯伐桀誓師之處也。南京鳳陽府有亳州，漢之譙縣也。而皇甫謐云「梁國穀熟爲南亳，蒙爲北亳，偃師爲西亳」，即今河南、歸德二府，漢之梁國也。未知孰是。阪，險要阨塞之地，不以分封，而設王官治之，謂之阪尹。此備舉庶官也。文王惟能克知三有宅心，乃能官人，立茲常行有事司牧人，以克有此俊德所任皆準人。九德咸事，俊乂在官，政立刑清，而民安矣。庶言，號令也。庶慎，凡政事之當戒備者皆是也。有事之牧夫，職在養民者也。是訓用違，訓其不逮也。文王視民如傷，惠鮮懷保，所未能忘者，民而已。至于刑獄，與他戒備之事，文王不敢知。蓋知人官人，立政之本也。率，遵循也。敉功，撫循文王之功也。義德，纘緒之義也。容德，懷保之仁也。義容并盡，故受此莫大之基。武王以遏劉爲武，亦如文之明德慎刑也。

「嗚呼！孺子王矣。繼自今，我其立政立事，準人牧夫，我其克灼知厥若，丕乃俾亂。相我受民句，和我庶獄庶慎，時則勿有間之。自一話一言，我則末惟成德之彥，以乂我受民。嗚呼！予旦已受人之徽言，咸告孺子王矣。繼自今文子文孫，其勿誤于庶獄庶慎，惟正是乂之。自古商人，亦越我周文王，立政立事。牧夫、準人，則克宅之，克由抽繹之，茲乃俾乂。國則罔有立政，用憸僉人，不訓于德，是罔顯在厥世。繼自今立政，其勿以憸人，其惟吉士，用勱賣相我國家。今文子文孫，孺子王矣。其勿誤于庶獄，惟有司之牧夫。其克詰乞爾戎兵，以陟禹之迹。方行天下，至于海表，罔有不服，以覲文王之耿光，以揚武王之大烈。嗚呼！繼自今後王立政，其惟克用常人。」

此以下，反覆丁寧，皆終事屬付之辭。説者以爲，王初政致戒，并及文子文孫，豈初政之語。下篇即以成王顧命繼之，次第可見。孺子，家人叔父之稱。如晉重耳反國，老矣，舅犯猶呼孺子。蓋皆史臣記事，擬公之辭。國史嚴重，所以尊公，而諷王以受教也。屢言矣者，永訣之辭。準人牧夫，正人之爲民牧者。克灼厥若，謂能明知其賢，而順其志也。丕乃俾亂者，使得大行其道也。相，助也。和，理也。輔相我所受之民，調和我之衆獄與衆慎之事，勿以憸人離間之也。末，盡也。成德之彦，即準人牧夫也。徽，美也。人之徽言，即前所引禹、臯之言，湯、文之事，皆美言也。惟正是乂之者，惟準人牧夫，使治民治事也。自古，謂唐、虞也。商人，謂湯也。總申前言虞、夏、商及我周若文王，立政立事，皆用牧夫正人，能宅居之，能率循之，所以俾之治也。其國之不立政者，皆用憸小之人，不順于德，是以無光顯于世也。勱，勉力也。凡三言庶獄庶慎，初言勿有間之者，防憸人也。再言勿誤惟正乂之者，任準人也。三言勿誤不及庶慎者，所慎尤在刑也。不及憸人者，所重在得賢有司也。詰，治也。陟，猶虞舜陟方之陟，巡行登歷之謂。禹之迹，九州五服，皆禹經歷之迹也。方行者，方岳巡行也。此言天下既平，王者巡狩，六師從行，如《詩》曰「君子至止」「韎韐有奭，以作六師」。朝會則必講武，所謂詰戎兵也。耿光以德言，大烈以功言。按：公諄諄以慎獄爲戒，而終之以詰戎兵，何也？人主無敵國外患之憂，則必有嚴刑峻罰之事，故曰天下雖安，忘戰必危。兵者所以防于未亂，勝于未戰者也。是以唐、虞之治中天，而前無軒轅之五兵，則無以開平成；後無湯、武之放殺，則無以除暴虐。故天道霜雪震霆，所以致其生也。治天下而言銷兵去戎，是養安也。武王革殷之亂，汲汲戢干戈，櫜弓矢，歸馬放牛，不數年而天下大亂，庶頑流言，刃及同氣。微公東征，天下非周有矣。五刑雖設，何裨于治。故五兵詰，而後五刑可省。安不忘危，所謂心戰也。故公之繫《易》，于《同人》曰「用大師」，于《謙》曰「利侵伐」。兹《立政》用人，庶獄庶慎，而終之曰「詰戎兵」，憂深旨遠，豈教世主以黷武哉？讀者不可不深思也。常人，猶準人。憸人變詐，反側不常，正人端方直諒，庸言庸行，如規矩準繩，布帛菽粟，蕩蕩平平，故曰常人。王道本乎人情。人情者，聖人之田。故道貴中而人貴常。此人主知人官人之要，取人立政之本也。

周公若曰：「太史，司寇蘇公。式敬爾由獄，以長我王國，兹式有慎，以列用中罰。」

公既致訓于王，又舉慎刑之長屬史官記録，垂訓將來也。太史，呼史臣。蘇公，蘇忿生。《春秋傳》云「武王封蘇忿生以温，爲司寇」是也。由獄，謂推原罪人之情由。蘇公能用敬以推原獄情，爲邦刑之長兹式有慎，即敬爾由獄也。列，布也，猶後世列傳之列，所謂「布在方策」也。用中罰者，使後之用罰者取中也。公以《立政》垂訓，獨加意于刑獄，因言以繹志，公没世未忘于管叔之死與。

顧命

《顧命》者，成王將崩，顧太子羣臣命之也。顧，回視也，將去之貌。《詩》云：「顧我復我。」

史臣敘其事，因以命篇。《立政》者，周公佐命之終；《顧命》者，成王守成之終也。成王生平嗣服之事，皆倚周公，而臨終顧命，則成王所自得也。處生死之際，從容不亂。承祖考之業，付託惟謹。末年進脩，視初服有加矣。後世人主，死于婦人之手，嗣君廢立，悉由中官，大臣不得預，而禍亂隨之，然後知成王之爲慎重也。三代顧命多矣，獨録成王者，以其居四代帝王之終也。本一篇，孔書分「王出在應門之内」下别爲《康王誥》，與分《舜典》同陋。千餘年來，無敢正之者，可怪也。

惟四月哉生魄，王不懌。甲子，王乃洮桃**頮**誨**水，相被冕服憑玉几，乃同召太保奭、芮伯、彤伯、畢公、衛侯、毛公、師氏虎臣、百尹御事。**

成王崩之年，經無明據。按《漢書·律歷志》「成王即位三十年崩」，則此四月，是三十年四月也。宋邵雍作《經世書》，謂「成王在位三十七年」，愚按：召公先事文王，又與周公同相武王，至成王時，召公不悦，殆將老矣。今成王終，又受顧命，計其時，必非甚遠。若又三十餘年，則已百有餘歲，未必尚在位。二書之説，恐皆未足據。哉，始也。生魄，謂月既望而光漸減，十六日也。不懌，有疾也。洮，盥手也。頮，沃面也。相，扶持也。病不能振衣，相扶而加冕服于身，憑玉几于路寢，召羣臣命之也。芮伯以下，皆諸侯入爲王六卿者。師氏，中大夫，以其屬守王門者也。虎臣，即虎賁，護衛之屬。

王曰：「嗚呼！疾大漸，惟幾，病日臻。既彌留，恐不獲誓言嗣，兹予審訓命汝。

昔君文王、武王宣重光，奠麗陳教，則肄肄異不違，用克達殷集大命。在後之侗，敬迓天威，嗣守文、武大訓，無敢昏逾。今天降疾殆，弗興弗悟。爾尚明時朕言，用敬保元子釗昭，弘濟于艱難，柔遠能邇，安勸小大庶邦，思夫人自亂于威儀。爾無以釗冒貢于非幾。」

大漸，言病日甚，而漸近死也。惟幾，猶幾希，言危也。臻，至也。彌留，彌甚留連也。嗣，繼今也。言病日至留連，恐遂死，不得誓言後事也。審，詳慎也。汝，太子羣臣也。宣重光，文、武以聖嗣聖，宣布重明也。奠，猶「奠高山大川」之奠。麗，猶日月麗天之麗。皆宣布意。教即五教。《詩》云「我求懿德，肆于時夏」是也。肄，習也。肄肄，重習也。二聖布德陳教，典則昭垂，遠近率由，子孫視傚，重習不違也。達，通也。殷士作梗，二聖德教肄習，然後通達，安集大命也。侗，愚也，自謙之辭。疾殆，疾病危殆也。弗興，委頓也。弗悟，昏迷也。釗，康王名。威，可畏也。儀，可像也。人之所以異于禽獸，以其有威儀。威儀正則心存，威儀亂則心喪，故《詩》云：「抑抑威儀，維德之隅。」曾子將死，告孟敬子以容貌、辭氣、顏色，亦威儀也。故死而易簀，得正而斃。成王知威儀亂爲非幾，故能力疾被冕命百官，可謂以身教矣。貢，進也。非幾，邪念也。幾者，動之微。非禮之志動于微，則不善之儀形于外。當輔翼匡弼，無以非禮之事。冒亂進貢，則非幾不動，而身脩矣。此輔養君德之要也。

茲既受命，還旋出綴衣于庭。越翼日乙丑，王崩。太保命仲桓、南宮毛，俾爰齊侯呂伋，以二干戈、虎賁百人逆子釗於南門之外，延入翼室，恤宅宗。

既受命者，羣臣既受顧命也。還，旋即也。綴衣，黼座幄帳之屬。庭，外庭也。翼日，明十七日乙丑也。仲桓、南宮毛，二臣名。吕伋，太公望子，虎賁之長。爰，於也。二干戈者，桓、毛二人執干戈於吕伋所，索虎賁百人，逆太子也。南門，天子五門，臯、庫、雉、應、路門，皆南向。王崩，太子在內，必迎之南門外者，所以殊其禮，表觀望也。翼室，路寢兩旁側室。恤宅，憂居也。宗，主也。成王殯于路寢，太子入側室，憂居爲喪主也。

丁卯，命作册度。越七日癸酉，伯相命士須材，狄設黼扆、綴衣。牖間南嚮，敷重篾席，黼純，華玉仍几。西序東嚮，敷重底席，綴純，文貝仍几。東序西嚮，敷重豐席，畫純，雕玉仍几。西夾南嚮，敷重筍席，玄紛純，漆仍几。越玉五重陳寶，赤刀大訓，弘璧琬苑琰剡，在西序。大玉、夷玉、天球、《河圖》在東序。胤之舞衣、大貝、鼖賁鼓在西房。兑之戈、和之弓、垂之竹矢在東房。大輅在賓階面，綴輅在阼階面，先輅在左塾之前，次輅在右塾之前。二人雀弁，執惠穗，立于畢門之內。四人綦弁，執戈上刃，夾兩階戺仕。一人冕，執劉，立于東堂。一人冕，執鉞，立于西堂。一人冕，執戣癸，立于東垂。一人冕，執瞿，立于西垂。一人冕，執鋭，立于側階。

十九日丁卯，王崩之第三日也。命，太保命也。册，簡册，所以書顧命，授嗣王者也。度，新君即位之禮節，如下文所行，猶今之儀注也。癸酉，二十五日也。伯相，召公以方伯相天子也。命士以供侍從之役，如下文執仗立門階之屬。須材，以爲陳設之具，如下文席几寶玉輅車之類。狄，伶人供喪役者也。黼，白黑文爲斧形。扆狀如屏風，天子朝諸侯，則依之以立。綴衣，帷幄也。設死者之席，如生者之禮。牖，壁間通明處。古者前堂後室，堂後列牖，牖間即堂中。敷，鋪也。重，疊也。篾席，竹簟也。純，緣邊也。華玉，美玉也。仍，因舊也。因存日所用之舊几，事死如生也。《周禮》司几筵職云：「吉事變几，凶事仍几。」東西序，堂東西直墻。設席相向，所以陳寶器也。底席，近地席。綴純，以繒帛聯綴席邊。文貝，所以飾几。豐，厚也。畫純，以彩畫之繒緣席也。西夾，堂西側室，堂居中，故謂之夾，如兩翼然，故又謂之翼室。嗣王受命，以賓禮之，由西階隮，故西夾設席南向也。前節所云逆子釗，延入翼室，即此。筍，稚竹也。堂上篾席，此用筍，象新君也。玄，黑色。紛，綬也。以黑綬緣席，從吉避彩也。受命大禮，故從吉。嗣君在喪，故避彩。玄色象天。紛，如綬而差狹，蓋巾帨之屬，取全用不裂，所以殊也。漆仍几，從質也。越玉五重，即弘璧、琬琰、大玉、夷玉、天球，五也。寶謂赤刀。大訓，《河圖》也。陳寶，謂以玉五重間三寶，所以重寶也。蓋赤刀爲武王擊紂之劍，大訓爲文、武以上列聖遺言，《河圖》爲伏羲所傳龍馬瑞圖。間之以五重之玉，珍重之至也。胤，古國名，所遺舞者之衣。鼖鼓，大鼓也。與大貝三者，或前代所得亡國之器，傳之以示永戒也。兑、和、垂〔一〕三人，皆古良工。戈、弓、竹矢三物，皆古兵器之盡制者。先代傳之以示守，《周禮・大宗伯》所謂「庸器」也。房在室側，東西兩房，蓋天子廟寢之制。諸侯廟制稍狹，但有東房，無西室。西爲奥，神所栖。深入而東向，故西無房也。寶玉列于庭序，器械列于兩房者，輕重之等也。大輅，玉輅。賓階，堂右南向之階也。面，猶前也。綴輅，金輅。阼階，堂左南向之階也。先輅，木輅。塾，門兩旁堂室也。次輅，象輅、革輅。天子五輅，玉輅爲貴，次象，次革，次木。行則貴者近而賤者遠。王乘玉輅，則金輅接之，故金輅爲綴輅也。最遠者木輅，故爲先。輅革與象居中，故爲次輅。禮，大喪祭、大賓客，則出輅，示不敢安居也。二人，士也。弁，冕之無延旒者。雀，赤黑如雀頭色。禮，士弁，大夫冕。門階遠，故用士。堂垂近，故用大夫。惠，矛也。末鋭似穗。綦，青黑色。戈，句戟也。上刃，謂直立以刃向上。兩人夾立，欲其不相礙也。戺，堂基邊廉隅之處。兩階，堂左右階也。劉，鑱斧也。鉞，大斧也。東堂、西堂，猶言堂東、堂西，皆中堂也。戣、瞿，皆戟屬，形如花，故得名。東西垂，堂東西盡簷下也。鋭，矛屬。側階，西夾之階。西夾有嗣王席，故階特設一人爲衛。按此文，知古人冕服，不獨用于祭祀。戴冕者五人，皆不言何冕何官，則《周禮》五冕之説，未足據矣。天子路寢之内，皆列五兵。古人雖深宮嚴邃，未嘗忘備，此即周公克詰戎兵、召公張皇六師之意。後世人主，殿上不得持寸兵，而姦宄生于肘腋，先王堂陛列戈戟，而君臣輯睦如同室。蓋左右僕從，綴衣虎賁，罔匪正人也。

〔一〕「垂」原作「重」，據《湖北叢書》本改。

王麻冕黼裳，由賓階隮。卿士、邦君，麻冕蟻裳，入即位。太保、太史、太宗，皆麻冕彤裳，太保承介圭，上宗奉同、瑁冒，由阼階隮。太史秉書，由賓階隮，御王册命曰：「皇后憑玉几，道揚末命，命汝嗣訓，臨君周邦，率循大卞，燮和天下，用答揚文、武之光訓。」王再拜興，答曰：「眇眇予末小子，其能句，而亂四方，以敬忌天威。」乃受同、瑁，王三宿，三祭，三咤叉去聲。上宗曰：「饗。」太保受同，降，盥，以異同秉璋以酢。授宗人同，拜，王答拜。太保受同，祭，嚌祭，宅句。授宗人同，拜，王答拜。太保降，收，諸侯出廟門俟。

王，嗣王。麻冕，以二千四百縷布爲冕。用布，貴質也。細縷，貴精也。白黑曰黼。賓階，西階。嗣王新受命爲賓，而太保奉先王顧命爲主。隮，升堂也。蟻，織文，疑即《臯陶謨》所謂「蟲」也。入即位，入路寢之門，即堂下之位，太保主其事。太史奉册，太宗掌禮。彤，赤色。承介圭，奉天子之大圭也。上宗，即太宗。云上者，宗伯有太小，大宗伯爲上。同，酒器。瑁，以玉爲之，方四寸。天子之圭，合四爲一，上有冒，朝諸侯則執瑁以合瑞也。同〔一〕之與瑁，猶瓚之與圭。圭爲瓚柄，瑁爲同蓋。太保攝主，故由東階升堂。宗伯奉同、瑁以從。太史奉王册，獨由西階，以王在西也。御，猶御事之御，治也。宣册于堂上，賫册下堂，皆太史之事。册所書，即成王憑几之命也。「曰」以下，

〔一〕「同」上原有三格墨釘，《湖北叢書》本無。

太史口傳神意，而申命于堂上也。末命，臨終之命。嗣訓，繼先訓也。卞，便也。大法便民也。王再拜興，嗣王拜于堂上之南嚮席前。乃受同、瑁者，受于宗伯也。宿、肅通，進也。三宿，猶三肅，三次進酒席前也。三祭，三酹酒于地也。三咤，猶三嘆。《曲禮》曰「勿咤食」，每獻必咤，悲嗟之聲也。上宗曰饗，傳神意，言已饗也。王執瑁而以同授太保，太保受同，下堂盥手，别取同洗酌，以半圭之璋爲柄。禮，諸臣亞祼用璋瓚，獻而後酢，用亞祼之器也。尸既受獻而酌主人曰酢。嗣王哀痛，不能受酢，太保代受，而自酢也。以同授宗伯之人，將受酢，拜也。王答拜，代尸答，又答其代己也。太保既拜起，乃受宗人同，祭酒于地，而後嘗之。至齒曰嚌。宅亦當作咤。既飲，以同授宗人，復拜謝，王又答拜，太保乃下堂，有司收徹祭物，諸侯出路寢門外，俟新君出見也。路寢而曰廟者，王殯在也。凡宫室有神在，皆曰廟。《周禮》衮冕衣裳九章，裳四章。今君臣皆言麻冕，與《論語》夫子之言合，而衮冕之裳，獨言黼。《詩》又云「黼衣繡裳」「常服黼冔」，則黼又不專在裳也。此云黼純席，則黼文又似不必皆斧也。蟻裳，裳有蟲文，則蟲又似不專在衣也。後儒紛紛訟議，唯《詩》《書》足據。孔書自此以上斷爲《顧命》，下别爲《康王之誥》。一時事，斷爲兩章，非也。

王出在應門之内，太保率西方諸侯，入應門左。畢公率東方諸侯，入應門右。皆布乘黄朱。賓稱奉圭兼幣，曰：「一二臣衛，敢執壤奠。」皆再拜稽[啓]首。王義嗣德，答拜，太保暨芮伯，咸進相揖，皆再拜稽首曰：「敢敬告天子，皇天改大邦殷之命，惟周文、武，誕受羑若，克恤西土。惟新陟王，畢協賞罰，戡定厥功，用敷遺後人休。今王敬之哉！張皇六師，無壞我高祖寡命。」王若曰：「庶邦侯、甸、男、衛，惟予一人釗報誥。昔君文、武，丕平富，不務咎，底至齊信，用昭明于天下，則亦有熊羆之士、不二心之臣，保乂王家。用端命于上帝，皇天用訓厥道，付畀四方，乃命建侯樹屏。在我後之人，今予一二伯父，尚胥暨顧綏爾先公之臣服于先王。雖爾身在外，乃心罔不在王室，用奉恤厥若，無遺鞠子羞。」羣公既皆聽命，相揖趨出，王釋冕，反喪服。

路寢外門曰畢門，即路門也。以其自外入，至路門止，故曰畢。畢門外曰應門。應門內天子內朝在焉。新君出至此，見羣臣也。召公長西諸侯，畢公長東諸侯，各率以入布陳也。乘黃，四黃馬也。朱，朱其尾鬣爲敬也。《春秋傳》：「宋公嬖向魋，取公子地之馬，亦朱其尾鬣與之。」周人尚赤，故貴朱。賓，諸侯也。稱，舉也。圭幣所以先馬，禮，凡獻獸，必有所先。壤奠，謂土壤所出之物以爲贄，而奠于地也。禮，見尊者，奠其贄于地。稽首，九拜之極禮。王義嗣德，謂新君以嗣德爲義，不以嗣位爲倨，所以答拜也。言答拜者，不答稽首也。見畢，諸臣陳戒于嗣王，更相揖進也。羑若，謂文王以羑里之難受天命。若者，不盡言之辭。克恤西土，言以憂患興邦，告以祖宗之艱難也。新陟，新升遐也。成王未葬無謚，故稱新陟王。故主而曰新陟，不忍亡之辭也。戡定厥功，指親征武庚，平奄、徐之功也。今王，指康王也。張皇，敬戒意。天子六師，言當繼成王戡定之志，勿以天下既平忘戰。《立政》謂「詰爾戎兵」，亦此意也。高祖，德高之祖。寡命，希貴之命，指文、武也。報誥，王答諸臣告也。丕平，猶太平也。富，謂民皆遂生也。不務咎，不爲苛核之政也。底至齊信，謂極至齊一信服也。昭明，功德光顯也。端命，欽承對越，猶所謂「顧諟天之明命」也。訓，順也。伯父，同姓諸侯。胥，暨。相，與也。顧，眷也。綏，安也。先公，諸侯之祖考。奉恤厥若，答上羑若克恤之戒也。鞠子，猶稚子。先儒疑成王初喪，冕服受命以爲非禮。果爾，則召、畢諸公之于禮，反不逮後儒乎？召公與周公，喪武王，受顧命，輔成王。凡周公所以治喪册立之儀，召公豈遂忘之而盡背之？正使周公而在，禮亦當如此。蓋論人子之情，莫切于親喪；論天子之事，莫大于受命。在士庶，則親爲重，天下爲輕；在天子，則天下爲公，親喪爲私。先王垂死，扶病，正衣冠，集羣臣授之。爲嗣王者，可任情草竊而受之乎？禮，喪三年不祭，唯祭天地山川。越紼行事，夫祭猶越紼，况始受天地之命，爲山川百神之主邪？君薨，世子初生，尚用冕服告。况嗣君受命大事，釋斯須之喪服成禮，何爲不可。

尚書辨解卷七終

尚書辨解卷八

吕刑

《吕刑》者，吕侯爲穆王司寇，王命之訓刑，以誥四方也。説者謂穆王巡遊無度，鬻獄以供侈費，不可爲訓，非也。今讀其辭，謂蚩尤妖妄，苗俗信鬼，淫刑自滅，古帝隆典弼教，制刑惟中，元命配天，前此訓誥所未發。即夫子務民義，遠鬼神，懷德懷刑之意。蓋天壤之間，惟此民彝。王者明刑敕法，善有賞，惡有罰，馭世之常典也。姦宄譸張，惑世誣民，謂禍福可倖免，命討不在天，威福不由上，邪説横行，徂詐相欺，人心以蔽，風俗以漓，蚩尤所以猖狂，苗民所以妄作也。故夫子曰「非其鬼而祭之，諂也」「見義不爲，無勇也」，語不及神怪，教不越中庸，正人心，息邪説，所以爲明刑弼教之大端，成穆穆明明之化者也。吕命及此，焉得以人廢言。自三代之盛也，訓辭必稱卜筮。比其衰也，卜筮亦疑。周之盛也，訓誥必誦祖德。比其衰也，祖德亦玩。吕命遠引三后，而禁黜詛盟，亦申命之權也。至于刑獄之際，丁寧反覆，藹然仁人惻怛之心。蓋五刑出于五兵，五兵始于蚩尤。蚩尤妖妄，尚鬼喜殺，始造兵器，慘虐害民。軒轅誅之，其遺類爲三苗，淫用五刑，虞舜殺之。宥五刑爲三居，是五刑之不用，自舜然矣。夏商以來，治亂迭興，兵獄相尋，勢不得盡廢五兵，而犯法者多，聖人焉能并五刑去之。

故事有作于亂人，始于夷狄，而不能盡廢者，佛教與肉刑是也。迄于周興，天下初定，反者四起，周公破斧缺斨，再世不定，故五刑不得不用。其屬至于二千五百，周之法令，視前代加密，時使之然耳。觀《大誥》《康誥》《立政》諸書，聖人亦兢兢慮末流之無已。康王以後，五刑之屬，遂多至三千。穆王乃作祥刑，其真仁人之心哉。儒者謂肉刑爲先王之法。夫割人肢體，無異屠牲，先王豈忍爲此？既謂不能盡去，而擇其疑者贖之，贖又疑者赦之，不實者無聽，可謂曲當矣。有罪必刑，而全活亦多，所以穆王享國長久，壽年百有餘歲，不可謂非仁人之報。而儒者必以爲先王之法不許廢，又不許贖。嗚呼！此豈聖人録祥刑之意？鄙儒所以爲固執而不通也。

惟呂命。王享國百年句，**耄**句。音冒，**荒度**託**作刑，以詰四方。**

此節史臣記作訓之故。呂，呂侯，爲王司寇。王命之作誥，以告四方也。呂後封于甫，故亦謂之甫刑。命，辭命。王，穆王，名滿。年過四十始即位，在位五十五年。享國百年者，史臣約壽歲通言之也。八十、九十曰耄。作《呂刑》時，王年已耄也。荒，大也。度，量也。作刑，作贖刑也。呂伯恭曰：「世衰則情僞繁，人老則經歷熟。穆王之時，姦宄日勝。作書于耄年，閲世故，察物情者熟矣。古今犴獄，言之畧盡。其哀矜明練，爲用刑者所宜盡心。故夫子存之，以示後世。」愚按：此言最近。或謂老耄荒憒作訓者，過也。

王曰：「若古有訓。蚩痴尤惟始作亂，延及于平民，罔不寇賊。鴟義姦宄，奪攘矯虔。苗民弗用靈，制以刑，惟作五虐之刑，曰法。殺戮無辜，爰始淫爲劓乂、刵二、椓捉、黥擎，越兹麗刑并制，罔差次平聲有辭。民興胥漸尖，泯泯棼棼，罔中于信，以覆詛盟。虐威庶戮，方告無辜于上。上帝監民，罔有馨香德刑句。發聞惟腥，皇帝哀矜庶戮之不辜，報虐以威，遏絶苗民，無世在下。乃命重、黎，絶地天通，罔有降格。羣后之逮在下句，明明棐常，鰥寡無蓋。皇帝清問下民，鰥寡有辭于苗。德威惟畏，德明惟明。乃命三后，恤功于民。伯夷降典，折民惟刑。禹平水土，主名山川。稷降播種，農殖嘉穀。三后成功，惟殷于民。士制百姓于刑之中，以教祗德。穆穆在上，明明在下，灼于四方，罔不惟德之勤。故乃明于刑之中，率乂于民棐彝。典獄非訖于威，惟訖于富。敬忌，罔有擇言在身，惟克天德，自作元命，配享在下。」

此節敘五刑所由始。在古清明之世，常道立而風俗醇，民無邪慝，循理樂生。上懸法而示之，下緣法而守之，無昏淫之行，無慘刻之政。至于季世，姦宄嗣興，譸張爲幻，邪説誣民，變常亂紀，五兵五刑所由作也。蚩尤，古妖人，九黎之君。鴟，妖鳥。鴟義，猶言凶德。人道好生，鬼道好殺。矯虔，强殺也。苗民，苗國之民，蚩尤之遺種。靈，善也。言三苗之君，不以善治其民，作五虐之刑，自稱爲常法也。劓，割鼻。刵，割耳。椓，斲陰。黥，刺面。皆五刑之屬。始淫放爲此刑，後遂泛濫，麗刑者並制，不分有辭、無辭。蓋獄有辭則直，無辭乃屈也。胥漸，相染也。泯泯棼棼，昏亂之象。罔中于信，上下相詐也。以覆詛盟，爲詛盟以自掩也。虐威庶戮，上用虐威，衆庶被刑戮也。德刑，猶《康誥》所謂「義刑義殺」也。發聞，猶升聞也。惟腥，惟刑惡腥穢也。皇帝，謂上皇古帝。如軒轅征蚩尤，顓頊革九黎，舜遷三苗有五刑，皆是也。報虐以威，謂蚩尤、三苗暴虐，皇帝治之以威也。無世在下，無遺種在下國也。重、黎，二官名，羲、和之後。重司天，主治曆明時，及祭祀鬼神之事。黎司地，主辨方正俗，體國經野之事。蚩尤能興雲致霧，飛騰變化。苗俗效之，如所謂天神降，人昇天，禱祀符説之術，以扇惑愚俗。故聖人設官分職，燮理幽明，辨別人鬼，經紀天地，息邪説以宣正教，布彝常于天下也。罔有降格者，言百神秩祀，典禮脩明，非其鬼而祭之，則神不至也。羣后之逮在下者，天下諸侯及臣民也。明明，清明也。棐常，猶言靡常。政治昭明，善則賞，惡則罰，無偏主也。鰥寡無蓋，言窮民隱情，皆得上達也。清問，理其冤也。有辭于苗，謂無罪而陷于苗人五虐之刑者，皆得辯訴也。德威德明，以德治民，而民畏服也。三后，三君，謂伯夷、禹、稷也。伯夷爲舜秩宗，降其典禮，以折民之邪僻，爲之儀刑，所謂「齊之以禮」也。殷，當也。言皆務教養，體當民情，不貴刑殺也。士，獄官，制刑齊民，合于中道，以教民祇敬于德，非專用刑也。「穆穆」以下，贊聖治。穆穆，君德之和也。明明，臣職之清也。灼，光也。惟德之勤，以德勤民也。如是而猶有匪彝者，然後明于刑之中，率循而乂治之。棐彝，猶言亂常。典獄，司刑也。訖，猶及也。言法非但訖于可威者，謂小民也。惟訖于富者，謂豪右也。敬忌者，中心敬謹畏忌，制獄之本也。罔有擇言在身，謂公平無私，在己者皆可告人，不須擇而後言也。是能合天德，自立生命，配享上帝，在下國也。元，始生也。天道好生，司刑者能重民命，是自爲元始造命，配天受享也。

王曰：「嗟！四方司政典獄，非爾惟作天牧？今爾何監？非時伯夷，播刑之迪？其今爾何懲？惟時苗民，匪察于獄之麗，罔擇吉人，觀于五刑之中。惟時庶威奪貨，斷制五刑，以亂無辜。上帝不蠲，降咎于苗，苗民無辭于罰，乃絶厥世。」

再約上文申戒也。司政典獄，呼四方諸侯也。言非爾爲天之民牧乎，爾今何監，非是伯夷播禮惟刑之事，當迪行乎，爾今何懲。惟是苗民不察于獄之麗，不擇善人，不觀五刑之中。惟是庶民則威虐，偏奪于富者之貨賄，而以私意斷制五刑，横治無罪。故上帝乃不蠲潔其所爲，降咎于苗，無辭于罰，以絶世耳。是乃所當懲也。

王曰：「嗚呼，念之哉！伯父、伯兄、仲叔、季弟、幼子、童孫，皆聽朕言。庶有格命，今爾罔不由慰日勤，爾罔或戒不勤。天齊于民，俾我一日，非終惟終在人，爾尚敬逆天命，以奉我一人，雖畏勿畏，雖休勿休，惟敬五刑，以成三德。一人有慶，兆民賴之，其寧惟永。」

此教以聽獄當勤而敬也。父叔兄弟子孫，徧呼諸侯及典獄羣臣也。庶有格命，言庶幾有感格爾之誥命，望其見聽也。由，從也。慰，安也。勤，鞫獄勤勞也。由其心本求安，不厭詳慎，誠意懇到，自無冤獄，此忠信之長，可法也，故曰「罔不由慰日勤」。若有所戒而爲勤，勉强欲速，躁急任情，惟求集事，不顧民命，此搏擊之吏，不可爲也，故曰「罔或戒不勤」。天齊于民，言刑法天所以整齊下民。天不自刑，以權俾我聽斷于一日之間，生死出入，所係甚重，故刑可一日齊，而民苟自新，未可以一日終也。非終者，始誤也。惟終者，不悛也。此兩者尚存乎人，未可輕齊。畏，猶威也。休，猶寬也。雖畏勿畏，雖休勿休者，言刑本威罪，作意爲威則過嚴，寬雖休美，作意爲休則過縱。畏勿畏，休勿休，惟其敬耳。三德，謂剛、柔、正直，即無畏無休也。一人，謂君也。如是則君有福慶，衆民倚賴，安寧長久之道也。

王曰：「吁！來，有邦有土，告爾祥刑。在今爾安百姓，何擇非人？何敬非刑？何度託非及？兩造具備，師聽五辭。五辭簡孚，正于五刑。五刑不簡，正于五罰。五罰不服，正于五過。五過之疵，惟官惟反，惟内惟貨惟來。其罪惟均，其審克之。五刑之疑有赦，五罰之疑有赦，其審克之。簡孚有衆，惟貌有稽。無簡不聽，具嚴天威。墨辟疑赦，其罰百鍰還，閱實其罪。劓辟疑赦，其罰惟倍，閱實其罪。剕辟疑赦，其罰倍差次平聲，閱實其罪。宫辟疑赦，其罰六百鍰，閲實其罪。大辟疑赦，其罰千鍰，閲實其罪。墨罰之屬千，劓罰之屬千，剕罰之屬五百，宫罰之屬三百，大辟之罰其屬二百，五刑之屬三千。上下比罪，無僭亂辭，勿用不行，惟察惟法，其審克之。上刑適輕，下服。下刑適重，上服。輕重諸罰有權。刑罰世輕世重，惟齊非齊，有倫有要。罰懲非死，人極于病。非佞折獄，惟良折獄，罔非在中。察辭于差，非從惟從。哀敬折獄，明啟刑書胥占，咸庶中正。其刑其罰，其審克之。獄成而孚，輸而孚，其刑上備，有并兩刑。」

此告以所制祥刑也。何擇非人，言所當擇者莫如人。何敬非刑，言所當敬者莫如刑。何度非及，言所當揆度者莫如刑獄之及也。及，即《康誥》「我惟有及」之及，言不過求也。兩造，謂兩人争訟者皆造庭也。具備，辭證皆在也。師聽，衆人公聽也。五辭，五刑之辭。罪人所吐情由合于五刑者也。簡，精核也。孚，切合也。正，比當也。不簡，謂有疑也。五罰，罰金以贖五刑，情真律允者刑之，有疑則使贖也。過，誤也。所謂眚災，當肆赦者也。不當赦而赦，則司刑者之病，謂之疵。官，權貴也。反，報恩也。内，女謁也。貨，賄賂也。來，請求也。其罪惟均，即以罪人之罰罰司刑者。審克，審慎克治，勿忽勿怠也。刑疑有赦，即正于五罰也。罰疑有赦，即正于五過也。簡孚有衆，謂兩造師聽，以衆爲信也。惟貌有稽，謂衆心服否，觀色可知也。無簡不聽，謂兩辭皆虚誕，無可簡核，則置不聽也。具嚴天威，謂上帝臨汝也。凡五刑，必簡孚無疑。情雖當而微有可疑，則赦其刑而罰金，因輕重爲多寡也。六兩曰鍰，二十四銖曰兩。蓋銅錢之屬，古錢以五銖爲中。百鍰，約錢二千八百八十文，餘可推也。閱實者，閱視入金之數，實滿所犯之罪也。墨者，刻顙而涅之，其刑輕，故罰止百鍰。劓，割鼻，罰倍二百鍰也。剕，刖足。倍差者，加倍，又差過之。宫刑，男子割勢，女子幽閉也。大辟，離其身首也。屬者，所犯之事不同，刑皆類也。上下比罪，如比于大辟不足，比于宫有餘之類。律無正條，比引用之，易于僭亂。辭，謂獄辭。附會文致，與情相違，即僭亂也。勿用不行，謂律雖當用，而情禮時勢難行，則勿用也。蓋用而不得行，所損必多。不得行而必行，所傷亦多。惟精察之，法乃可行。「上刑適輕」以下六句，申詳上下比罪無僭亂辭之意。上刑適輕，謂律雖重而情則輕。如殺人者死，殺奴婢則輕之類。下服者，不可强比于上也。下刑適重，謂律雖輕而情則重。如竊財者徒，而監守自盗則死之類。上服者，不得强比于下也。服，被也，如衣之被于身，妥帖之意。輕重諸罰，謂五刑之贖鍰。有權，謂三千之屬，上下出入，稱情平施，所謂「律設大法，禮順人情」。但存哀矜敬畏之念，即是輕重上下之權。世輕世重，謂刑罰有古宜輕，在今宜重，有古宜重，在今宜輕者。如新國宜輕，亂國宜重，平國宜中，繼猛宜寬，濟寬宜猛之類。惟齊非齊，謂律本齊民，用之又當緣情差等，不可一切强齊也。有倫理，有樞要，然後可與權，而上下輕重，得齊非齊之意矣。罰懲非死，人極于病，謂罰贖雖不至死，而人已困極，亦不可忽。佞者，折獄之口才。良者，恤刑之善心。良則無罰不中矣。察辭于差，非從惟從，謂嚴刑之下，何求不得。亦有非所從而屈從者，俗謂逼招也。如此者，其辭參差，須審察也。本其哀敬之心，明啟刑書，與衆相占度，勿隱勿偏，庶幾于中平正直矣。獄成而孚，謂刑罰既定，情、罪允合也。輸而孚，謂罪人亦自輸服，無不平之恨，乃爲真孚。其刑上備，有并兩刑，謂如一人犯墨，又犯劓，既劓免墨之類。按：墨、劓、剕、宫、大辟五者，五刑各舉其一耳。他如所謂刵者，割耳也。椓，斫也。斷手足趾之類，皆所謂五虐之刑也。取生人肌膚，而鮮割之，與炮烙、剖心、刳孕之爲何異，誠妖人苗俗之事。故舜宥之爲五流，惟怙終則殺，經有明徵可信，而俗儒執以爲先王之法。嗚呼！何可以累先王也。不以生割爲慘，而以罰贖爲貪，表己之廉潔而輕人之死命，是誠何心。然則三代聖人不除五刑者何？世之亂也。既不能偃五兵，焉能廢五刑。聖人雖不除之，然不輕用之。故《康誥》《大誥》，若是兢兢爾。逮穆王時，天下承平久，獄吏僭用，乃作祥刑。簡其疑者贖，不疑者刑，非廢刑也，不得謂之養姦。過則赦，疑則贖，非盡贖也，不得謂之濫罰。儒者必不許贖，是申、韓自儒者始耳，烏可以累先王也。

王曰：「嗚呼，敬之哉！官伯族姓，朕言多懼。朕敬于刑，有德惟刑。今天相民，作配在下。明清于單辭，民之亂，罔不中聽獄之兩辭，無或私家于獄之兩辭。獄貨非寶，惟府辜功，報以庶尤。永畏惟罰，非天不中，惟人在命。天罰不極，庶民罔有令政在于天下。」

此申戒羣臣也。官伯，官長也。族姓，諸侯大夫，各有族有姓。朕言多懼，謂刑罰民命所係，言之且多懼，而用可知也。有德惟刑，即德威惟畏之意。天相民，謂天所扶助在民也。作配在下，謂配合天意，在下國之爲君臣者也。單辭，逐一清問之辭。兩辭，兩造争勝負之辭。單辭清明，而後兩辭可折中也。亂，治也。截渡曰亂。訟者紛争，上欲亂決之，惟以無偏倚之心，中聽于兩辭，無以有護芘之心，私家于兩辭，則可矣。私家者，納其貨于家，私芘之也。「獄貨非寶」以下，儆戒之辭。惟府辜功，謂聚罪以爲功也。報以庶尤，謂降之百殃也。永畏惟罰，謂極可畏惟刑罰也。非天不中，謂人若不奉天以折獄，未有能中者。惟人在命，謂人命至重也。天罰不極，謂枉罰，天必報以庶尤，而極致其罰，必然之理也。如天罰不極，則酷吏無忌憚，而庶民可妄殺，納賄行私，無所不至，安得復有善政在天下哉？

王曰：「嗚呼！嗣孫，今往何監？非德于民之中，尚明聽之哉！哲人惟刑，無疆之辭，屬于五極，咸中有慶。受王嘉師，監于兹祥刑。」

此戒來世也。今往何監，言自今以往，當何所監，豈非立德于民之中乎？民之中，即民之心。剛、柔、正直，即中也。用中莫大于刑。明哲之人，惟于刑罰丁寧告戒，致無窮之辭于後世，以屬望于五刑之極。極即中也。使用刑者皆中，則有福慶矣。嘉師，善衆也，猶言良民。謂爾嗣孫受王之善衆，其視于今所告之祥刑乎？嗟夫！能視罪人爲嘉師，則犴獄皆祥刑矣。

文侯之命

初周幽王娶申女爲后，生太子宜臼。又嬖褒姒，而黜申后，廢宜臼。申侯率犬戎殺幽王，而西周亡。晉文侯與申侯共立宜臼于洛，爲平王。平王德晉侯，而錫之命，此其命辭也。夫子删《書》録此，何也？蓋方太子被黜依申，申侯與犬戎謀殺王，太子不知乎？《詩》云：「螟蛉有子，果蠃負之。」是申侯之爲果蠃也，太子明知之矣。知之而不能救，則當赴難死。不死，則當終身不有位。今殺其父，據其位，而歸德于立己者，天理民彝絶矣。文、武之岐、豐，一朝淪爲腥土，夫豈偶然之故？昔夏、商有天下五六百年，不爲不久。以桀、紂之虐亡之，以文、武、周公之聖取之，而不足。何者？天理民彝在，故其時孤竹、首陽、東郊之多士，猶足以維既絶之命。周自幽王上距文、武，纔二百五十七年。數聖人培植之業，一朝淪落如瓦解，無他，天理民彝盡也。故其時，有如申侯者爲之濟惡。國破家亡，父死賊手，千年堂構，一朝捐棄，不思枕戈興復，而喋喋效成周泰平文辭，可謂洪涊無爲之甚者。而晉侯亦靦面受之，未有討賊復讐之効，抑何以匡天子、答寵命哉？紀綱廢弛，虚文粉飾，所以爲四代之絶簡，《春秋》繼此而作矣。説者謂聖人于平王，致屬望之意。嗟夫！賊父之子，欲以何望。或謂法語舊典，一二未泯，今乍誦其辭則似，而繹其旨則支遁，援引文王失類。自敘遭亂，欲隱諱而其情屈。頌文侯功德，欲張大而其辭窮。無《大誥》《康誥》意滿口重之味。學者可按覆而得也。又稱臣不名而以字，不伯叔而直父之祖之，名不正，言不順，前此訓誥未之有也。《易》曰：「聖人之情，見乎辭。」《大誥》以下諸篇是也。又曰：「中心慚者，其辭枝。失其守者，其辭屈。」《文侯之命》是也。亦猶二《雅》之《召旻》《何草不黄》，姑存此以稽世變云爾。如謂能言文、武之舊，則自《吕刑》後，百餘年間。若宣王中興，南征北伐，豈無訓誥足采者，而獨存此乎？學者亦可以思矣。

王若曰：「父義和，丕顯文、武，克慎明德，昭升于上，敷聞在下。惟時上帝，集厥命于文王。亦惟先正，克左右昭事厥辟。越小大謀猷，罔不率從，肆先祖懷在位。」

父，同姓之稱。義和，文侯字。名仇。天子命諸侯而不名，命可知矣。丕顯文、武，言文侯能大明文、武之德，昭布于上下也。獨稱文王者，豈以其嘗爲西伯，今亦命文侯爲伯與？先正，文王諸臣。先祖，即文王也。懷，安也。

「嗚呼！閔予小子嗣，造天丕愆。殄資澤于下民，侵戎我國家，純即我御事，罔或耆壽俊在厥服，予則罔克。曰惟祖惟父，其伊恤朕躬。嗚呼！有績予一人永綏在位。

造天丕愆，遭天降大亂也。殄資澤，殄絶資生惠澤也。戎，兵寇也。純，猶全也。即，就也，與集通。言多難并集，治事諸臣，皆遭時不利，無老成英傑共事，已不克勝也。祖父，指同姓諸侯之尊者。其伊恤朕躬，言誰肯憂恤我也。又歎息言，有能績理予一人，使永安在位者乎？嗟夫！驪山之禍，東遷之役，其誰爲之？觀于此言，而知平王之志在得位而已。

「父義和，汝克昭乃顯祖，汝肇刑文、武，用會紹乃辟，追孝于前文人。汝多脩扞我于艱，若汝予嘉。」

顯祖，謂晉侯之祖唐叔。肇，始也。言晉能法文、武，自義和始也。會者，合其離也。紹者，繼其絶也。辟，君也。乃辟，平王自謂也。追孝，猶繼美也。文人，即文王。《詩》云：「告于文人。」文王爲西伯，服事殷也。脩扞，脩飭扞衛也。若汝予嘉，如汝之功，我所美也。

王曰：「父義和，其歸視爾師，寧爾邦，用賚爾秬鬯一卣、彤弓一、彤矢百、盧弓一、盧矢百、馬四匹。父往哉！柔遠能邇，惠康小民，無荒寧。簡恤爾都，用成爾顯德。」

師，衆也。賚秬鬯，使祭告其先也。彤，赤色。盧，黑色。簡，用賢也。恤，愛民也。按：諸侯有武功，則王錫弓矢以表之。《詩》詠彤弓，《書》命文侯，皆未有使專征伐之語。後儒因西伯戡黎伐崇、密，齊桓、晉文爲侯伯，摟諸侯相伐，遂臆度爲古禮。子云：「天下有道，禮樂征伐自天子出。」此不易之典。豈有治世而諸侯擅征伐者乎？或疑録《文侯之命》，以重晉也。夫晉莫盛于重耳之世。重耳納襄王，亦受秬鬯弓矢爲侯伯，亦有册命而不録，故知録《文侯之命》者，傷平王之無父，志周所以亡，《春秋》繼此而作也。

費秘誓

此魯公伯禽將伐徐戎，治兵于費，而誓師之辭。成王初年，周公留相王室，伯禽就魯封。《詩》云：「乃命魯公，俾侯于東。」是時武庚倡亂，淮、徐屢畔。周公連年東征，寇近魯郊，故魯公出師，敵王愾也。在平時，諸侯無征伐，而説者遂謂魯公爲方伯，其譸張附會類此。然諸侯之事以終《書》，何也？亦猶《詩》之有《魯頌》也。天子降而思康侯，周亡而思魯。魯，周公之國。文、武亡而思周公，故《春秋》因魯史，以憲章文、武，忠臣孝子之情也。魯至三桓專，而公室卑。成、襄以後五六公，有奮然振作，如伯禽者，則魯猶可爲，而周公不衰，夫子所以録《費誓》也。

公曰：「嗟！人無譁，聽命。徂兹淮夷、徐戎並興，善敹聊乃甲胄，敿矯乃干，無敢不弔的。備乃弓矢，鍛乃戈矛，礪乃鋒刃，無敢不善。今惟淫舍牿牛馬，杜乃擭畫，敜聶乃穽，無敢傷牿。牿之傷，汝則有常刑。馬牛其風，臣妾逋逃，勿敢越逐祗復之。我商賚汝，乃越逐不復，汝則有常刑。無敢寇攘，踰垣墻，竊馬牛，誘臣妾，汝則有常刑。甲戌，我惟征徐戎。峙乃糗糧，無敢不逮，汝則有大刑。魯人三郊三遂，峙乃楨榦。甲戌，我惟築。無敢不供，汝則有無餘刑非殺。魯人三郊三遂，峙乃芻初茭交。無敢不多，汝則有大刑。」

譁，諠鬧也。敹，縫補也。古者甲胄皆用革。敿，繫持也。干，楯也，所以禦矢石。弔，精至也。鍛，煉也。礪，磨也。淫舍，縱放也，謂牧放牛馬于野也。牿，肄習而械繫之也。如《易·大畜》「童牛之牿」，備戰而教習牛馬于野，加羈勒罥索之類。擭，機檻。穽，陷阬。皆以掩捕禽獸者。杜，絶之。斂，塞之。以便馳驟，勿傷所牿之牛馬也。常刑，當得之刑。馬牛逸曰風，男僕曰臣，女婢曰妾。凡有臣妾、牛馬亡失，勿越遠追逐，收者敬還之。商賚，商量其多寡，賞賚還者也。越逐，則輕進失伍。不復，則攘奪相爭。寇至清野固壘，安静不擾，則敵不知所攻。人心一，紀律齊，戰則勝矣。甲戌，出師之日。呼魯人者，對敵命本國人之辭。國外曰郊，郊外曰遂。言三者，敵在一面，則三面之人，各具楨榦，往築城壘防護也。楨，墻端當土之木。榦，兩旁夾版之木。是日征，即是日築，且戰且築也。無餘刑非殺，謂凡有不供築者，雖人多不勝殺，必皆刑之無遺也。芻，青芻。茭，乾芻。軍需尤急，比不供築者，罪尤重也。大刑，重治也。按：伯禽以新造之國，綜理練達，周密如此。讀其辭，勃勃英氣。信哉！周公之子。昭、定之季，安得有君如此者乎？

秦誓

秦繆公不用蹇叔之言，誤聽杞子，越晉襲鄭。師無功還，晉人邀擊，敗之于崤。此其悔過自誓之辭，而繫之末簡，何也？秦地，西周之地。秦民，西周之民。終秦，所以不忘周也。魯守周公之訓，好禮而過于柔。秦據文、武之基，好戰而寡于禮。周既東矣，使魯能自立，則周公不衰。使秦能脩岐、豐之舊，天下其秦乎？觀于《書》，而知聖人之先見也。故魯獨後諸侯亡，秦先諸侯興。千餘年後事若合符，豈非知幾其神者與？或者謂繆公賢，故聖人録其辭。按：繆公三敗不知止，用孟明竟罔功。生受學于著人，死殺其三良，謚曰繆。故其卒也，《春秋》不書。特以是篇有悔過之言，取以終《書》。終則窮，窮則悔，悔則新。故《易·剥》終則《復》，《復》遠則迷，一念迷悟，而天下國家，子孫黎民，治亂係之。故悔者窮之通也。《剥》之上九，碩果不食，所以成言乎《艮》。窮上反下，爲萬事萬物之終始。子云：「吾未見能見其過而内自訟者。」故不以人廢言也。

公曰：「嗟！我士，聽無譁。予誓告汝羣言之首。古人有言曰：民訖自，若是多盤，責人斯無難，惟受責俾如流，是惟艱哉。我心之憂，日月逾邁，若弗云來。惟古之謀人，則曰未就予忌。惟今之謀人，姑將以爲親。雖則云然，尚猶詢兹黄髮，則罔所愆。番番波良士，旅力既愆，我尚有之。仡仡勇夫，射御不違，我尚不欲。惟截截善諞楩言，俾君子易辭，我皇多有之。昧昧我思之，如有一介臣，斷斷短猗無他伎，其心休休焉，其如有容。人之有技，若己有之。人之彦聖，其心好之。不啻如自其口出，是能容之，以保我子孫黎民，亦職有利哉！人之有技，冒疾以惡之。人之彦聖，而違之俾不達，是不能容，以不能保我子孫黎民，亦曰殆哉！邦之杌隉孽，曰由一人。邦之榮懷，亦尚一人之慶。」

羣言之首，言之最要者也。訖，及也。言恒情于己有過，若是其多方周旋，責人之過，斯易而不難。惟受人之責者，改過不吝，如水之流，是所難也。引此以自悔之端。古之謀人，老成練達之人，不能遷就我之所諱忌。今之謀人，新進躁妄之士，姑息將順以爲親信也。雖則云然，謂已往不可追也。黃髮老人，即所謂古之謀人。番番，老貌。旅力，猶膂力。言賢人不足于勇也。仡仡，勇貌。射御不違，言勇夫多材也。截截，利口也。諞，猶辯也。以是爲非，使君子易辭也。皇，猶尚也。昧昧，猶耿耿，《詩》云「不出于耿」，即昧昧意。介，獨也。一介，猶一个。斷斷，無能貌。猗，語辭，與兮通。無他伎，無他材能也。休休，寬和也。彥，美士。聖，通明也。不啻如自其口出，言心之所好，不但如口所言也。職，主也。冒，壅蔽也。疾，妒也。違，阻也。殆，危也。杌隉，不安也。榮，光也。懷，安也。榮則不辱，安則不危。一人，言榮辱安危，惟在所任之一人，不可不慎也。

尚書辨解卷八周書終

尚書辨解卷九

孔氏古文尚書篇目

孔安國序

尚書序

虞書

舜典分《堯典》後半充之。文具前，不復載。篇首增六語二十八字，載後。

大禹謨

益稷分《皋陶謨》後半充之。文具前，不復載。

夏書

五子之歌

胤征

商書

仲虺之誥

湯誥

伊訓

太甲上

太甲中

太甲下

咸有一德

盤庚上《盤庚》本一篇，今分爲三。文具前，不復載。

盤庚中

盤庚下

説命上

説命中

説命下以上第九卷

周書

泰誓上

泰誓中

泰誓下

武成

旅獒

微子之命

蔡仲之命

周官

君陳

康王之誥分《顧命》後半充之。文具前，不復載。

畢命

君牙

冏命以上第十卷

右目皆伏生本所無，破裂不合者。餘目見前，兹不再列。

孔氏《尚書》，漢末之有也。東晉時，豫章内史梅賾得之獻上，比伏生本多二十五篇。漢孔安國爲傳，并安國自序一篇、古《書》序一篇，共五十八篇，皆古科斗文字，故世稱《古文尚書》云。漢劉向、班固、賈逵、馬融、鄭玄輩，皆未及見。其始末悠謬，故難盡信。

孔安國自序

按：《序》不類西漢語。西漢文字朴直，此婉麗有六朝風氣，後人擬作也。

古者，伏犧氏之王天下也，始畫八卦，造書契，以代結繩之政，由是文籍生焉。伏犧、神農、黄帝之書，謂之《三墳》，言大道也。少昊、顓頊、高辛、唐、虞之書，謂之《五典》，言常道也。至于夏、商、周之書，雖設教不倫，雅誥奥義，其歸一揆。是故歷代寶之，以爲大訓。八卦之説，謂之《八索》，求其義也。九州之志，謂之《九丘》。丘，聚也。言九州所有，土地所生，風氣所宜，皆聚此書也。《春秋左氏傳》曰：「楚左史倚相，能讀《三墳》《五典》《八索》《九丘》。」即謂上世帝王遺書也。

漢之望古渺矣，甚于今之望漢也。漢文帝時，去孔子垂五百年，中間歷七國、秦、項之亂，六籍存者蓋寡。而孔子去文、武所，又六百年，中間歷幽、厲、平王東遷、五霸、十二諸侯之亂，文、武、周公制作，存者亦寡。況復進而上之，漸遠漸稀。古竹簡記事，難蓄易敗，夫子已不能多得于古，而況漢以下乎？四代之《書》，伏生所傳，二十五篇，已爲天幸。過此更侈譚三皇五帝，風聞耳食，恍惚烏有，愈不足信矣。《左傳》一書，非丘明作了然，而引以爲徵，同于道聽塗説耳。

先君孔子，生於周末，覩史籍之煩文，懼覽之者不一，遂乃定禮樂，明舊章，删《詩》爲三百篇，約史記而脩《春秋》，讚《易》道以黜《八索》，述職方以除《九丘》。討論墳典，斷自唐、虞以下，訖于周，芟夷煩亂，翦截浮辭，舉其宏綱，撮其機要，足以垂世立教。典、謨、訓、誥、誓、命之文凡百篇。所以恢弘至道，示人主以軌範也。帝王之制，坦然明白，可舉而行。三千之徒，并受其義。

嗟夫！吾夫子其亦不得見古列聖之書已矣。夫子而得見神農、黄帝、少昊、顓頊、高辛五六聖人之書，一切翦棄不傳，雖我後生，有餘憾焉。豈五六聖人言，無一足存記乎？必不然矣。周末距羲皇所，不知幾千年。計上古文字，點畫形象尚未備，而焉有所謂《三墳》《五典》《八索》《九丘》，簡扎之浩繁者乎？有之，亦後人僞撰。如今世所傳《三墳》《八索》，皆淺俗無稽。《周禮·職方》，亦非聖人手筆。大抵六籍自《尚書》二十五篇、《周易》《春秋》《毛詩》外，多後儒補緝。雖不盡詭于經，而要非古之完璧也。明者辨之。

及秦始皇滅先代典籍，焚書坑儒，學士逃難解散，我先人用藏其家書于屋壁。漢室龍興，開設學校，旁求儒雅，以闡大猷。濟南伏生，年過九十，失其本經，口以傳授。裁二十餘篇。以其上古之書，謂之《尚書》。百篇之義，世莫得聞。

百篇之説無所考。祗據《序》爲言，而《序》非古也。按《序》：《周書》三十九篇，《商書》亦三十九篇，《夏書》止四篇，《虞書》多至十五篇。夫子憲章文、武，師周公，讚《易》删《詩》，脩《春秋》，正禮樂，皆取諸昭代。《詩》録《商頌》，不過末簡寂寥數篇，故曰「吾從周」「二代之禮，能言無徵」。不應删定憲章，新故并存無别也。况《費誓》《秦誓》，又諸侯事，則文、武制作，反少于先代。安在文獻不足，而吾周之從也。殷《書》既多，則夏不宜特少。夏少，則虞又不應過多。夏十七王，四百六十年間事，纔得《書》四篇，而虞以一帝，六十年間事，上越千五百年，得《書》十五篇。然則虞舜文辭，多于周公也。豈其然乎？竊意夫子所删《書》，亦應不多。伏生九十老儒，守一經，未遂遺忘過半。晁錯通敏儒臣，奉詔踵門卒業，定非草草，故授受精確，無如此二十八篇，其編次井然，帝王升降之跡皆備。增入孔書，反覺龐雜。其辭坱圠浩渺，非秦漢以後雕龘清淺之文。誠哉上世完璞，異代鴻寶，淺俗未易拔識也。取安國古文較之，蒼素了然。

至魯共王，好治宮室。壞孔子舊宅，以廣其居，於壁中得先人所藏古文虞、夏、商、周之《書》，及傳《論語》《孝經》，皆科斗文字。王又升孔子堂，聞金石絲竹之音，乃不壞宅，悉以書還孔氏。科斗書廢已久，時人無能知者。以所聞伏生之《書》，考論文義，定其可知者，爲隸古定，更以竹簡寫之，增多伏生二十五篇。伏生又以《舜典》合於《堯典》，《益稷》合於《臯陶謨》，《盤庚》三篇合爲一，《康王之誥》合於《顧命》，復出此篇并序，凡五十九篇，爲四十六卷。其餘錯亂磨滅，弗可復知。悉上送官，藏之書府，以待能者。

此假託之説也。漢惠帝時，魯共王壞孔子宅，得古文《書》上獻，班固、劉歆亦嘗言之。第云安國獻《書》，未言詔安國爲傳也。云多伏生十六篇，無二十五篇。云遭巫蠱事未列學官，未言傳畢，不以聞也。其所謂十六篇者，在今二十五篇中否，不可考。但哀帝朝，劉歆請置博士，廷議不可，大臣龔勝以去就爭，師丹劾歆改亂舊章，則當時已疑之，是用湮没不傳。好事者因緣僞增，至二十五篇，託安國爲傳，甚不足信也。大抵漢初獻《書》，不言發自塚中，則云出自壁間，實多後人補撰。如《論語》二十篇，傳神之筆，亦其門人記録。他如《周禮》《戴記》《儀禮》《左傳》《爾雅》等書，皆春秋、戰國以來諸子雜著，非盡出聖人手。昔文勝莫如周、秦之季，六經散亡，遭百氏侵牟，千竇萬岐，不可究詰，《孟子》所謂「處士横議」「楊朱、墨翟之言盈天下」。秦政非款啟之夫也，李斯明習舊章，吹洗深刻，故自難欺。計當世所焚坑，非必盡先王之典、學古之士也。有如鄒衍、公孫龍、蘇秦、張儀之徒，縱横揣摩，堅白同異之書，亦自詭典刑。雖二帝三王，有不焚滅之者乎？夫日月不毁，而爝火易熄。秦雖焚書，而六籍至今在。若夫放散淆亂，百氏分任，非獨秦矣。炎漢初興，購求頗濫，真贋混收。如孔書二十五篇，自是春秋、戰國以來陶冶之文，三復成誦，一覽可知。伏生能記深奥大篇，獨忘此明白短章，無是理也。如二十八篇，文字高古，真堪科斗。二十五篇尋常，豈爲科斗增重。既謂以今文定義，義定，文亦宜存，以傳信不朽。今義在而文不傳，則并其所謂科斗者，愚亦未敢信其爲實有也。

承詔，爲五十九篇作傳。於是遂研精覃思，博考經籍，採摭羣言，以立訓傳。約文申義，敷暢厥旨，庶幾有補于將來。《書序》，序所以爲作者之意，昭然義見，宜相附近，故引之各冠其篇首，定五十八篇。既畢，會國有巫蠱事，經籍道息，用不復以聞，傳之子孫，以貽後代。若好古博雅君子，與我同志，亦所不隱也。

安國既承詔作傳，豈有不報命之理。巫蠱事，非久旋定。武帝方注嚮儒術，表章六經，未爲道息。有詔必不致廢閣，豈使已成之業，抑而不揚，終兩漢、三國、魏、晉數百年，直待東晉後出，容非妄與？

孔氏古文尚書序

此孔書所傳《尚書》古序。漢劉歆、班固亦云孔子序《書》，則古文未出，先有此序矣。今察其辭義疎畧，而割裂舊章，湊百篇之數，尤爲鄙拙。蔡仲默註《書》絀之，是也。愚按：六經《易》《書》《詩》皆有序，惟《書序》僞，而朱元晦并《詩序》亦疑其僞。《詩序》本真，而班孟堅、劉子駿并《書序》亦以爲真。《易·序卦》非聖人不能作，朱元晦反疑其僞，皆無卓然一定之見。夫序者，直也。作者有未明之志，序以直之。《易》無《序卦》，則不知演《易》之意。《詩》無古序，則不知美刺之由。皆篇中所未傳，懼來者之無稽，故著爲序，所以不可廢也。如《書序》，祇依篇中文義，重複演説，不用固無傷，此真贋之分也。

昔在帝堯，聰明文思，光宅天下。將遜于位，讓于虞舜，作《堯典》。○虞舜側微，堯聞之聰明，將使之嗣位。歷試諸難，作《舜典》。

按伏書，《堯典》一篇，並載舜事。書成于虞，故稱《虞書》。二聖際會，一德終始，故古史合典，以别于革命之代。後人顧謂闕畧，割「愼徽」下爲《舜典》，非作者之意矣。然則舜、禹又不同典，何也？曰：舜攝堯，禹未嘗攝舜也。

帝釐下土方，設居方，别生分類，作《汨作》句、**《九共》九篇、《槀飫》。**

十一篇，共爲一序。《九共》九篇，是一事作典九。終四代《書》，無此體。豈唐虞之際，多文乃爾邪，且九篇何至偕亡？《槀飫》，亦篇名。槀，勞也。飫，賜也。

臯陶矢厥謨，禹成厥功。帝舜申之，作《大禹》《臯陶謨》《益稷》。

伏書無《禹謨》，而《臯陶謨》包舉《益稷》。本一篇，今别補《禹謨》，割《臯陶謨》補《益稷》，猶分《堯典》之陋也。篇内絶無益、稷語，奚以取名？

禹别九州，隨山濬川，任土，作貢。○啓與有扈戰于甘之野，作《甘誓》。

二篇伏書、孔書俱有。

大康失邦，昆弟五人，須于洛汭，作《五子之歌》。

伏書無，孔書有。按：五子作歌之由，已具本篇，何用複説。若《詩序》，自無此病。

羲、和湎淫，廢時亂日，胤往征之，作《胤征》。

伏書無，孔書有。

自契至于成湯，八遷。湯始居亳，從先王居，作《帝告》《釐沃》。○湯征諸侯，葛伯不祀，湯始征之，作《湯征》。○伊尹去亳適夏，既醜有夏，復歸于亳，入自北門，乃遇汝鳩、汝方，作《汝鳩》《汝方》。

五目無篇。

伊尹相湯伐桀，升自陑而，遂與桀戰于鳴條之野，作《湯誓》。

伏書、孔書俱有。

湯既勝夏，欲遷其社，不可，作《夏社》《疑至》《臣扈》。○夏師敗績，湯遂從之，遂伐三朡宗，俘厥寶玉。誼伯、仲伯作《典寶》。

四目無篇。

湯歸自夏，至于大坰扃，仲虺作誥。

伏書無，孔書有。

湯既黜夏命，復歸于亳，作《湯誥》。

伏書無，孔書有。司馬遷作《史記》，載《湯誥》，與孔書異，其辭曰：「維三月，王自至於東郊，告諸侯羣后：毋不有功於民，勤力迺事，予乃大罰殛汝，毋予怨。」曰：「古禹、皋陶久勞于外，其有功乎民，民乃有安。東爲江，北爲濟，西爲河，南爲淮，四瀆已修，萬民乃有居。后稷降播，農殖百穀，三公咸有功于民，故后有立。昔蚩尤與其大夫作亂百姓，帝乃弗予，有狀。先王言不可不勉。」曰：「不道，毋之在國，女毋我怨。」按：漢伏生《書》無此篇，司馬遷何從得此。其辭義散漫無味，而孔書《湯誥》又與此殊，可知當世僞《書》甚多，皆因《序》目杜撰，不獨張霸《武成》、孔安國古文而已。

咎單善作《明居》。

有目無篇。

成湯既没，太甲元年，伊尹作《伊訓》《肆命》《徂后》。

按：《孟子》云：「湯崩，大丁未立，外丙二年，仲壬四年，越六祀，而後太甲嗣。」商制，兄終弟及。外丙、仲壬，皆大丁弟。太甲，大丁子，繼仲壬。司馬遷採《世本》作《殷紀》，其說同。今謂成湯既没，太甲元年，中間隔六年，缺二王，與《孟子》《史記》不合。《序》之不足信可知。《伊訓》一篇，伏書無，孔書有。《肆命》《徂后》，二目無篇。

太甲既立，不明。伊尹放諸桐，三年，復歸于亳，思庸伊尹，作《太甲》三篇。○伊尹作《咸有一德》。

四篇伏書無，孔書皆有。

沃丁既葬伊尹于亳，咎單遂訓伊尹事，作《沃丁》。○伊陟相大戊。亳有祥桑、穀共生于朝。伊陟贊于巫咸，作《咸乂》四篇。○大戊贊于伊陟，作《伊陟》《原命》。○仲丁遷于囂翺，作《仲丁》。○河亶甲居相，作《河亶甲》。○祖乙圮皮上聲于耿，作《祖乙》。

十目無篇。

盤庚五遷，將治亳，殷民咨胥怨，作《盤庚》三篇。

伏書、孔書皆有。按：殷始居商，成湯遷亳，仲丁遷囂，河亶甲遷相，祖乙遷耿，今復去耿，故篇中云：「不常厥居，于今五邦。」《序》附會經文，槩謂「盤庚五遷」，語欠分曉，蔡仲默所以譏其謬也。三篇一事，故爲一篇。孔書割爲三，與《太甲》《説命》《泰誓》同，湊百篇之數而已。

高宗夢得説曰**，使百工營求諸野，得諸傅巖，作《説命》三篇。**

夢得良弼，記名畫象求之，果獲，事涉誕妄。抑當時高宗知説賢欲用，而神其事與？猶《詩》言「帝謂文王」云爾。《序》乃作此孟浪語。伏書無，孔書有。

高宗祭成湯，有飛雉升鼎耳而雊姤**。祖己訓諸王，作《高宗肜**融**日》《高宗之訓》。**

按：雉鳴鼎耳，即祭祀所用之雉。始陳鼎廟門外，牲未告殺之先，偶有此，故以爲異。今云「有飛雉」，則是野雉自外來也。《序》僞而無識，類此。《肜日》，伏書、孔書俱有。《高宗之訓》，有目無篇。

殷始咎周，周人乘黎。祖伊恐，奔告于受，作《西伯戡黎》。

殷始咎周，周人乘黎，謂周伐黎，以懼紂耳。西伯必無此事。伏書、孔書俱有。

殷既錯初去聲**天命，微子作誥父師、少師。**

伏書、孔書俱有。錯，猶失也。

惟十有一年，武王伐殷。一月戊午，師渡孟津，作《泰誓》三篇。

此《序》謂武王十一年伐紂，近是。按：《洪範》云十三年訪道于箕子，可徵也。説者惑于《大戴》云武王在位僅十年，而此篇復有十三年春之文，遂謂武王未嘗改元，非也。伏生本無此篇。察其辭倨而俚，後人僞撰也。一月，正月也。戊午，其日也。

武王戎車三百兩，虎賁奔三百人，與受戰于牧野，作《牧誓》。

伏書、孔書俱有。按：《孟子》云「虎賁三千人」，當以《孟子》爲據。《序》嫌過多，故變千爲百，説詳本篇。

武王伐殷，往伐歸獸，識其政事，作《武成》。

伏書無，孔書有。歸獸，即歸馬放牛。然往伐歸獸，不成語。

武王勝殷，殺受。立武庚，以箕子歸，作《洪範》。

伏書、孔書俱有。

武王既勝殷，邦諸侯，班宗彝，作《分器》。

有目無篇。邦諸侯，不成語。

西旅獻獒，太保作《旅獒》。

伏書無，孔書有。

巢伯來朝，芮伯作《旅巢命》。

有目無篇。

武王有疾，周公作《金縢》。

《金縢》非周公自作。如公作，則小人之心矣。《序》于此等處，孟浪之甚。伏書、孔書俱有。

武王崩，三監及淮夷叛。周公相成王，將黜殷，作《大誥》。

伏書、孔書俱有。

成王既黜殷命，殺武庚，命微子啓代殷後，作《微子之命》。

伏書無、孔書有。

唐叔得禾，異畝同穎。獻諸天子，王命唐叔歸周公于東，作《歸禾》。○周公既得命禾，旅天子之命，作《嘉禾》。

二目無篇。

成王既伐管叔、蔡叔，以殷餘民封康叔，作《康誥》《酒誥》《梓材》。

蔡仲默以誥辭似武王，謂《序》不當稱成王，非也。康叔肇封，雖自武王，而升爲牧伯，以司寇監殷，則成王時也。王幼，周公述武王命命之。伏書、孔書俱有。

成王在豐，欲宅洛邑，使召公先相宅，作《召誥》。○召公既相宅，周公往營成周，使來告卜，作《洛誥》。

二篇伏書、孔書皆有。其謂《召誥》爲成王作，《洛誥》爲周公告卜自作，皆非也。

成周既成，遷殷頑民。周公以王命告，作《多士》。

洛邑成，而後遷殷士，《序》説是也。蔡仲默執以爲先遷殷民，後營洛邑，無據。《序》妄謂殷士爲頑民，而仲默又不非之，詳見本篇。伏書、孔書皆有。

周公作《無逸》。○召公爲保，周公爲師，相成王爲左右。召公不悦，周公作《君奭》。

二篇伏書、孔書皆有。召公不悦，語不明，起後人之疑。

蔡叔既没，王命蔡仲踐諸侯位，作《蔡仲之命》。

伏書無，孔書有。篇中自有序，此亦贅語。

成王東伐淮夷，遂踐奄，作《成王政》。○成王既踐奄，將遷其君於蒲姑。周公告召公，作《將蒲姑》。

二目無篇。

成王歸自奄，在宗周，誥庶邦，作《多方》。○周公作《立政》。

二篇伏書、孔書俱有。

成王既黜殷命，滅淮夷，還歸在豐，作《周官》。

伏書無，孔書有。篇中自有序，此亦贅語。

成王既伐東夷，肅慎來賀。王俾榮伯，作《肅慎之命》。○周公在豐，將没，欲葬成周。公薨，成王葬于畢，告周公，作《亳姑》。

二目無篇。

周公既没，命君陳分正東郊成周，作《君陳》。

伏書無，孔書有。

成王將崩，命召公、畢公率諸侯相康王，作《顧命》。○康王既尸天子，遂誥諸侯，作《康王之誥》。

伏書通爲《顧命》一篇，此割爲二。「尸天子」語拙，豈以諒陰爲尸居邪？

康王命作册畢，分居里成周郊，作《畢命》。

伏書無，孔書有。「作册畢」，語不明。

穆王命君牙爲周大司徒，作《君牙》。○穆王命伯冏爲周大僕正，作《冏命》。

二篇伏書無，孔書有。

吕命，穆王訓夏贖刑，作《吕刑》。

伏書、孔書皆有。訓夏，教諸夏也。因篇中言三苗以肉刑爲夷狄之法云爾。

平王錫晉文侯秬鬯圭瓚，作《文侯之命》。

伏書、孔書俱有。不序錫命之由，但重數篇中物，亦贅語也。

魯侯伯禽宅曲阜，徐、夷並興，東郊不開，作《費誓》。

伏書、孔書俱有。

秦繆公伐鄭，晉襄公帥師敗諸崤爻，還歸作《秦誓》。

伏書、孔書俱有。

以上通計目九十有八，實存篇五十有八，闕篇四十。

孔氏古文虞書

郝敬 解

舜典

曰：若稽古帝舜，曰重華協于帝。濬哲文明，温恭允塞，玄德升聞，乃命以位。

《舜典》，離《堯典》後半充之，不具載。《堯典》完璧，焉可離也。既離，則「慎徽」以下無緒，另增此六語，非《堯典》之舊也。堯名放勳，舜名重華，故曰「若稽古帝，堯曰放勳」，蓋紀其號而繫之以名也。此亦曰「重華」，又曰「協于帝」，則似以協釋重華也。非名非事，語不分曉。《詩》云「濬哲維商」，又云「温温恭人」，又云「王猷允塞」，《易》云「天下文明」，皆舊語薈蕞成文。豈如「欽明文，思安安，允恭克讓」，自然高雅。

按：司馬遷據《堯典》作《本紀》，亦無此六語。唐孔穎達《正義》云：「梅賾上孔書時，《舜典》原無首二十八字。至齊蕭鸞建武四年，吴興姚方興得之于大航頭。」然則來歷曖昧，本不足信。今但虚心玩誦，自覺枝指，如《周易·序卦》，文王、孔子所定，或于「離者，麗也」下，增「麗必有所感，故受之以咸」，此類造端，從來多有。讀者不可好信而不知辨也。

大禹謨

古史簡要。舜受堯終，故《虞書》有《堯典》，不復作《舜典》。夏有《禹貢》，不復作《禹謨》。今別爲《禹謨》，容非贅語乎？其辭散漫不續，而味復淺薄，較《臯謨》猶懸解之于疏屬也。

曰若稽古大禹，曰文命敷于四海，祗承于帝，曰："后克艱厥后，臣克艱厥臣，政乃乂，黎民敏德。"

禹名文命，司馬遷《本紀》因之，相傳舊矣。今謂"文命敷于四海"，非名非事，語不分曉。"祗承于帝"與"敷于四海"意不屬。突引禹言"后克艱厥后""臣克艱厥臣"等語，與"祗承于帝"亦不甚屬。"黎民敏德"與"克艱"意亦不甚屬。此後段段零碎，集句成文，前後氣脉，都無管顧。

帝曰："俞。允若兹，嘉言罔攸伏，野無遺賢，萬邦咸寧。稽于衆，舍己從人，不虐無告，不廢困窮，惟帝時克。"

嘉言罔攸伏，野無遺賢，舍己從人，與上段意不屬。不虐無告，不廢困窮，與野無遺賢不屬。信口道來，語皆無著。

益曰：「都！帝德廣運，乃聖乃神，乃武乃文。皇天眷命，奄有四海，爲天下君。」

突發此贊，無謂。

禹曰：「惠迪吉，從逆凶，惟影響。」

前後血脉，俱不相屬。

益曰：「吁！戒哉！儆戒無虞，罔失法度，罔遊于逸，罔淫于樂。任賢勿貳，去邪勿疑，疑謀勿成，百志惟熙。罔違道以干百姓之譽，罔咈百姓以從己之欲。無怠無荒，四夷來王。」

語勢浮汎無著。

禹曰：「於！帝念哉！德惟善政，政在養民。水、火、金、木、土、穀惟脩，正德、利用、厚生惟和，九功惟敘，九敘惟歌。戒之用休，董之用威。勸之以九歌，俾勿壞。」

帝曰：「俞。地平天成，六府、三事允治，萬世永賴，時乃功。」

「德惟善政」二語凡近。水、火、金、木、土、穀、正德、利用、厚生爲九功，襲《洪範》五刑、八政語，以九疇自禹出也。歌者，勸民之辭。此段與上文亦不屬。欲起下文舜禪禹之事，綴入耳。

帝曰：「格，汝禹。朕宅帝位三十有三載，耄[冒]期倦于勤。汝惟不怠，總朕師。」

九十曰耄，百年曰期。舜三十召用，相堯二十有八年，即帝位三十有三年，是耄、期之間也。按：倦于勤，非聖人語。堯老舜攝，舜受堯終，以天下之大與匹夫。宰相行天子事，二十有八年，從古希有。故孔子贊堯，蕩蕩則天。史臣以《舜典》從堯，二聖一體，古今不容有兩，謂禹復然，是後人之附會耳。豈舜不若堯，禹不若舜乎？事不可常，雖聖人不相襲也。

禹曰：「朕德罔克，民不依。皋陶邁種德，德乃降，黎民懷之。帝念哉！念茲在茲，釋茲在茲，名言茲在茲，允出茲在茲，惟帝念功。」

邁種德，謂行布德也。此語近俚。降，下及也。茲，指皋陶。念，謂思其可用之人。釋，謂得人而此念釋也。名言，謂告之天下。允出，謂名副其實也。此四語，躁擾重複，而無深味。蘇軾作存心解，然禹方讓功，則與上文禪位意不接。

帝曰：「皋陶，惟茲臣庶，罔或干予正。汝作士，明于五刑，以弼五教，期于予治。刑期于無刑，民協于中，時乃功，懋哉！」皋陶曰：「帝德罔愆，臨下以簡，御衆以寬。罰弗及嗣，賞延于世。宥過無大，刑故無小。罪疑惟輕，功疑惟重。與其殺不辜，寧失不經。

好生之德，洽于民心，兹用不犯于有司。」帝曰：「俾予從欲以治，四方風動，惟乃之休。」

「帝德罔愆」以下，語特熟爽，似秦漢以後文字。

帝曰：「來，禹。洚水儆予，成允成功，惟汝賢。克勤于邦，克儉于家，不自滿假，惟汝賢。汝惟不矜，天下莫與汝争能。汝惟不伐，天下莫與汝争功。予懋乃德，嘉乃丕績。天之曆數在汝躬，汝終陟元后。」

按：堯讓舜曰：「格，汝舜。」格訓來，後人襲用訓詁語也。然前言「格，汝禹」，此又言「來，禹」。言格，則感召尊崇之意備，言來，則狎呼之矣。成允成功，謂信能成功也。洚水儆予，《孟子》引之。天之歷數在汝躬，允執其中，四海困窮，天禄永終，《論語》載之，陸續竄入，上下文終非一律。觀《康誥》篇《大學》引語，自殊。

「人心惟危，道心惟微。惟精惟一，允執厥中。」

先儒謂此十六字爲心學之要，似也。然自是三代以後語，在《禮記·中庸》《大學》《孟子》及南宋理學諸書，則此語爲名理，在古神聖面授，則爲贅言。古人即事是道，别無有道可傳者。世至春秋已晚，孔子揚搉斯文，罕言仁，罕言命，性與天道，不可得聞。惟是庸言庸行，五倫三德，入孝出弟，而道在矣。其告顏淵，惟曰「克己復禮」，語曾參，惟曰「一以貫之」，與賜言，即不領畧，亦惟不領畧。故諸賢于道，竟有實地，聖人所以貴不言之教也。堯命舜曰「允執厥中」，盡矣。與仲尼克復、一貫，先後同揆。此外更加分疏，便成枝指。中本無象，惟精惟一，以求厥中，亦是著象之語。大抵言語一途，惟宣布詔令，開譬事理。至于道德性命，一著言語，便生墻壁，故《易》祇言象言數。惟佛、老譚空説玄，愈微愈荒，是以聖人嘿識無隱，不言而述，無知而知，兩端自竭，故曰知我其天。況舜、禹覿面相授，有是呶呶者與？其辭甚深刻，而其旨反淺狹，酷似後儒理學家言。愚以言而辨其僞非，以言不善而詆其僞也。

「無稽之言勿聽，弗詢之謀勿庸。可愛非君？可畏非民？衆非元后何戴？后非衆罔與守邦。欽哉！慎乃有位，敬脩其可願。四海困窮，天禄永終。惟口出好興戎，朕言不再。」

辭多而脉散。「可愛」「非君」等，皆後世語。朕言不再，先之以惟口出好興戎，無謂。

禹曰：「枚卜功臣，惟吉之從。」帝曰：「禹，官占惟先蔽志，昆命于元龜。朕志先定，詢謀僉同。鬼神其依，龜筮協從，卜不習吉。」禹拜稽首固辭。帝曰：「毋，惟汝諧。」正月朔旦，受命于神宗，率百官，若帝之初。

枚卜，歷卜也。官，卜筮之官。蔽志，斷于心也。昆，衆也。僉，皆也。習，重也。卜筮之法，不待重吉也。或謂：《禹謨》非古，則受禪之事缺矣。夫《禹貢》「九州攸同」以下，禹有天下之事備。「錫玄圭，告成功」，容非禪受乎？五臣相舜，《皋謨》備矣。《禹謨》《益稷》，不誠懸疣乎哉？

帝曰：「咨！禹。惟時有苗弗率，汝徂征。」禹乃會羣后，誓于師，曰：「濟濟有衆，咸聽朕命。蠢茲有苗，昏迷不恭，侮慢自賢，反道敗德。君子在野，小人在位。民棄不保，天降之咎。肆予以爾衆士，奉辭伐罪。爾尚一乃心力，其克有勳。」三旬，苗民逆命。益贊于禹曰：「惟德動天，無遠弗届。滿招損，謙受益，時乃天道。帝初于歷山，往于田，日號泣于旻天。父母負罪引慝，祗載見瞽瞍，夔夔齊慄。瞽亦允若。至誠感神，矧茲有苗。」禹拜昌言曰：「俞。」班師振旅。帝乃誕敷文德，舞干羽于兩階。七旬，有苗格。

此段因《虞書》舜分北有苗，緣飾其辭耳。苟不量其可而徂征，則始行爲輕舉。舞干羽，七旬而苗服，則功成爲幻化。此後世伐原攻鼓之熟套，不可誣先聖。堯、舜、禹積德百有餘年，世躋雍熙。三苗之格，不在兩階七旬之舞也。古史記事，聖人删《書》，典要可行，必無迂語。損益天道，因襲《周易·謙卦》彖傳之意。歷山往田，日號泣于旻天于父母，祗載見瞽瞍，夔夔齊慄，瞽瞍亦允若，《孟子》引語，牽補殊乏自然。謂帝父母難格，甚于苗民，尤不倫。鯀，猶瞽瞍也。仁人孝子，遭遇偶同，豈爲此言。

大抵讀《禹謨》，如摶砂。若《臯謨》，盛水不漏，真贗懸殊矣。

益稷

本《臯陶謨》。分「帝曰來禹」下充數，而篇中絕無益、稷語。所謂范冠而蟬緌無謂也。文具前，不詳載。

孔氏古文夏書

五子之歌

太康尸位，以逸豫滅厥德。黎民咸貳，乃盤遊無度，畋于有洛之表，十旬弗反。有窮后羿，因民弗忍，距于河。厥弟五人，御其母以從，徯奚上聲于洛之汭。五子咸怨，述大禹之戒以作歌。其一曰：「皇祖有訓，民可近，不可下。民惟邦本，本固邦寧。予視天下，愚夫愚婦，一能勝予。一人三失，怨豈在明？不見是圖。予臨兆民，凜乎若朽索之馭六馬。爲人上者，奈何不敬？」其二曰：「訓有之，内作色荒，外作禽荒。甘酒嗜音，峻宇彫牆。

有一于此，未或不亡。」其三曰：「惟彼陶唐，有此冀方。今失厥道，亂其紀綱，乃底滅亡。」其四曰：「明明我祖，萬邦之君。有典有則，貽厥子孫。關石和鈞，王府則有。荒墜厥緒，覆宗絶祀。」其五曰：「嗚呼！曷歸？予懷之悲。萬姓仇予，予將疇依？鬱陶乎予心，顏厚有忸六怩泥。弗慎厥德，雖悔可追。」

五歌伯仲漢魏，其典則敦厚，不及十二《國風》，而欲陵商周《雅》《頌》上之。意淺響浮，其弗及矣。五子輒爲五歌，豈一人當一歌邪？又似爲題所誤矣。冀方，冀州，帝都也。關，通也。石鈞，皆量名。三十斤爲鈞，四鈞爲石。關和，平準意。

胤征

惟仲康肇位四海，胤侯命掌六師。羲、和廢厥職，酒荒于厥邑，胤后承王命徂征。告于衆曰：「嗟予有衆，聖有謨訓，明徵定保。先王克謹天戒，臣人克有常憲，百官脩輔，厥后惟明明。每歲孟春，遒人以木鐸狗于路。官司相規，工執藝事以諫。其或不恭，邦有常刑。惟時羲、和，顛覆厥德，沈亂于酒，畔官離次，俶擾天紀，遐棄厥司。乃季秋月朔，辰弗集于房。瞽奏鼓，嗇夫馳，庶人走。羲、和尸厥官，罔聞知，昏迷于天象，以干先王之誅。政典曰：先時者殺無赦，不及時者殺無赦。今予以爾有衆，奉將天罰。爾衆士同力王室，尚弼予欽承天子威命。火炎崑岡，玉石俱焚。天吏逸德，烈于猛火。殲厥渠魁，脅從罔治。舊染汙俗，咸與惟新。嗚呼！威克厥愛，允濟。愛克厥威，允罔功。其爾衆士，懋戒哉！」

羲、和，日官。遒人，聚衆宣令之官。遒，聚也。俶，始也。擾，亂也。言日官首亂法也。辰，日、月所會之次。房，當房星之辰。集、輯通，和也。日月相薄蝕，故曰不和。嗇夫，郊野傳命之官。馳，走告變也。

按此辭，羲、和所犯，一獄吏之力耳。何足以勤王師？當時即有胤征，其必有他故。仲康承大康之亂，有窮竊命，不討逐君之賊，而征曠職之官乎？未幾，少康中興，豈無一辭足録，而奚取于《胤征》？其浮藻類《左》《國》，無忠代朴直之味。孟春遒人以木鐸狗路，官師工瞽，嗇夫庶人，皆《周禮》《月令》之意。援引政典，先王未必有此刑。玉石俱焚，天吏猛火，似後世露布檄文。玉石俱焚，非王者之師；烈于猛火，非天吏之德。所以誅其首惡，宥其脅從，此爲周旋解釋，而語終覺有疵。末云「威克愛，允濟；愛克威，罔功」，又似尚猛矣。豈有不能愛，而能威者乎？

孔氏古文商書

仲虺之誥

成湯放桀于南巢，惟有慙德，曰：「予恐來世以台怡爲口實。」

此因《湯誓》「非台小子敢行稱亂」之語，而緣飾爲慙德也。夫聖人奉天伐暴，何慙之有？心慙而强爲之，非聖人行事。有慙而倩人言自解，非聖人存心。

仲虺乃作誥，曰：「嗚呼！惟天生民有欲，無主乃亂。」

此等語意，發自《論》《孟》以後。

「惟天生聰明時乂。有夏昏德，民墜塗炭，天乃錫王勇智，表正萬邦，纘禹舊服，兹率厥典，奉若天命。夏王有罪，矯誣上天，以布命于下。帝用不臧，式商受命，用爽厥師，簡賢附勢，寔繁有徒。肇我邦于有夏，若苗之有莠酉，若粟之有秕。小大戰戰，罔不懼于非辜，矧予之德言足聽聞。惟王不邇聲色，不殖貨利。德懋懋官，功懋懋賞。用人惟己，改過不吝。克寬克仁，彰信兆民。

爽厥師，言明于人情也。師，衆也。簡賢附勢，謂小人在位也。寔繁有徒，言衆多也。苗有莠，粟有秕，言不相容也。蓋指夏臺之難。用人惟己，視人之能猶己出也。

「乃葛伯仇餉，初征自葛。東征西夷怨，南征北狄怨，曰：奚獨後予？攸徂之民，室家相慶曰：徯予后，后來其蘇。民之戴商，厥惟舊哉！

此一段，本《孟子》引古《書》，小變其辭，牽綴在此。而古語自別，突入此段，上下文勢梗塞。

「佑賢輔德，顯忠遂良。兼弱攻昧，取亂侮亡。推亡因存，邦乃其昌。

語近俳偶。四代之文，少有此體。

「德日新，萬邦惟懷。志自滿，九族乃離。王懋昭大德，建中于民，以義制事，以禮制心，垂裕後昆。予聞曰：能自得師者王，謂人莫己若者亡。好問則裕，自用則小。嗚呼！慎厥終，惟其始。殖有禮，覆昏暴。欽崇天道，永保天命。」

都無釋甦意。通篇集句成文，自《五子之歌》以下，二代《書》都似一律。辭雖佳，要之非古。

然皆非古也。

湯誥

按：司馬遷作《殷本紀》，别載《湯誥》，與此辭異，詳見《序》。彼辭散而淡，此辭麗而婉，然皆非古也。

王歸自克夏，至于亳，誕告萬方，王曰：「嗟！爾萬方有衆，明聽予一人誥。惟皇上帝，降衷于下民。若有恒性，克綏厥猷惟后。」

「惟皇」數語，自《蒸民》詩創始，《孟子》拈出。

「夏王滅德作威，以敷虐于爾萬方百姓。爾萬方百姓，罹其凶害，弗忍荼徒毒，並告無辜于上下神祇。天道福善禍淫，降災于夏，以彰厥罪。肆台小子，將天命明威，不敢赦。敢用玄牡，敢昭告于上天神后，請罪有夏。聿求元聖，與之戮力，以與爾有衆請命。上天孚佑下民，罪人黜伏。天命弗僭，賁臂若草木，兆民允殖。俾予一人，輯寧爾邦家。兹朕未知獲戾于上下，慄慄危懼，若將隕允于深淵。凡我造邦，無從匪彝，無即慆叨淫。各守爾典，以承天休。爾有善，朕弗敢蔽。罪當朕躬，弗敢自赦，惟簡在上帝之心。其爾萬方有罪，在予一人。予一人有罪，無以爾萬方。嗚呼！尚克時忱，乃亦有終。」

依《論語》所載湯辭敷衍補綴，然不如《論語》簡質。讀《湯誓》，自知二《誥》淺泛。

伊訓

惟元祀，十有二月乙丑，伊尹祠于先王，奉嗣王祗見厥祖。侯、甸羣后咸在，百官總己，以聽冢宰。伊尹乃言烈祖之成德，以訓于王。

後世敘事語法。

曰：「嗚呼！古有夏先后，方懋厥德，罔有天災。山川鬼神，亦莫不寧，暨鳥獸魚鼈咸若。于其子孫弗率，皇天降災，假手于我有命。造攻自鳴條，朕哉自亳。」

《孟子》引《伊訓》云：「天誅造攻自牧宮，朕哉自亳。」此等語意渾含，是古人口澤。假手于我，則薄俗語矣。凡孔書所載傳記引語，皆牽强填補，痕迹宛然。按：《孟子》云：「舜卒于鳴條。」《堯典》云：「舜陟方乃死。」《史・本紀》亦云：「舜南巡守，卒于蒼梧之野。」然則鳴條其即蒼梧邪？孔註云：「鳴條在安邑。」今山西平陽府安邑縣，亦據孔書耳，未知是否。《孟子》作「牧宮」爲正。

「惟我商王，布昭聖武，代虐以寬，兆民允懷。今王嗣厥德，罔不在初。立愛惟親，立敬惟長。始于家邦，終于四海。嗚呼！先王肇修人紀，從諫弗咈，先民時若。居上克明，爲下克忠，與人不求備，檢身若不及，以至于有萬邦，兹惟艱哉。敷求哲人，俾輔于爾後嗣。制官刑，儆于有位。曰：敢有恒舞于宮，酣歌于室，時謂巫風。敢有殉于貨色，恒于遊畋，時謂淫風。敢有侮聖言，逆忠直，遠耆德，比頑童，時謂亂風。惟兹三風十愆，卿士有一于身，家必喪。邦君有一于身，國必亡。臣下不匡，其刑墨，具訓于蒙士。嗚呼！嗣王祗厥身，念哉！聖謨洋洋，嘉言孔彰。惟上帝不常，作善降之百祥，作不善降之百殃。爾惟德罔小，萬邦惟慶。爾惟不德罔大，墜厥宗。」

按：伏書諸《誥》，反覆開喻，動數十更端未已，意滿胸臆，吶吶如不啻口出。于結滯中，見古人天真。若二十五篇，文彩歷録，音韻鏗鏘，徑情直發，一往便終。祇似後世箴頌教令，語雖正，而響盡意竭，無復黯然之思。《左》《國》下至漢魏，不乏佳篇，何必三代也。三風十愆，睚眦盛氣，亦不似聖人語意。

太甲上

惟嗣王不惠于阿衡，伊尹作書曰：「先王顧諟天之明命，以承上下神祇。社稷宗廟，罔不祗肅。天監厥德，用集大命，撫綏萬方。惟尹躬克左右厥辟宅師，肆嗣王丕承基緒。惟尹躬先見于西邑夏，自周有終，相亦惟終。其後嗣王罔克有終，相亦罔終。嗣王戒哉！祗爾厥辟，辟[璧]不辟，忝厥祖。」王惟庸罔念聞。伊尹乃言曰：「先王昧爽丕顯，坐以待旦，旁求俊彥，啓迪後人，無越厥命以自覆。慎乃儉德，惟懷永圖。若虞機張，往省括于度則釋。欽厥止，率乃祖攸行，惟朕以懌，萬世有辭。」王未克變。伊尹曰：「茲乃不義，習與性成。予弗狎于弗順，營于桐宮，密邇先王其訓，無俾世迷。王徂桐宮居憂，克終永〔一〕德。」

諟與是同。忠信曰周。昧爽，天初明也。虞，虞人也。機，弩牙也。括，矢銜弦處。此章語亦浮汎。所以告戒嗣王者甚徐，何至見放。《禮記·大學》引「顧諟」一語，章首綴入，增「先王」二字。《緇衣》引「惟尹躬先見」三語，《坊記》引「辟不辟」二語。《緇衣》引「無越厥命」及「若虞機張」三語，皆真古《書》。前後即不類，故知多後人補緝也。

〔一〕「永」字《湖北叢書》本同，《尚書》諸本作「允」。

太甲中

惟三祀，十有二月朔，伊尹以冕服奉嗣王歸于亳，作書曰：「民非后，罔克胥匡以生。后非民，罔以辟壁四方。皇天眷佑有商，俾嗣王克終厥德，實萬世無疆之休。」王拜手稽首曰：「予小子不明于德，自底不類。欲敗度，縱敗禮，以速戾于厥躬。天作孽，猶可違；自作孽，不可逭換。既往背師保之訓，弗克于厥初，尚賴匡救之德，圖惟厥終。」伊尹拜手稽首曰：「脩厥身，允德協于下，惟明后。先王子惠困窮，民服厥命，罔有不悦。並其有邦厥鄰，乃曰：『傒我后，后來無罰。』王懋乃德，視乃烈祖，無時豫怠。奉先思孝，接下思恭。視遠惟明，聽德惟聰。朕承王之休無斁。」

《孟子》引「天作孽」四語，真伊尹訓辭。今若爲太甲語，是以被放爲孽，以歸亳爲逭，辭旨淺陋。

太甲下

伊尹申誥于王曰：「嗚呼！惟天無親，克敬惟親。民罔常懷，懷于有仁。鬼神無常享，享于克誠。天位艱哉！德惟治，否德亂。與治同道，罔不興。與亂同事，罔不亡。終始慎厥與，惟明明后。先王惟時懋敬厥德，克配上帝。今王嗣有令緒，尚監茲哉！若升高，必自下。若陟遐，必自邇。無輕民事惟難，無安厥位惟危。慎終于始。有言逆于汝心，必求諸道。有言遜于汝志，必求諸非道。嗚呼！弗慮胡獲，弗爲胡成？一人元良，萬邦以貞。君罔以辯言亂舊政，臣罔以寵利居成功，邦其永孚于休。」

以上三篇，無一語切當時事情，任教何王皆可。焉知爲伊尹訓太甲。

咸有一德

伊尹既復政厥辟，將告歸，乃陳戒于德。曰：「嗚呼！天難諶，命靡常。常厥德，保厥位。厥德靡常，九有以亡。夏王弗克庸德，慢神虐民，皇天弗保，監于萬方，啓迪有命，眷求一德，俾作神主。惟尹躬暨湯，咸有一德，克享天心，受天明命，以有九有之師，爰革夏正。非天私我有商，惟天佑于一德。非商求于下民，惟民歸于一德。德惟一，動罔不吉。德二三，動罔不凶。惟吉凶不僭在人，惟天降災祥在德。今嗣王新服厥命，惟新厥德。終始惟一，時乃日新。任官惟賢材，左右惟其人。臣爲上爲德，爲下爲民。其難其慎，惟和惟一。德無常師，主善爲師。善無常主，協于克一。俾萬姓咸曰：大哉！

王言。又曰：一哉！王心。克綏先王之禄，永底烝民之生。嗚呼！七世之廟，可以觀德。萬夫之長，可以觀政。后非民罔使，民非后罔事。無自廣以狹人，匹夫匹婦，不獲自盡，民主罔與成厥功。」

《伊訓》以下五篇，辭皆淺泛，無古人坱圠沈冥之意。列之《禹謨》《湯誓》《盤庚》間，絶不類，其非古《書》無疑也。篇名「咸有一德」，似是較數，故曰「咸有」，猶各擅一長云爾。今所言皆純一意，則伊尹不合自矜與湯咸有此一。殆後人依題擬撰，遴揀湊砌，而乏天真。

盤庚上

讀《盤庚》，自知《仲虺誥》以下諸《書》爲贋作。古今文辭，丰神氣骨，天壤懸隔，何可相亂也？此《書》本一篇，今分爲三，自首至「罰及爾身，弗可悔」爲上篇，具前。申命雖有次第，而遷亳本一事，故併爲一篇。如《洛誥》合數事爲一篇，亦本營洛一事也。

盤庚中

自「盤庚作，惟涉河」至「永建厥家」爲中篇，文具前。

盤庚下

自「盤庚既遷」至末爲下篇，文具前。

説命上

王宅憂，亮陰三祀。既免喪，其惟弗言，羣臣咸諫于王曰：「嗚呼！知之曰明哲，明哲實作則。天子惟君萬邦，百官承式。王言惟作命，不言臣下罔攸稟令。」王庸作書以誥曰：「以台正于四方，台恐德弗類，兹故弗言。恭默思道，夢帝賚予良弼，其代予言。」

按：《論語》：「子張問：《書》云：高宗亮陰，三年不言。」本《周書·無逸》語。此節變化其意，而譸張不情。亮，明也。陰，暗也。居喪之名。猶言昧爽，愁慘不分明之貌。漢儒作梁庵，爲倚廬鑿也。亮陰，即是宅憂。言宅憂，又言亮陰，因襲訓詁成誤耳。三年不言，謂居喪三年，不親政，不發號，孔子云「百官總己，以聽于冢宰」之謂，非箝口不發聲也。今云既免喪，不言，羣臣强諫，終不言，但作書告，自謂恭默思道，夢帝賚良弼代言，則迂誕甚矣。

乃審厥象，俾以形旁求于天下。説曰築傅巖之野，惟肖。爰立作相，王置諸其左右。

夢由想生，或有之。謂圖夢中形象求得，則妄矣。惟夢之信，不試其可，而爰立作相，豈明主用人之法與？

命之曰：「朝夕納誨，以輔台德。若金，用汝作礪。若濟巨川，用汝作舟楫。若歲大旱，用汝作霖雨。啟乃心，沃朕心。若藥弗瞑眩，厥疾弗瘳。若跣弗視地，厥足用傷。惟暨乃僚，罔不同心，以匡乃辟。俾率先王，迪我高后，以康兆民。嗚呼！欽予時命，其惟有終。」説復于王曰：「惟木從繩則正，后從諫則聖。后克聖，臣不命其承，疇敢不祇〔一〕若王之休命？」

始至遽命作礪，作舟楫，作霖雨，甚造次，又無一言切帝賚事，何以別其爲命説也。「若藥不瞑眩」二語古雅，《孟子》引之。「若跣弗視地」二語即不倫。

説命中

惟説命，總百官，乃進于王曰：「嗚呼！明王奉若天道，建邦設都，樹后王君公，

〔一〕「祇」原作「秖」，今據《湖北叢書》本改。

承以大夫師長。不惟逸豫，惟以亂民。惟天聰明，惟聖時憲，惟臣欽若，惟民從乂。惟口起羞，惟甲胄起戎，惟衣裳在笥，惟干戈省厥躬。王惟戒兹，允兹克明，乃罔不休。」

《禹謨》云「惟口出好興戎」，此言口能起羞，不獨甲胄能興戎也。勿以衣裳爲安，當以干戈自省。

「惟治亂在庶官。官不及私昵，惟其能。爵罔及惡德，惟其賢。慮善以動，動惟厥時。有其善，喪厥善。矜其能，喪厥功。惟事事，乃其有備，有備無患。無啓寵納侮，無恥過作非。惟厥攸居，政事惟醇。黷于祭祀，時謂弗欽。禮煩則亂，事神則難。」王曰：「旨哉！說，乃言惟服。乃不良于言，予罔聞于行。」說拜稽首曰：「非知之艱，行之惟艱。王忱不艱，允協于先王成德，惟說不言有厥咎。」

惟厥攸居，即安汝止意。政事惟醇，即德惟一意。王忱不艱，謂王信行難，即不難矣。

說命下

王曰：「來，汝說。台小子舊學于甘盤，既乃遯于荒野，入宅于河。自河徂亳，暨厥終罔顯。爾惟訓于朕志。若作酒醴，爾惟麴糵。若作和羹，爾惟鹽梅。爾交脩予，罔予棄，予惟克邁乃訓。」說曰：「王人求多聞，時惟建事，學于古訓，乃有獲。事不師古，以克永世，匪說攸聞。惟學遜志務時敏，厥脩乃來。允懷于兹，道積于厥躬。惟斅學半，念終始典于學，厥德脩罔覺。監于先王成憲，其永無愆。惟說式克欽承，旁招俊乂，列于庶位。」王曰：「嗚呼！說，四海之内，咸仰朕德，時乃風。股肱惟人，良臣惟聖。昔先正保衡，作我先王，乃曰：予弗克俾厥后惟堯舜，其心愧恥，若撻于市。一夫不獲，則曰時予之辜。佑我烈祖，格于皇天。爾尚明保予，罔俾阿衡，專美有商。惟后非賢不乂，惟賢非后不食。其爾克紹乃辟于先王，永綏民。」說拜稽首曰：「敢對揚天子之休命。」

「遜志時敏，厥修乃來」，即《論語》時習而説意。斅，教也。半，謂半由學，半由教，未可全倚師訓也。「罔俾阿衡，專美有商」，近代語意。按：《説命》《伊訓》《太甲》諸篇，辭義俱可轉移通用。古訓真切，國史典要，定不浮泛。孔氏《商書》十篇，都似一手耳。

尚書辨解卷九終

尚書辨解卷十

孔氏古文周書

泰誓上

泰，猶大也。武王伐紂，大告諸侯之辭。

惟十有三年春，大會于孟津。

按：《序》云「十有一年」，近是。此謂「十有三年」者，因《洪範》云十有三年訪箕子，以爲武王訪箕子，即釋箕子因之日。其釋箕子囚，即誅紂之日，而附會其説，非也。武王伐商，下車訪道，惟日不足誠有之。而箕子宗國新喪，豈肯即言。故《史記》云：「武王克殷後二年，問箕子殷所以亡，箕子不忍言。」而《洪範》亦曰「王乃言」，非即問也。又曰「箕子乃言」，非即告也。然則殷亡紂死，非箕子陳《洪範》之年。十三年作《洪範》，十一年伐商，近是。孔子曰：「武王一戎衣而有天下。」未嘗言十一年觀兵，十三年再舉也。孔穎達《疏義》，因武王未受命之説，引《大戴記》「文王十五生武王」，武王少文王十四歲，而《小戴記》謂「文王九十七終，武王九十三終」，文王崩時，武王已八十有三。八十四即位，九十三崩，在位僅十年。故謂十一年、十三年者，皆承文王年數。文王以虞、芮質成之年受命改元，九年崩。武王立，不復改元，故終喪觀兵，通文王九年爲十一年，又二年伐紂，合之爲十三年。此説謬也。文王以臣節終，孔子稱爲「至德」，萬無受命改元之事。虞、芮質成，亦何足爲受命之符。《詩》言「文王蹶厥生」，未嘗言改元。而武王嗣君新立，自古無不改元之禮。若謂武王承考，亟于卒事不改元，則是文王以不亡商爲恨，而武王以亟得天下爲快也。豈二聖宅心行事？其言文、武壽年或不謬，而武王即位早晚，歷數多寡，實無所據。若謂文王十五生武王，先又生伯邑考，則文王以何年婚。人道謹始，嘉禮以時，未必太早。若謂武王後文王止十年崩，則《洪範》所稱十三年，與《金縢》云伐商後二年，豈皆謬邪？大抵漢唐諸儒説經，祗憑雜記風影牽合。今當以《洪範》十有三年爲正，而《序》説十一年伐商近之。《序》先出，或有所本耳。

王曰：「嗟，我友邦冢君，越我御事庶士，明聽誓。惟天地萬物父母，惟人萬物之靈。亶聰明作元后，元后作民父母。今商王受，弗敬上天，降災下民，沈湎冒色，敢行暴虐。罪人以族，官人以世。惟宫室、臺榭、陂池、侈服，以殘害于爾萬姓，焚炙忠良，刳剔孕婦。皇天震怒，命我文考，肅將天威，大勳未集。」

三代以前，無夷族之刑。罪人以族，自秦始耳。命我文考，肅將天威，附會末年受命改元之説。文王無受命伐商之心，矧有是事。

「肆予小子發，以爾友邦冢君，觀政于商。

此因《序》「十一年」而附會爲觀政之説也。

「惟受罔有悛心，乃夷居弗事上帝神祇，遺厥先宗廟弗祀。犧牲粢盛，既于凶盗，乃曰：吾有民有命。罔懲其侮。天佑下民，作之君，作之師，惟其克相上帝，寵綏四方。有罪無罪，予曷敢有越厥志？

夷居，平居也。既于凶盗，即箕子所謂「殷民攘竊神祇之犧牷牲，用以容」也。罔懲其侮，不止其慢也。「天佑下民」七句，取《孟子》引《書》辭填補，前後不屬。本謂命德討罪，天下不敢違。此爲武王自言「曷敢有越志」，語意未順。

「同力度德，同德度義。受有臣億萬，惟億萬心。予有臣三千，惟一心。

受有臣億萬，因襲《大雅·文王》之詩云「商之孫子，其麗不億」。《詩》蓋誦文王之功，甚言商人之衆耳。紂有三仁不能保，掃境内之衆，亦不能億萬。有臣三千，因襲《孟子》「虎賁三千」之語。

周家之衆，何止三千。都非實録。

「商罪貫盈，天命誅之。予弗順天，厥罪惟鈞。予小子夙夜祗懼，受命文考，類于上帝，宜于冢土，以爾有衆，底天之罰。天矜于民，民之所欲，天必從之。爾尚弼予一人，永清四海，時哉弗可失！」

底，致也。「天矜于民」等語，皆庸淺。

泰誓中

惟戊午，王次于河朔，羣后以師畢會。王乃徇師而誓曰：「嗚呼！西土有衆，咸聽朕言。我聞吉人爲善，惟日不足，凶人爲不善，亦惟日不足。今商王受，力行無度，播棄黎老，昵比罪人。淫酗肆虐，臣下化之。朋家作仇，脅權相滅，無辜籲天，穢德彰聞。惟天惠民，惟辟奉天。有夏桀弗克若天，流毒下國。天乃佑命成湯，降黜夏命。惟受罪浮于桀。剥喪元良，賊虐諫輔。謂己有天命，謂敬不足行，謂祭無益，謂暴無傷。厥鑒惟不遠，在彼夏王。天其以予乂民，朕夢協朕卜，襲于休祥，戎商必克。受有億兆夷人，離心離德。

予有亂臣十人，同心同德。雖有周親，不如仁人。天視自我民視，天聽自我民聽。百姓有過，在予一人。今朕必往，我武惟揚，侵于之疆，取彼凶殘，我伐用張，于湯有光。勗哉夫子！罔或無畏，寧執非敵。百姓凜凜，若崩厥角。嗚呼！乃一德一心，立定厥功，惟克永世。」

古《泰誓》亡矣，此辭補綴，雜亂無序。「謂己有天命」，及「受有億兆夷人」等語皆庸淺。《孟子》引《泰誓》云：「我武惟揚，侵于之疆，則取于殘，殺伐用張，于湯有光。」「王曰：無畏。寧爾也，非敵百姓也。若崩厥角稽首。」此古《書》稱贊武王之辭。牽補不合，轉作武王戒飭軍士語。云無或以紂爲不足畏，寧執心以爲非我所敵，百姓凜凜危懼，與《孟子》引《書》意矛盾，不應《孟子》反覆邪？

泰誓下

時厥明，王乃大巡六師，明誓衆士。王曰：「嗚呼！我西土君子。天有顯道，厥類惟彰。今商王受，狎侮五常，荒怠弗敬，自絕于天，結怨于民。斮（酌）朝涉之脛，剖賢人之心，作威殺戮，毒痡（敷）四海。崇信姦回，放黜師保，屏棄典刑，囚奴正士，郊社不脩，宗廟不享，作奇技淫巧，以悅婦人。上帝弗順，祝降時喪。爾其孜孜，奉予一人，恭行天罰。

古人有言曰：撫我則后，虐我則讎。獨夫受，洪惟作威，乃汝世讎。樹德務滋，除惡務本。肆予小子，誕以爾衆士，殄殲乃讎。爾衆士其尚迪果毅，以登乃辟。功多有厚賞，不迪有顯戮。嗚呼！惟我文考，若日月之照臨，光于四方，顯于西土。惟我有周，誕受多方。予克受，非予武，惟朕文考無罪。受克予，非朕文考有罪，惟予小子無良。」

斮、斫同。紂見冬月朝涉水者，謂其脛耐寒，斫而視之。賢人，比干也。紂謂聖人心有七竅，剖而視之。二説多後人因事附會。祝，斷也。迪，勉行也。果毅，斷以致勇，無猶豫也。登，成也。顯戮，戮示衆也。愚按：聖人舉大事，當君臣之際，處萬不得已之時勢。天命已集，人心已會，興亡行止，間不容髮，何暇瑣瑣脩文，瀆告多辭。紂惡誠可誅，民心誠欲亡紂，應天順民取之，而君臣之義自在。何必指摘宣揚，倨侮忿厲之甚。《牧誓》較《湯誓》激切矣，然先後詳畧，猶有體要近情。此三篇，煩複瑣碎，不如《牧誓》簡正。《牧誓》猶稱「王」，而此直斥「獨夫受」，畧無顧忌。末引文王，尤爲失類。文王不忍伐商，志表千古。使文王欲王，商亡豈待武王。又使武王欲取商，豈在十一年後。文王可已，故以臣節終。武王不可已，故末年受命，亦非其本心，而况以累文考乎？作者誤于文王末年受命之説，其無識不足怪，而其厚誣聖人，不可不辨也。苟武王伐紂，忿懥如《泰誓》，矜誇如《武成》，何以爲武王？故論者有武王非聖人之疑，又謂文王見辱，故武王擒紂。釋諒闇而即戎，載木主而示述，武王於紂有怨辭。此皆起于誤信《泰誓》，而不察其爲僞作耳。

武成

舊説此篇記武王既伐紂成功之事。《孟子》曰：「吾于《武成》，取二三策。」蓋古有是《書》亡，而後人補之。漢世僞《武成》不獨此一篇耳。

惟一月壬辰，旁死魄。越翼日癸巳，王朝步自周，于征伐商。厥四月，哉生明，王來自商，至于豐。乃偃武脩文，歸馬于華山之陽，放牛于桃林之野，示天下弗服。丁未，祀于周廟，邦甸、侯、衛，駿奔走，執豆籩。越三日庚戌，柴望，大告武成。既生魄，庶邦冢君暨百工，受命于周。王若曰：「嗚呼！羣后。惟先王建邦啓土，公劉克篤前烈，至于大王，肇基王迹，王季其勤王家。我文考文王，克成厥勳，誕膺天命，以撫方夏。大邦畏其力，小邦懷其德。惟九年，大統未集。」

月朔爲死魄，二日爲旁死魄，三日爲哉生明，望後爲既生魄。月爲陰，陰精爲魄。《鄉飲酒義》曰：「象月之三日而成魄也。」

《禮·中庸》篇云：「武王末受命，周公承文、武之德，追王大王、王季，上祀先公以天子之禮。」然則武王存日，古公、季歷未嘗稱王，皆周公制禮，承先追尊。而武王克商，匆匆旬日間，與友邦諸侯，名分未定，輒加祖考王號，柴望大告，不已急乎？孔子稱文王「至德」「三分天下有二，以服事殷」，奈何伐紂之事，動援文考？世儒謂禮大復讐，武王雪父怨，禮也。果若此，則夏禹將不得爲孝子乎？君臣之分，等于天地。疾風暴雨，物逢夭扎，其若天地何？父子君臣，義與恩敵。《武成》《戴記》，後儒之曲説也。九年大統未集，因于文王十五生武王，武王繼世不改元之説而附會之。文王欲集大統，何待九年？武王雖誅紂，而禄父猶封，誠不忍果于亡商也。必若此辭，武王之欲代商，何其亟乎？

「予小子其承厥志，底商之罪，告于皇天后土、所過名山大川，曰：惟有道曾孫周王發，將有大正于商。今商王受無道，暴殄天物，害虐烝民，爲天下逋逃主，萃淵藪。予小子既獲仁人，敢祇承上帝，以遏亂畧。華夏蠻貊，罔不率俾，恭天成命，肆予東征，綏厥士女。惟其士女，篚厥玄黄，昭我周王。天休震動，用附我大邑周。」

承厥志，謂承文王之志也。果爾，則伐商誅紂，皆文王之意，與武王無預。豈其然乎？有道曾孫，自誇，不似聖人語。逋逃，謂罪人亡命者。萃，聚也。魚聚曰淵，獸聚曰藪。仁人，謂十亂輩。「肆予東征」以下，《孟子》引《書》辭。舊云「紹我周王見休，惟臣附于大邑周」，今改爲「昭我周王，天休震動」，則陋矣。武王方告神往伐，而先言此，無謂。

「惟爾有神，尚克相予，以濟兆民，無作神羞。」既戊午，師渡孟津。癸亥，陳于商郊，俟天休命。甲子昧爽，受率其旅若林，會于牧野。罔有敵于我師，前徒倒戈，攻于後以北，血流漂杵。一戎衣，天下大定。乃反商政，政由舊。釋箕子囚，封比干墓，式商容閭，散鹿臺之財，發鉅橋之粟，大賚于四海，而萬姓悦服。列爵惟五，分土惟三。建官惟賢，位事惟能。重民五教，惟食、喪、祭。惇信明義，崇德報功，垂拱而天下治。

敘事魯拙。綴舊語爲文，而無次第。世儒費解釋訂正，終不悟其爲贋也。漢世有張霸者，僞作《武成》，又作他書數十篇。自孔書出，而霸《書》始廢，然以霸易霸，千年無具眼人，可笑也。

旅獒

舊説武王時，西旅之國供大犬，召公作《旅獒》。犬高四尺曰獒。

惟克商，遂通道于九夷、八蠻。西旅厎貢厥獒，大保乃作《旅獒》，用訓于王。

伏書厎字，與抵通。或訓定，或訓致。孔書厎字專訓致。字書云厎，上無點也。

曰：「嗚呼！明王慎德，四夷咸賓。無有遠邇，畢獻方物，惟服食器用。王乃昭德之致于異姓之邦，無替厥服。分寶玉于伯叔之國，時庸展親。人不易物，惟德其物，德盛不狎侮。狎侮君子，罔以盡人心。狎侮小人，罔以盡其力。不役耳目，百度惟貞。玩人喪德，玩物喪志。志以道寧，言以道接。不作無益害有益，功乃成。不貴異物賤用物，民乃足。犬馬非其土性不畜，珍禽奇獸不育于國，不寶遠物，則遠人格。所寶惟賢，則邇人安。嗚呼！夙夜罔或不勤，不矜細行，終累大德。爲山九仞，功虧一簣。允迪茲，生民保厥居，惟乃世王。」

此篇辭義較切。「狎侮」數語，亦無謂。以《召誥》律之，定知此非召公語。《召誥》淵塞而神情溢出。此辭句句整齊，揀選甃砌，不似《召誥》天趣恣宕也。

微子之命

舊説成王既殺武庚，封微子于宋，以奉商祀，此其册命之辭。

王若曰：「猷殷王元子。惟稽古，崇德象賢。統承先王，脩其禮物，作賓于王家，與國咸休，永世無窮。嗚呼！乃祖成湯，克齊聖廣淵，皇天眷佑，誕受厥命。撫民以寬，除其邪虐。功加于時，德垂後裔。爾惟踐脩厥猷，舊有令聞，恪慎克孝，肅恭神人。予嘉乃德，曰篤不忘。上帝時歆，下民祇協，庸建爾于上公，尹兹東夏。欽哉！往敷乃訓，慎乃服命，率由典常，以蕃王室。弘乃烈祖，律乃有民，永綏厥位，毗予一人。世世享德，萬邦作式，俾我有周無斁。嗚呼！往哉惟休，無替朕命。」

語浮汎而少筋骨。轉换數字，凡命皆可用。

蔡仲之命

古《蔡仲之命》亡矣。按：《春秋左傳》云：「管、蔡啓商，惎間王室。王于是乎殺管叔，而蔡蔡叔，以車七乘、徒七十人。其子蔡仲，改行帥德，周公舉以爲己卿士，見諸王而命之以蔡。其命書云：王曰：胡，無若爾考之違王命也。」後人緣此補亡，然《左傳》謂成王殺叔，周公哀其父，録其子，爲請于王，近情可信。此《書》直云周公「致辟管叔」，爲千古好事之端，可恨也。餘詳《金縢》。

惟周公位冢宰，正百工。羣叔流言，乃致辟管叔于商。

後儒誤解《金縢》「我之弗辟」爲刑辟，謂周公致辟管叔，作僞命，誤後世無窮。夫言不知其所自起之謂流。古人立木求謗，無故遭謗者多矣，雖流言何傷？即成王疑公，公避則已，何遽至甘心于兄，此天理人情所必無。《金縢》《大誥》歷歷足據，俗儒信聖人，不如信僞《書》，可怪也。餘詳《金縢》。

囚蔡叔于郭鄰，以車七乘。降霍叔于庶人，三年不齒。

三監雖流言，周之宗社未有傷也。輒殺一兄，囚一弟，貶一弟，周公而爲此，遠何以見虞舜，近何以對夷、齊。此戰國以來，處士之横議。司馬遷無識，信爲實録，後世薄夫，遂謂義可滅親。兄可殺，弟可誅，則是《書》爲口實，而周公爲戎首矣。鄙儒談經若此，奈何不受焚坑之報乎？後之讀《書》者，可以惕然省矣。篇首序事煩瑣，非三代史筆。「郭鄰」語杜撰，猶言郭外附近，郊遂云爾。僞《傳》以中國外地名附會，可哂。

蔡仲克庸祗德，周公以爲卿士。叔卒，乃命諸王邦之蔡。

命諸王邦之蔡，謂命于王邦，然後就封，即篇中「侯爾于東，往即乃封」之意。孔《傳》謂叔所封，圻内之蔡，仲所封，又淮、汝之間。夫蔡惟淮、汝而已。篇内所云，皆歸國語，非如後世關内侯之比也。《傳》特以其爲周公卿士附會之。然未有冢宰官屬，用諸侯者也。始嘗爲公卿士，後既受封，焉得謂命之圻内之蔡，不歸淮、汝乎？

按：禮，天子之卿、大夫、士未分封者受地圻内。惟周公留相王室，伯禽歸魯，公仍食邑于周，則稱周公。若蔡叔封蔡，已就外藩。惟朝覲，或有邸第在京師，而既得罪，則併蔡邸，亦當削除矣。

况復有王邦之蔡邑，可以命其子者乎？苟命辭如《傳》所釋，其爲後人猜度附會，愈明矣。

王若曰：「小子胡，惟爾率德改行，克慎厥猷，肆予命爾侯于東土。往即乃封，敬哉！爾尚蓋前人之愆，惟忠惟孝。爾乃邁迹自身，克勤無怠，以垂憲乃後。率乃祖文王之彝訓，無若爾考之違王命。皇天無親，惟德是輔。民心無常，惟惠之懷。爲善不同，同歸于治。爲惡不同，同歸于亂。爾其戒哉！慎厥初，惟厥終，終以不困。不惟厥終，終以困窮。楙乃攸績，睦乃四鄰，以蕃王室，以和兄弟。康濟小民，率自中，無作聰明亂舊章。詳乃視聽，罔以側言改厥度，則予一人汝嘉。」王曰：「嗚呼！小子胡，汝往哉！無荒棄朕命。」

「皇天」以下，語泛。

周官

先儒疑《周官》三公、三孤與《周禮》不合，謂《周禮》爲周公未成之書，《周官》爲成王已試之法，不知《周官》《周禮》皆非古也，不足以相徵。

惟周王撫萬邦，巡侯、甸，四征弗庭，綏厥兆民。六服羣辟，罔不承德。歸于宗周，董正治官。王曰：「若昔大猷，制治于未亂，保邦于未危。」

「制治于未亂，保邦于未危」，後世語。

曰：「唐虞稽古，建官惟百。内有百揆、四岳，外有州牧、侯伯。庶政惟和，萬邦咸寧。夏商官倍，亦克用乂。明王立政，不惟其官，惟其人。」

「不惟其官，惟其人」，偶然語，千古良謨，故言不在遠。

「今予小子，祗勤于德，夙夜不逮。仰惟前代時若，訓迪厥官。立太師、太傅、太保，兹惟三公。論道經邦，燮理陰陽。官不必備，惟其人。少師、少傅、少保，曰三孤。貳公弘化，寅亮天地，弼予一人。

古名世正己格物，如伊尹、周公，凝亮忠勤，職司即道德，民物即燮理，舍職分民事外，更無有道可論。陰陽，可燮理者也。有如六卿之上，更須三公論道燮理，不足又設三孤副之。是道與陰陽、天地，不在政事民物中。後世清譚之治，誤天下蒼生者也。

「冢宰掌邦治，統百官，均四海。司徒掌邦教，敷五典，擾兆民。宗伯掌邦禮，治神人，合上下。司馬掌邦政，統六師，平邦國。司寇掌邦禁，詰姦慝，刑暴亂。司空掌邦土，居四民，時地利。六卿分職，各率其屬，以倡九牧，阜成兆民。六年，五服一朝，又六年，王乃時巡，考制度于四岳。諸侯各朝于方岳，大明黜陟。」

一代典制，當世自有令甲開載。成王訓百官，何用瑣舉？此後人自述記聞，以實其所爲《周官》者耳。

王曰：「嗚呼！凡我有官君子。欽乃攸司，愼乃出令。令出惟行，弗惟反。以公滅私，民其允懷。學古入官，議事以制，政乃不迷。」

學古入官，後世事，後世語。

「其爾典常作之師，無以利口亂厥官。蓄疑敗謀，怠忽荒政，不學牆面，蒞事惟煩。戒爾卿士，功崇惟志，業廣惟勤，惟克果斷，乃罔後艱。位不期驕，祿不期侈。恭儉惟德，無載爾僞。作德心逸日休，作僞心勞日拙。

漢以後勸學語。

「居寵思危，罔不惟畏，弗畏入畏。推賢讓能，庶官乃和，不和政龐。舉能其官，惟爾之能。稱匪其人，惟爾不任。」王曰：「嗚呼！三事暨大夫。敬爾有官，亂爾有政，以佑乃辟。永康兆民，萬邦惟無斁。」

著意摹古，而風骨殊不類。或云：名理法言，豈得盡斥爲僞？夫予所辨者辭耳，理無古今，彼所以欺後世者，惟以辭也。

君陳

舊説周公既没，成王命君陳代治洛邑，此其策命之辭。按：十亂未有稱君陳者，殆周士之後進與。成王既以東都爲重，周公既薨，即宜使召公。召公老，即宜畢公。何待君陳卒，康王乃更以畢公代君陳乎？故可疑也。

王若曰：「君陳，惟爾令德孝恭，惟孝友于兄弟，克施有政。命汝尹茲東郊，敬哉！」

《論語》引《書》曰：「《書》云：孝乎，惟孝友于兄弟，施于有政。」二語似爲言孝發，以爲命官發端之辭不協。既云「令德孝恭」，又云「惟孝友于兄弟」。既云「克施有政」，又云「命汝尹茲東郊」。語勢雜亂，補綴甚明。鄭康成以君陳爲周公子附會之。豈周公子卒，而後命畢公代之乎？

先新進而後老成，非用人之序矣。

「昔周公師保萬民，民懷其德。往慎乃司，兹率厥常。懋昭周公之訓，惟民其乂。我聞曰：至治馨香，感于神明。黍稷非馨，明德惟馨。爾尚式時周公之猷訓，惟日孜孜，無敢逸豫。凡人未見聖，若不克見，既見聖，亦不克由聖，爾其戒哉！爾惟風，下民惟草。

「至治馨香」以下，皆鎔舊語。

「圖厥政，莫或不艱，有廢有興。出入自爾師虞，庶言同則繹。爾有嘉謀嘉猷，則入告爾后于内，爾乃順之于外，曰：斯謀斯猷，惟我后之德。嗚呼！臣人咸若時，惟良顯哉！」

嘉謀入告，可也。必以歸君，此人臣自用之心，非人君所以教臣。君喜歸美，即不喜歸過，是導之諛也。豈賢王之訓？

王曰：「君陳，爾惟弘周公丕訓，無依勢作威，無倚法以削，寬而有制，從容以和。殷民在辟，予曰辟，爾惟勿辟。予曰宥，爾惟勿宥，惟厥中。有弗若于汝政，弗化于汝訓，辟以止辟，乃辟。狃于姦宄，敗常亂俗，三細不宥。」

三細不宥，謂姦宄、敗常、亂俗三者，雖小不宥也。凡刑之設，孰非以是三者乎？無是三者，則無刑，今不論其情終非終，但以三者槩之，則罪人之獲，宥者少矣。矧曰細乎？

「爾無忿疾于頑，無求備于一夫。

忿疾于頑，因《序》有「遷殷頑民」語襲用之。周公實未嘗詆殷士爲頑也。説見《多士》。

「必有忍，其乃有濟。有容，德乃大。簡厥脩，亦簡其或不脩。進厥良，以率其或不良。惟民生厚，因物有遷。違上所命，從厥攸好。爾克敬典在德，時乃罔不變。允升于大猷，惟予一人膺受多福，其爾之休，終有辭于永世。」

康王之誥

此篇分《顧命》後半充之。自「諸侯出廟門俟」以上爲《顧命》，自「出在應門之内」以下爲《康王之誥》。按：康王出見羣臣，即在受顧命之時。諸侯出廟門俟，王出在應門内，語脉不斷，豈可分爲兩篇？辭具前，不復載。

畢命

舊説康王命畢公代君陳治東都，此其策命之辭也。

惟十有二年，六月庚午朏斐，越三日壬申，王朝步自宗周，至于豐。以成周之衆，命畢公保釐東郊。

按：《漢書·律歷志》云：「康王《畢命》豐刑曰：惟十有二年，六月庚午朏，王命作册書豐刑。」是時古文未出，已別有《畢命》矣。果孰爲真古《書》乎？其不可盡信如此。

王若曰：「嗚呼！父師，惟文王、武王，敷大德于天下，用克受殷命。惟周公左右先王，綏定厥家，毖殷頑民，遷于洛邑。」

周公未嘗以殷士爲頑民。附會《序》，謬耳。

「密邇王室，式化厥訓。既歷三紀，世變風移，四方無虞，予一人以寧。道有升降，政由俗革，不臧厥臧，民罔攸勸。惟公懋德，克勤小物，弼亮四世，正色率下，罔不祗師言。嘉績多于先王，予小子垂拱仰成。」王曰：「嗚呼！父師。今予祗命公以周公之事，往哉！

旌別淑慝，表厥宅里，彰善癉闡惡，樹之風聲。弗率訓典，殊厥井疆，俾克畏慕。申畫郊圻，慎固封守，以康四海。」

密邇王室，東郊近王城也。十二年曰紀。懋德，茂脩大德也。克勤小物，能謹細行也。四世，文、武、成、康也。祇師言，敬法其訓也。嘉績多于先王，美功積累，多于先王之時也。癉，病也，禍淫之意。殊厥井疆，不使與善者同處也。圻、畿通，邊界也。按：「正色率下」「垂拱仰成」，皆後世語。畢公輔相，四世元老，命辭煩瑣，不似託重老成人語。

「政貴有恒，辭尚體要，不惟好異。

東漢人語意。

「商俗靡靡，利口惟賢，餘風未殄，公其念哉！我聞曰：世祿之家，鮮克由禮。以蕩陵德，實悖天道。敝化奢麗，萬世同流。

世祿之家，鮮克由禮，後世事，後世語。

「茲殷庶士，席寵惟舊，怙侈滅義，服美于人。驕淫矜侉誇，將由惡終。雖收放心，閑之惟艱。

「雖收放心，閑之惟艱」，《孟子》以後語。論政亦迂。

「資富能訓，惟以永年。惟德惟義，時乃大訓。不由古訓，于何其訓？」

非歌非贊，語語四字，氣緩弱。

王曰：「嗚呼！父師。邦之安危，惟兹殷士。不剛不柔，厥德允脩。惟周公克慎厥始，惟君陳克和厥中，惟公克成厥終。三后協心，同底于道，道洽政治，澤潤生民。四夷左衽，罔不咸賴，予小子永膺多福。公其惟時成周，建無窮之基，亦有無窮之聞。子孫訓其成式，惟乂。嗚呼！罔曰弗克，惟既厥心。罔曰民寡，惟慎厥事。欽若先王成烈，以休于前政。」

多辭鮮要。大似訓蒙士，不類託重元老語。

君牙

舊説周穆王以君牙爲大司徒，此其命辭也。

王若曰：「嗚呼！君牙。惟乃祖乃父，世篤忠貞，服勞王家。厥有成績，紀于大常。」

無所指名，而第云「乃祖乃父」，譸張之言。

「惟予小子，嗣守文、武、成、康遺緒，亦惟先正之臣，克左右亂四方。心之憂危，若蹈虎尾，涉于春冰。

誦四祖之德，云文、武、成、康，辭甚簡畧，正是異代語。

「今命爾予翼，作股肱心膂，纘乃舊服，無忝祖考。弘敷五典，式和民則。爾身克正，罔敢弗正。民心罔中，惟爾之中。夏暑雨，小民惟曰怨咨。冬祁寒，小民亦惟曰怨咨。厥惟艱哉！思其艱以圖其易，民乃寧。嗚呼！丕顯哉，文王謨！丕承哉，武王烈！啟佑我後人，咸以正罔缺。爾惟敬明乃訓，用奉若于先王，對揚文、武之光命，追配于前人。」

祁，大也。《禮記·緇衣》引「夏暑雨」四句，《孟子》引「丕顯哉」四句，皆真古語。竄入，鏬縫宛然。

王若曰：「君牙，乃惟由先正舊典時式，民之治亂在茲。率乃祖考之攸行，昭乃辟之有乂。」

亟言乃祖考，既不舉其姓氏，又不稱其先勳職事，所以爲幻。

冏命

舊説周穆王以伯冏爲大僕正之命辭也。按史，穆王非賢君也。其父昭王南征不復，不能問，而使後世霸者借以爲辭，車轍馬跡遍天下，槃樂之主也。夫子删《書》，以《吕刑》有仁人之言，故存之。後世遂僞增《君牙》《伯冏》，聖人何取于穆王，而録其辭反多于成、康乎？

王若曰：「伯冏，惟予弗克于德，嗣先人宅丕后，怵惕惟厲，中夜以興，思免厥愆。昔在文、武，聰朋齊聖，小大之臣，咸懷忠良。其侍御僕從，罔匪正人。以旦夕承弼厥辟，出入起居，罔有不欽。發號施令，罔有不臧。下民祗若，萬邦咸休。」

「出入起居」四語太庸。

「惟予一人無良，實頼左右前後有位之士，匡其不及，繩愆糾謬，格其非心，俾克紹先烈。

「格其非心」，不似訓臣語，尤不似穆王語。

「今予命汝作大正，正于羣僕侍御之臣。懋乃后德，交修不逮。慎簡乃僚，無以巧言令色、便辟側媚，其惟吉士。僕臣正，厥后克正。僕臣諛，厥后自聖。后德惟臣，不德惟臣。爾無昵于憸人，充耳目之官，迪上以非先王之典。非人其吉，惟貨其吉。若時瘝厥官，惟爾大弗克祇厥辟，惟予汝辜。」王曰：「嗚呼，欽哉！永弼乃后于彝憲。」

按：《周禮》大僕掌正王之服位，出入王之大命。穆王晚年用造父爲御，盤遊無度。苟僕正得人，何至于此。滋其假託而不核其實故也。

尚書辨解卷十終

時萬曆乙卯孟冬京山郝氏刊刻